钱穆

钱穆先生著作系列

历史与文化论丛

九州出版社
JIUZHOUPRESS

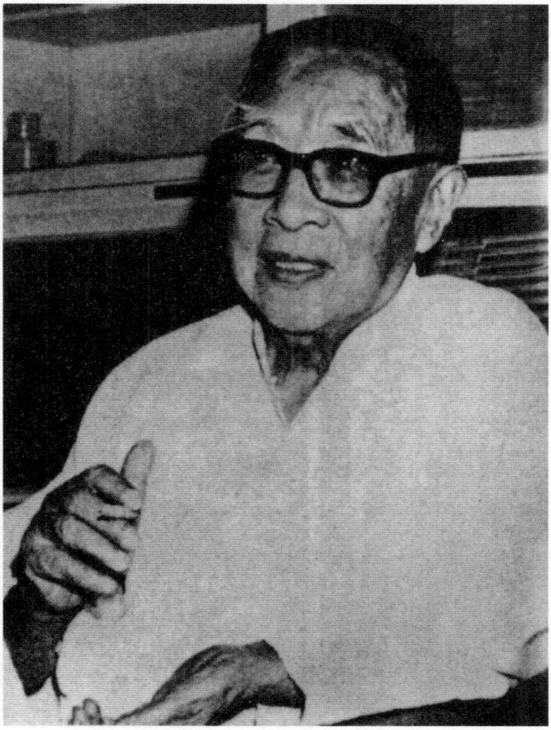

钱穆先生

新校本说明

钱穆先生著作简体新校本，经钱胡美琦女士授权出版，以钱宾四先生全集编辑委员会所编《钱宾四先生全集》繁体版为本，进行重排新校，订正其中体例、格式、标号、文字等方面存在的疏误，内容保持《全集》版本原貌。

《历史与文化论丛》原是台湾有关部门于一九七六年编印的两个文集，名为《历史与时代》和《从认识自己到回归自己》。一九七九年，经作者增删，合为一册，由台湾东大图书公司出版，更名为《历史与文化论丛》。一九九七年收入《全集》时，取消与其他书重复的八篇，又移五篇至他书，并增加与本书内容相类者九篇，共五十四篇。

九州出版社

目录

第二编

第三编

序

余在对日抗战时期，于民国二十八年，在云南宜良岩泉下寺、上寺写成《国史大纲》一书，又于民国三十年在四川成都赖家园续写《中国文化史导论》一书。自一九四九年避祸来港，转台北，迄已逾三十年矣，凡有撰写，亦率以“历史”与“文化”两题目为主。前年应两团体之约，纂集旧稿，编为《世界局势与中国文化》及此集，分别由两团体付印。因皆不向外推销，余复于两书篇目上各有增删，重加复印，以广流传。

窃谓民族之形成，胥赖其有历史与文化之两项。无历史，则无世界新潮流，斯乃吾民族处境之变。贵能不忘本我，乃可善为因应。因应在我，岂能去其我以求因应？我之不存，又谁为其因应者？亦何贵有一切之因应？自念毕生努力，亦惟期国人之迷途知返，认识自我，乃始有力可用，有途可循；则惟历史与文化两者，不当弃置而不问。而此两者尽在过去，宜可述，不可作。孔子曰：“述而不作，信而好古。”亦此志此义也。读者其勿以古老陈言、断烂朝报视之，则诚余之私幸矣。

一九七九年六月钱穆识于士林外双溪之素书楼，时年八十有五。

第一编

一　人类文化之前瞻

本人获来贵会讲演，深感荣幸。今晚讲题“人类文化之前瞻”，此乃当前只要肯用思想的人所共同必会遇到的一问题。本人乃站在染有东方文化传统观点的立场上而来讲此题，或许见解有偏，然此一问题，正贵有各别的观点，才易得共通的见解。

任何一种文化体系，若在其内部不断发生问题，而又无法解决时，即征其文化有病。今天的世界，正值不断发生问题而又无法解决的时代。此世界三四百年来，可说全由西方欧洲文化在推动与领导。而最近五十年内，西方问题迭出，引起了两次大战争，不仅不能解决原有诸问题，反而激起更多其他问题。

我们在今天，可说只能抱有些小希望，即此种种问题或能于一天解决了；而并不曾抱有一番理想，即此种种问题究该如何般去求解决。我们只是随着当前不可知之风波迭起来谋应付，我们似乎并没有一整套的理想和方法来领导此世界向某一方面而前进。

我们就于此一形势，只能说正在领导与主持此世界的近代西方欧洲文化有了病。我们必先承认此一点，才可从基本上来谋解救。我们不能把近五十年来种种事变，只归罪于某一国家或某一民族，甚至某一个人或某一事变。我们当知，一党专政与极权政治，共产思想与赤色帝国主义，这些，全起在欧洲本身之内部。我们只能说，凡此种种，只是近代欧洲文化体系中之一种反动力量。正因文化自身有了病，才始引生出此种种的反动。我们不可能希望，仍把此有了病的文化旧传统，来把即由此传统而激起的种种反动平息了。

所谓近代欧洲的文化病，究竟在哪里？这一问题，值得我们深细研寻。在本演讲中，无法对此问题作详密之讨论，本人只想借此机会提出两个意见来，请在座诸位之指教。

一、指导全部人生前进的力量不可太偏倾于某一重点上。目前的世界，似乎指导一切人生的力量太偏重在经济这一方面了。马克斯的历史观，正已看出了此病，但他不知其是病，而反把此病象认为是人类历史之正趋，于是不免使病上加病，而我们也不免要误认为只有共产主义才是当前世界之惟一大病了。

人类社会是一个整体的，单从经济一方面，解决不了人类社会全部问题之所在。同样理由，单从政治、外交、军事等等任何一方面，也都解决不了有关人类整体的问题。因此，任何一项专门知识，最多只能解决人类整体中之某一方面的问题。而所可惜的，为要解决某一方面的问题，而无意又激起了其他方面的问题。于是新问题不断激起，而终于无法得解决。

而且，纵使集合了各方面的专家知识，将依然解决不了人类当前的问题。何以故？因问题是属于整个的，而各方面的专家，则把此整个问题割裂破坏了，不见真问题所在，所以终将无法求解决。

其次，本人想提出第二个意见来。本人认为，今天世界所缺乏的，正是这一个指导全人生前进的大原则与大纲领。一应专家知识，都得依随于此大原则与大纲领之下而始有其意义，始可相互间有配合。否则各自分道扬镳，各求独立发展，其间尽会有矛盾，起冲突。

不仅学说如此，人事亦然。如云个人自由，如云民族自决，如云国际平等，一切理论，均不能指导全世界、全人生，走向一和平安乐之境。

正如建造一所大楼，应先有一整体计划与整体图样。若把门窗柱壁，各各分开、各自营造，结果断断建立不起一所大楼来。

此一大原则与大纲领，当于何处觅之？此乃当前关心人类文化前途者一必当考虑讨论的大问题。

此一大原则与大纲领，在本讲演中，无法详论。但有可简单述说者，此一大原则与大纲领，将决非仅属于经济的，或政治的；也将决非仅属于个人的或民族的；仍亦不能仅属于科学的或宗教的。

此一大原则与大纲领，应从人类生活之全体中寻求而觅得之。此人类生活之全体，论其内涵，我们今天所运用的“文化”二字正可与之约略相当。

我们必先了解文化，才始能来领导文化，才始有所谓文化之前瞻。

因此，文化学之研究，将为此后学术界一大事。我们必先将人类文化传统，在历史上所曾发现、在现世界所犹存在者，一律平等视之，各求对之有了解，再进而加以相互间之比较与汇通，此后才始有合理想的人类新文化出现。此项新文化理想之出现，才始是解决现世界种种问题之一种新精神与新力量。人类将于此而获得其新希望与新前途。否则将永远是头痛医头，脚痛医脚，得不到一个合理的真解决。

本人今天，是站在染有东方文化传统，尤其是中国文化传统的立场而来作此讲演者。本人认为，中国文化传统中一向所甚为重视的一“道”字，其内涵意义，正约略相当于近代人所运用的“文化”二字。而中国人所爱用的此一“道”字，其内涵意义，则当指此文化体系之合理想而具有甚高之意义与价值者。

中国文化传统，何以能注意到此一方面，正因中国民族自始即是一大群集团，而又历史绵延甚久不辍，因此才能于此上注意。

在中国文化传统下之一辈知识界，教人如何求道、明道，与行道，其间都有无数曲折，无数步骤，在此讲演中，无法细述。但本人认为在将来人类新文化之创进中，中国人此一传统必可有贡献。

美国正代表着近代欧洲文化传统最新的一阶层，中国则代表着全世界人类文化中最古老最悠久的一传统。我们若求在人类历史之已有经验中获得新知识与新进展，则中、美两大民族，就其各自具有之文化传统而求互相了解，进而相比较、相会通，求一更高的结合与创新，正是当前为人类文化谋新出路者一大课题。本人愿以此次讲演，对于贵会工作作一诚恳之期望。

（一九六〇年美国华盛顿中美文化会讲演）

二　人类文化之展望

目前的世界，仍然是个动荡不安的局面，政治、经济、社会种种问题，先后经过第一、第二次世界大战，依然不能解决。假如有第三次世界大战发生的话，怕还是不能彻底解决人类的问题！为什么呢？我认为这正是人类文化的缺点和病态。因此，我们对目前的人类文化，应该作一番总检讨，揭发人类文化病源所在，重新认识，而提出改进文化的新方案来。

文化是什么？文化就是人生，而且是多方面的人生。现在我把人类文化分开三方面，也就是分为三个阶层来讲。

一、属于物质经济方面的，是人对物的问题。

二、属于政治社会方面的，是人对人的问题。

三、属于精神心灵方面的，是心对心的问题。

先说第一阶层。譬如人生吃饭、穿衣、住房子，都脱离不了物质经济的关系。可是，物质经济只可限制人生活动，而不能决定人生活动；因为衣、食、住等物质生活，并没有一定的标准，所以物质经济，只是人生活动中消极的必需。如果人类文化仅仅止于“对物”这一方面，那么，这种文化，只可说是一种原始文化。

其次，说到第二阶层。由于人对人的关系，渐渐就形成了社会群体，社会群体必然会产生政治。于是这里建立一个国家，那里建立一个国家；这里形成一个集团，那里也形成一个集团。为了国家和集团的利益，政治必然要求人民服从，所以政治带有一种权力性，带有一种拘束性和压迫性。一个国家为巩固内部，或向外发展，或抵抗侵略，还带有一种斗争性。然而在第一次世界大战的时候，英国人祈祷上帝，赐予战争胜利，打败德国，那么世界就会实现和平。同时德国人也同样地祈祷上帝，赐予战争胜利，打败英国，那么，世界就会实现和平。你们说，到底谁的祈祷对呢？事实上，政治又使人群隔离，造成国家与国家的对立，集团与集团的对立，因而更引起严重的斗争。不是吗？

我以为人类的理想政治，应该遵循下列两大法则：一、要尽量减轻其权力性，使不致引起对内对外的一切斗争；二、要在小量的服从和拘束中，获得大量的自由和平等。因为人类文化，演进至有国家的阶段，是为文化进步过程中的一大关键；要是人类文化仅仅止于这一阶层而不再前进的话，那只可算是一种半熟的文化。

现在说到第三阶层，属于心灵精神方面的，才是人生的本质部分，也是人生的终极部分。心对心，心灵的活动虽然是个别的，所谓“人心不同各如其面”，但是心灵的活动却有共通性，所谓“人同此心，心同此理”。我们心里的思想，总希望发表传给别人。如果我们的思想不能表达出来，那么，有思想不是等于没有思想吗？同时，我们心对心的发表思想，正是一种赠予，赠予而自己仍没有损失；相反的，可能把自己的思想加强，而发生普遍的传播作用。所以说，只有心对心，才能把全人类融成为一整体。

人类文化最坚实的东西是心灵，它能启发、感通和积累。我们从物质和政治的观点出发，你有了钱，仍希望有更多的钱；有了权力，仍希望有更大的权力；这是一种分割性的占有欲，必然引起斗争。要是从心灵的观点出发，喜、怒、哀、乐都是人类共同享受的公物，是一种共通性的感发和享受；心灵只求感通，求感通是赠与，而非占有。换句话说，心灵感通乃是精神共产。人类文化，便是这种精神共产的结晶和成果。因为物质人生是有限的，心灵人生是无限的，而且它更不受空间和时间的限制。人类文化必须进展到这一阶层，才是人类文化的终极归趋和最高向往。

人类文化要是停顿在物质阶层或政治阶层再不前进的话，都不能说是文化的完成；只有越过上述两关，而向心灵精神方面迈进，才是人类理想文化的成熟。但是也有在这三方面虽各具备而轻重倒置的，这就产生了文化病。就历史而论，在这文化三方面，安排比较妥贴的，西方国家只有希腊，东方国家只有中国。希腊文化虽高，到底是小型性的政治，未能形成大国。

中国由格物、致知、诚意、修身、齐家、治国、平天下这一套大同思想，和王道政治，已经演进成一大国了。

中国政治思想，比较不重权力、不重斗争，而多留社会以自由。因为中国文化，向重“安”与“足”，而不重富与强。“安”就是政治，“足”就是经济。安而不强，足而不富，自然也是缺点；但是今天的世局，许多是强而不安，富而不足的，可以说是彼此各有得失了。不过，中国文化在前两阶层，仅以安足为目标，这正为要使人易于迈进最高的第三阶层去。

人类文化的当前问题，在于如何减轻政治和经济的重要性，而求增进人类心性相互感通的重要性这一问题上。人类不要为了经济问题来歪曲政治，更不要为了政治问题来歪曲心灵，甚而抹杀了心灵。

我们应该为人类心灵尽先安排一良好的环境，先获得物质经济方面给养，再获得政治方面的安定，而后大大地求其心灵的感通。换句话说，一切政治经济等问题，都该依随着心灵方面的大目标，这才是人类文化的新希望。

（一九五六年五月星加坡马来亚大学中文系讲演）

三　人类文化与东方西方

一

人类有其大同，亦有其小异。人总是一“人”，此是其大同处。人必各自成一“我”，此亦是其大同处。但此我与彼我，则各别相异。不仅父母子女各别不同，即孪生兄弟姐妹，亦各不同。故我之在人类中，乃是只有一我，更无他我能与我相似，我亦断不能与他我相似。我之为我，乃是只一无二，此是我之可贵处。若我与人皆相似，则上下古今，亿兆京垓人，何贵多一我，亦何憾少一我。但人类中，究竟终不能无我，而我之最可贵者，则我终还是一人。我与人相异，仍亦与人相同。若我与人只有相异，更无相同，则我将不算是一人。我之在人中，复亦何贵之有。

故人之在大群中，必贵能自成一我。我与我相异，亦必有一限度，此即为人类之大同。人与人必相异，此亦人类之大同。每一民族必各相异，亦是人类之大同。东方人与西方人，同属人类，但东西双方互各不同。大率言之，东方人重“同”更过于重“异”，西方人则重“异”更过于重“同”。此是东西双方一相异处。

西方人看人，好从其各别相异处看。人有学业、职业、事业不同。西方人好从此着眼看人。如此人是一哲学思想家，或文学家戏曲家，或音乐艺术家，或科学工程家，或企业家，或宗教家，或政治家、外交家，或军事家、探险家、运动家等，种种不一。但东方人对此种种分别，似乎不太过分注意。却说此人是一圣人、贤人、君子、小人、好人、坏人等。东方人看人，似乎重在人之整体合一处，更过其相异各别处。所以东方人特有其一套人品观。最下等不够品的，甚至说他不是人。西方人没有这一套观念，认为人总是人，但他们最所重视的人，却又认为是神非人。而东方人则认为圣人与我同类，圣人亦只是人。因此东方人对人生重修养，西方人则重表现。此可说，东方人重视人之同然处，即每一人之人格；西方人重在人之各别处，即每一人之事业。

与此相引而起的，东方人重视人之内在部分，西方人则重视人之外在部分。人生有内在、外在两部分，此亦是人生之大同。但或重内，或重外，此又成了人生之各异。重内故重“心”，重外故重“物”。人生必有心灵与物质两部分，此又是人生大同处，但或重心灵人生，或重物质人生，又成了人生之各别。重心灵人生，故重“情感”，重人与人内在生活之相通同然处。重物质人生，故重“理智”，重人与人外在生活之相殊各别处。

就空间讲，人生有内外。就时间讲，人生有过去与未来。人生不能有过去无未来，亦不能有未来无过去，此又是人生大同处。但或重过去，或重未来，又成了人生之各别。只为重视过去，纪念过去，对未来有所不暇计较，此是人生之情感，亦成了人生之道义。为了重视未来，想望未来，对过去有所不值留恋，此是人生之理智，亦成了人生之功利。东方人重“道义”，西方人重“功利”，即由此分别。

重过去，则重保守；重未来，乃重进取。重过去，成为现实主义；重未来，成为理想主义。有了过去，始有现在，如此看，则现实人生乃是过去人生之一项果实。故人道中有报恩主义。但同时亦是一种成果之享受。有了现在，乃有未来，如此看，则现实人生乃成未来人生之一项手段。但同时亦是一种当前之牺牲。其中分别，只看他重视过去与重视未来之分别。

人生有其旧的一面，同时亦有其新的一面。旧的忽然演变出新的，新的又转瞬回归到旧的。谁也不能无旧，谁也不能无新，此又是人生之大同。但或喜新，或念旧，这里又生出了千差万别。也可说，“生命”属于旧，“生活”属于新。人不能仅有生命，没有生活。也不能仅有生活，没有生命。生活日新月异，必然时时刻刻变，此一刹那之生活，与前一刹那、后一刹那之生活各不同；但不能说生活背后之生命有不同。人自呱呱堕地，迄于老死瞑目，只是同一生命。生活时刻翻新，日日变，息息变，所以完成此生命。因有了此生命，所以演化出瞬息不同日新月异之生活。但有人比较看重生命，有人却比较看重生活。

大较言之，“生命”内在，“生活”则转成为一种外在。生命是在此外在生活万异中之一同，生活则是在此内在生命一同中之万异。亦可说：生命过去已存在，生活则须未来不断之继续。所以重视内在，重视过去，重视其同一的，即是重视生命。重视外在，重视未来，重视其相异的，即是重视生活。

二

由于上述诸分别，而又引生出其他种种分别，遂成人生之千差万异，其实则仍是人生一大同。概括言之，可以说人生只是一体，而此一体又必然有两分。人生是一体两分的，宇宙大自然，也还是一体两分的。东方人对此一体两分，把“阴”“阳”二字说之，阴阳两分亦属外在，可指可说。阴阳两分背后之一体，是内在的，不可指，不可说。东方人又把“天”与“人”两字来说此一体。天指宇宙自然界，人指历史人文界。天不易知，人也不易知。我在宇宙自然界中做一人，其实我也不易知。但我便是我，由我来知我，哪有不易知之理！于是乃由我来知人，来知天，也不见是不易知。天外在，人亦外在，只我是内在。由天由人始有我，由我来知人知天，并由我来完成此天与人。我是天与人之一中心，亦是天与人之一基点。试问若没有了我，天又何在，人又何在！固可说，我不存在，天仍在，人仍在。我之在天与人之中，尚不能比海洋中一涓滴，大地上一微尘。但此只指万异中之小我言。人类同是一我，此即成为大我。因人尽是我，故我之在天地人类中，还是一中心，还是一基点。即使人类灭绝，宇宙大自然中仍还有万物，不论有生无生，也还各有一我。所以同中必有异，而异与异之中，亦必仍有同。

人只能在异中求同，不能从同中灭异。孔子论道，重一“仁”字。仁即是一同。人与人之间，有其一同之处，此即是仁。“为仁由己”，己与己各异，但只能由己来求仁，不能由仁来灭己。由人之仁再扩大，亦可说天地万物与我并生，天地万物与我一体，此亦是一仁。但亦只能由人来合天，不能由天来灭人。若把孔子与耶稣相比，似乎耶稣太过重了天，所以说人类由罪恶生，尘世终有末日，归极则在天堂。孔子则由修己而治人，由修身而齐家治国平天下。人道如是，并不违背了天道。孔子似乎只希望即把此尘世转变为天堂，不求在尘世外另觅天堂，亦不计较此尘世有没有末日。

孔子并不是不看重天道，但孔子乃从天道中来看重人道。孔子不是不看重人，但从人中来看重己。要由己来为仁，即是由各自的小己之我来行人道，所以孔子重视“为己之学”。为己之学即是把自我建立起来，又要把自我通达开去。把立己来立人，把达己来达人，此即是孔子的为己之学，亦即是孔子的为仁之道，即为人之道。孔子此一番思想，似乎先偏重在人的各自的一己内在的情感上。孔子似乎先偏重了此一番情感，再在此一番情感上来引生出种种理智。只由各人之私情感立脚，再由种种理智来达成。

所以孔子教仁最先步骤，只是教孝教弟，教忠教信。此皆个人小己自我情感方面的事。由各个人之孝弟忠信来达成人生大道。孔子却不追问为何在此宇宙大自然中生出此人类。又不追问人类之未来，到底将作何归宿。若先要从此等问题上去寻求，便须得摆开情感，先重理智。

三

耶稣有原始罪恶论，达尔文有生物进化论，一则形成了西方原先之宗教，一则发展出西方近代之科学。不论宗教与科学，均须撇开小我一己当前之私情感，全凭理智来追寻。但宗教究竟不免夹杂了好多情感，所以只教人信仰。但信仰终必会诉之于理智，于是在宗教中又必展演出神学。但看重理智太过于情感，则科学终必转踞于宗教之上。情感是偏于现实的，把人的情感冲淡了，甚至撇开了，于是遂使人生不安于现实，必要冲破现实，打开一新局面，另创一新天地。为要冲破现实，打开一新局面，另创一新天地，于是才要牺牲现在，向未来迈步求进取。但科学在此方面又嫌不彻底。宗教还讲出了人生的一个终极归宿，而科学却没有。专从科学理智去寻求，未来之后又有未来，进步之上又得进步，未来永成一不可知。尽向此一永不可知之境迈步求进，将使人生老像是面对黑暗，扑向虚空。科学尽理智，却不知人类明日又将成为何等样的一局面，于是会使人生永陷于不安。科学只求进步向前，但却把当面现实牺牲了，更不使人感到有其情感上之真享受，此在人生情感上必会起反动。结果是现代科学已为现实人生作奴，而究不能满足人生之情感。

从最浅近处言之，人生情感必带有“私”，但科学上的种种发明与创造，一如电灯、汽车、自来水，如是种种，都是外在的，都只与人以“公”的便利。要人在公的便利之下来各自寻求其私的满足。在人生的私的一面，即其内在的一面，科学是无法过问的。于是物质人生过度发展，而心灵人生陷于干枯、空洞。人欲横流，究不是人道光昌。科学求使人的欲望满足，但究不能使人的情感亦满足。

在教堂内礼拜歌诵，祷告忏悔，还不失给予了人生一部分各自内在的情感上的满足，但此项满足，经不起理智考验。遂激起西方文艺复兴以下之反动。但走出了教堂，走进了物质人生、科学方法的一条新路上去，外面公的方面，固是不断有进步，内在的私的方面，却反而日见空虚，又将会再起反动。近代的西方人生，则正在一种新反动之开始，此已显露出了端倪。

阴转为阳，阳又转为阴。物极必反，天运循环。此两百年来，东方人却显然在转向西方的道路。物质人生、科学方法，两百年来的西方人，显然远走在东方人前面。但物质人生、科学方法，究竟是外在的，公共一致，易晓易学的。两百年来东方人从此学西方，有些处仍然落后，有些处已学得彼此无别，有些处则已此胜于彼。若只求在物质人生与科学方法的道路上便可走上世界大同，则百年之内，应可达到。问题是在内在的心灵人生一部分，以至各自之私的小己方面。东方人自受东方人过去历史文化积累的陶冶与影响，东方人究不能没有一个东方之我之存在。即是东方人不能没有一个东方人之所以为人与其所以为己之中心基点之所在。若使此一中心基点亦能连根拔去，则东方将不成为东方，东方人亦将不成其为人。不成为人，己亦没有了作用。故使东方人破除了自己的东方传统来求西方化，其事终为不可能。

四

西方耶教来东方，不能使东方尽归耶教化。西方哲学文学艺术来东方，亦不能使东方固有的哲学文学艺术全归西方化。亦幸而如此，人生不如黄茀白苇，同中仍有异，然亦异中仍有同。东方、西方，同是人类，不会无相通合一处，但仍还有其相异各别处。子女由父母所生，但子女之出生时间与出生环境与父母不同。子女出生后所有之身体，又与父母不同。故子女必有其独立之存在。天地生人，人类在天地中，亦有其独立之存在。人类中有一我，我之在人类中，亦有其独立之存在。但不能由小己自我之独立存在，来否认其外在的其他人之存在乃及天之存在。《中庸》上说："譬如天地之无不持载，无不覆帱。譬如四时之错行，如日月之代明。万物并育而不相害，道并行而不相悖。小德川流，大德敦化。此天地之所以为大。"《易经》以六爻成一卦，共得八卦。八八六十四卦，共成三百八十四爻。

每一爻，时不同，位不同，斯其每一爻之德与性亦各不同。其实，每爻又只分阴与阳。各个小己自我之在人类天地中，竟是万异而各不同。但此只是小异。《易经》上把此万异而各不同之小异，归纳为三百八十四种异，又归纳为阴、阳两异，此始是大异。而其背后则是天地万物一体之大同。由小异则只见小同，由大异乃始见大同。孔子教人立己达己，立是立己之异，达是达到与人之同。其所立所达，亦有大小。所立小，斯所达亦小。所立大，斯所达亦大。立小异以达小同，此是川流之小德，亦是人生之小道。立大异以达大同，此是敦化之大德，亦是人生之大道。孔子乃东方惟一大圣人，因其所立大，乃可使人人皆学孔子，故其所达亦大。若使孔子仅是一哲学家，斯惟爱好哲学的人乃可学孔子。若使孔子是一政治家，亦惟从事政治的人乃可学孔子。在人中划出一业，自成一家，此皆是小异，由小异仅可得小同。孔子博学而无所成名，不在人中立小异，而成为人中之大圣，此则立了大异，乃可达于大同。使人人皆得为圣人，此则世界人类亦达于大同，即是使此世界达于圣世。此乃孔子理想，亦即是东方人理想。

主要在人之“德”，不在人之“业”。业必由德起。德表现在“道义”上，业表现在“功利”上。由德而来之功利，此始是大功利。由业而来之功利，则只是小功利。一切小功利，可融为一大功利，此为“大德之敦化”。一切小功利，各自争胜，各自霸占，此仆彼起，所达不大，此为“小德之川流”。却没有无德而能立能达的，此又是一项人类之大同。

五

西方人今天胜过东方，似乎是在其立业上，由东方人眼光看，则其立业亦必有德。所异只在德之大小。即如近代西方之资本主义、帝国主义，其获成立发展，在其背后，亦必有一种德。但其所达则不能大，不能久，因其仍只是小德。东方人理想，则要治国平天下，求其业之能大能久，则仍当还就德上求，不当只从业上求。

今天的西方人，似乎旧路已走到尽头，又要来开辟新路。如何始是一条新路，似乎今天的西方人也不自知，正在闯，正在试。专就东方人言东方，东方人此两百年来，一意学西方，也未尝无成就。要立业，要创新，东西双方不妨有其同。但东方人自有其所以成为东方人之处，东方人自有一条旧路，即其历史文化几千年之积累，即东方人与西方人之相异处。东方人似乎仍应该从异求同。我们似乎不该，也不能，来破己之异以求与人同。孔子之道，似乎东方人仍该着意寻求，努力奉行才是。

（一九七四年九月十日第三届中日大陆问题研讨会讲演，九月十四日《青年战士报》，十月《东亚季刊》六卷二期。）

四　从人类历史文化讨论中国之前途

一

历史记载以往之人事，但人事无前定，因此历史亦不能预知，但可推断。

历史事件，莫不有理可资解释，成败得失，皆有其所以然之理。故历史上并无无理可说之事。

“事”属变而“理”属常，“变”不可知，而“常”则可知。

从各项事理中可以籀绎出共同之理，由此共同之理来推断一切事变，虽不中，亦不远。

事中有理，复有势。

“理”是一主宰，“势”是一倾向，亦可说是一端兆。

事变之来，以渐不以骤。有些是事未定而势已显。

势即是一种力，常称“势力”。势又是一种形，又称“形势”。必待旧势力消沉，旧形势涣散，斯新势力、新形势才获萌生。

势之来，不可逆。势之去，不可挽。所谓“其势难当”，或称“大势已去”。

理与势合，则理显。理与势背，则理隐。但理常在势后，支配此势。

凡事又有情有态。“态”指事之外貌言，“情”指事之内情言，此所谓“事情”与“事态”。

事之主持在于人，人之从事决于心。事情之主要，在于主其事之人之心。诚伪、公私、明暗，是其大分辨。

事情与事态，有时不能相合一，但判事当衡其情，不能依其貌。

势从外面看，情从内部看，又合称“情势”。

情与势合，又与理合，事必成。情与势背，又与理背，事必败。惟此三者间之离合向背之分数则极难定。

二

从历史之长时期演进中见文化。

历史文化之演进，其背后常有一抉择取舍之指针，此指针即人心。

人心之长期指向，即是文化精神。

中国文化精神偏尚“理”，西方文化精神偏尚“势”。

尚理常偏向“静定”面，尚势常偏向“变动”面。

须历史绵延久，展扩广，始知理之可尚。苟其绵延暂、展扩狭，常易忽视理而重势。

重势乃是历史之短视与浅见。

西方历史乃始终在小地面上断续发展，希腊之后有罗马，罗马之后有中古时期，乃至现代国家之兴起。

外面形势压迫人，使人常注视在事的态势上，不注意到事的情理上。人人只站在小地面上短时期内来看历史。

历史只成一个势，尚势则必争。争取有利形势，争取时机。时乎时乎不再来，兔起鹘落，所争只在眼前。时异势易，历史不重演，他们只强调这一点。

中国历史浑然成一体，前后连贯成一线。

三皇、五帝、夏、商、周，还是一脉相承。而且日益扩大。

周公与孔子，即在此长时期日益扩大之历史演进中产生。他们的思想与信仰，乃认为天心人事，虽百世可知。

知有此理，信有此理，守定此理，悬诸天地而无背，质诸鬼神而无疑，百世以俟圣人而不惑。

“天不变，道亦不变”，遂成为中国人的历史观。认定历史有一主宰，有一重心，可以万变而不离其宗。

外面形势不利，时代进入衰乱，但中国人认为贞下即起元，否极而泰来。

中国四五千年来长时期的历史演进，亦证明了此观念。

儒家标出了此理，道家阐明了此势。

横逆之来，中国人只说是“时也运也”，但中国人永远有信心，永远有希望。

近代西方，似乎只抱着一种文化的悲观论。因此心无定准，随势推迁。

三

史学在西方，兴起较晚，而历史哲学则更晚。

西方人乃从哲学来论历史，不从历史来创哲学。

黑格尔的历史哲学，只站在狭义的民族本位上。

马克斯推扩到世界观，但此世界则只是唯物的，只是斗争的。全部世界人类历史，只是一部唯物的斗争史。在斗争中只分阶级，没有民族。斗争的对象，只是物质，没有文化。马克斯的唯物史观，只是一套哲学虚构，无当于人类历史真情。

斯宾格勒论西方的没落，亦如人身有生老病死，乃是一种历史的定命论。

汤恩比论刺激与反应，人类全部历史，又成为一种适应论。

若由西方宗教家来谈历史，则必然是唯神的。亦如由科学家来谈历史，则必然亦是唯物的。此皆站在人类以外来谈人类的历史。

只由中国人来谈历史，乃是人文本位的。

历史是唯理的，亦是唯心的。理是人文之理，心是人文之心。由此上，心与理合一。

中国人并说“天即理也”，宇宙大自然，亦只是一理。

但理一分殊，中国人则把人文之理来会通宇宙大自然间一切理，由此上，心与天合，心与物一。

中国人之道德观，与其政教理想，及其对于天、对于宇宙万物之共通有一理之终极信仰，则皆配合于中国人之人文本位之历史观而产生。

“天下一家，中国一人”，则为中国人此种历史观之终极想望之所在。

人类存在，即历史存在，文化存在。中国人对历史，乃绝无悲观的想法。

四

当前世界，由于第一、第二次世界大战接踵继起，而形势大变。下面来的，是世界历史的一种新趋势。

首先是帝国主义与殖民政策没落了，代之而兴的，将是民族解放与民族自决。

但世界旧历史的几许反动力量依然猖獗。

资本主义之反动有共产思想，民主政治之反动有极权政治，个人主义之反动有社会主义。

今天的西方社会及其一般思想，同样在大转变之中。

新形势逼人而来，但西方人尚瞠目不知如何作应付。

如联合国应是一时代产物，但此婴儿生下即多病，尚未知如何来护养。

西方人只知迎合此世界新形势来求适应，但并未能了解乃至接受此新形势背后之真理。

他们的反共，并非真反共。依然谋求发展资本主义，则共产思想亦将依然漫衍，无法消灭。

随于资本主义而逐渐酝酿形成的世界主义，有其貌，无其神。

一切向外接触，只在利害上打算，不在道义上坚持。使两次世界大战以下之新世界，依然与两次大战以前之旧世界，仅如五十步之与百步。

但此下世界必变，则端倪已露，谁也不能否认。

中国处在此一百年来世界潮流之大翻大滚之下，自己历史，自难免也要迈进新路程，但可惜的是走错了方向。

昧失了自己传统的历史观，不再看重人心天理，与夫人文本位之一切道义，而只在别人家的势利上着眼。

于是有全盘西化论，为共产主义布置温床。

但西方人究于历史演变缺少深入的认识。他们一面要排斥苏俄共产在西方历史演变系统之外，一面又谓中国共产乃是中国自己历史文化传统中所产生。

历史本常在半醒半睡之状态中演进。须得有此理，同时有此势、有此情，乃始有此历史。若常为外面形势迷惑了历史内在之真理，亦终将不能扭转历史使走向正轨。

此下则有待我们自己的自觉与自力。

且历举我个人看法如下：

一、共产主义决然失败。

二、中国民族决然有前途。

三、中国文化决然在将来世界人类新文化创进中占有重要地位。

四、一切待吾人之信心与智慧与努力来促成其实现。

（一九六〇年四月二十日纽约华美协进社讲演大纲）

五　漫谈中国文化复兴

一

今天只就“中国文化复兴运动”，略谈一些我个人想法。

我们要做一件事，当然先该知道这件事。所谓复兴中国文化，先该知道中国文化究竟是怎样。这问题很困难，真要讲，我们准备不够。这几十年来我们国内知识分子、学术界，没有认真看重这问题。所争论的似乎都欠深入，不能作我们此下研究的凭借。我们对此问题，没有很多知识积累，此刻要用简单几句话来讲，这事实困难。

讲文化，是不是该拿思想做一重要中心呢？讲到思想，这里还有争论。如照现在人说法，认为从哲学思想便可看出文化本质，这层暂不讨论。我们现在且从中国思想来看中国文化，大家就会联想到儒家，孔孟。可是孔子到现在已两千五百多年，儒家思想在各时代有演变，我们能不能拿几句紧要话来总括？这就很难讲。从前，讲孔子思想也就意见纷歧，有人看重这一面，有人看重那一面。我觉得讲文化，该讲文化之全体，不能单举一偏。即讲思想，孔孟儒家以外，至少还有道家庄老，在中国人思想中，乃至一个不识字的人，可能他头脑里有儒家孔孟思想，同时也有道家庄老思想。除了儒、道两家，我们不可否认，中国文化受外来佛教影响相当深，亦相当普遍。佛教思想进入中国，到了隋、唐时代，中国人自开宗派，有天台、华严、禅三宗。他们从原来佛教思想里渐渐变出一套中国化的佛教，这些中国化的佛教很能配合中国社会和中国传统文化，这些思想也可说是中国的。今天印度已经没有佛教，有一些只是小乘宗派的，大乘宗派的佛教都流传在中国。中国人把来吸收消化，变成为中国的佛教。这些当然也是我们文化体系中的一部分，也是中国思想中的一部分。我们社会所谓的儒、释、道三教，或说"三教合一"，这个说法已经很普遍，尤其是明、清两代，我们不能不注意。

除了儒、道、释三教，先秦诸子里还有其他部分，也还重要。如墨家，固然到了汉代已经不盛行，然而直到唐代，像韩昌黎，还提到它。到了清末，中国人接触了西方耶稣教，觉和中国墨家所讲很相近，于是有人出来提倡墨子，墨家学说一时盛行。我在北京大学教书，那时一般学生多只读《墨子》，却不看《论语》。我问为什么？他们认为《论语》陈旧了，《墨子》却新鲜。我说："这话也不全是，今天我们大家竞读《墨子》，《墨子》并不新鲜了，但没有人读《论语》，《论语》将会又新鲜。"但至少我们不能否认墨家思想也是中国思想里值得注意的。还有如法家，近代人看见西方人爱讲法，一时便也来提倡讲法家。但法家思想也不是到了清末、民初才来讲。在中国历史里，一路下来，有一条法家思想的流在那里。再如阴阳家，在中国社会上处处流传，影响尤大。如讲医学，当然中国医学很值得研究，但中国医学中偏多讲阴阳。若使我们对阴阳家思想不清楚，如何来研究中国的医学理论？或许我们医学理论中的阴阳学说是后来附会进去的。但既然附会进了，我们就该有研究。整个社会，一般人生，或许更多信阴阳家的，并不在儒、释、道三家之下。我们就便说他是民间的一种迷信，要之也是一传统，流行甚广，成为构成我们文化的一部分。

其他各家，我们此刻暂不论。从前司马谈讲六家要旨，我想举出新六家：即儒、道、佛、墨、法、阴阳。我们讲思想，只讲儒家孔孟，把此外五家忽略了，如此讲中国文化总是稍有所偏。我们若讲哲学，不妨各就所好，各有偏向。但要了解中国整个文化体系，这是一个客观的，不该偏轻偏重，把有些东西全忽略了。若我们讲文化先要注重讲哲学思想，讲此六家，这已经要我们很大的努力。或许几个人研究儒家，几个人研究道家，几个人研究佛学，先来一个分工合作，将来汇通起来，提要钩玄，来综合看中国思想究是什么一回事。

二

可见从思想来看文化，在我们肩膀上负担已很重。而且，思想定会有表现，思想必然变成为行为。若我们认为以上六大思想，在中国社会里很有力，有影响，他们一定曾表现出种种行为，那就是我们的历史了。在清末民初，大部分人认为中国的先秦相当于西方的希腊。那时百家争鸣，思想很自由。秦汉统一以后，思想定于一尊，便没有进步了。这些话我也暂不批评，但说思想定于一尊，当然是指的儒家孔孟。那么孔孟思想在汉代以后，应会表现出种种活动。而当时学者，却只讲先秦思想，不讲秦、汉以下的历史。这是有了头，没有尾。并且这是一条长尾，我们不该不注意。我们要反对孔孟儒家，也不当专据一部《论语》、一部《孟子》，还该看此下读《论语》、《孟子》，信仰孔孟的许多人之所表现。譬如孔孟儒家爱讲治国平天下，我们至少要看汉、唐、宋、明诸朝，他们一些治国平天下的想法和做法。元、清两代，尤其是清代，实际上掌握行政事务的，大部分也多是中国人，还是所谓儒生。我们该注意到这辈儒生曾如何来治理这个国家，这样才能判定孔孟儒家思想究竟在中国有无价值，其利弊究在哪里。我在北京大学历史系曾开一课，讲“中国政治制度史”，当时学系同仁表示反对，认为：“这课不必开，今天的中国，还要来管秦始皇到清宣统的这一套政治吗？”我说：“若讲此下的新政治，或可不管这一套；要讲历史，则这一套非讲不可。汉武帝、唐太宗，怎样治国，总该有一套，我们不能不讲。”即如孙中山先生“五权宪法”为什么要监察院、考试院，还不是根据了中国历史传统。难道中国历史从秦始皇到清宣统，就只是一个专制独裁的黑暗政治吗？在专制独裁的黑暗政治之下，怎会有考试权、监察权？这些自该研究。

抗战时，有一次我到乐山复性书院去讲演，我对书院主持人马一浮先生说：“我听说复性书院不讲政治，我却想讲一些有关政治的。但我不是要讲现代政治，我要讲中国历史上的政治。倘使孔孟思想只流行在战国，秦以后便没有受孔孟思想的影响，那么孔孟思想也就没有价值，只几百年就断了，真如近人所讲是一堆冢中枯骨了。倘使秦、汉以后还受着孔孟思想的影响，我来讲一些秦、汉以后的政治，好从此方面来看孔孟思想的实际价值所在。”马先生说：“你这样讲，要比梁任公先生讲得通了。”梁先生当年就是只讲先秦是中国思想的黄金时代，秦、汉以下便没思想了。没有思想，从哪里来这一套历史？直到今天，还有人认为我讲历史不够现代化，怎能说中国传统政治不是一套专制政治呢？这样批评我的，绝不止一个人。但我们讲历史要客观，若自秦始皇到清宣统，中国历史上只是一套帝王专制的黑暗政治，我们也可不必再讲中国传统文化，因中国传统文化究是太无价值了。

今天主要的，要讲从思想演变出历史，那些思想便有一个实际价值。究从庄老思想里演变出些什么来，从佛家思想里演变出些什么来，从儒家思想里又演变出些什么来，在历史上有凭有据，可指可说。当然思想表现在人生的各方面，但政治是其重要的一方面，这层不可否认。

三

再拿文学来讲，人生就是文学，文学就是人生。从“新文化运动”起，群认为西方文学始是人生的，中国旧文学，则是脱离人生的。这番话，我却不赞成。我认为中国文学最与人生密切相关，能最有力来表现真实人生。让我举一个例：那时印度诗人泰戈尔来中国，在上海开了一个欢迎会，徐志摩写了一篇文章，题是“泰山日出”，他说泰山日出了，泰戈尔来到中国了。但全部看过这篇文，没有“泰戈尔”三个字，更没有他来中国的时代和背境。若不是如古代《诗经》般代他加上一小序，便不知他究在说什么。我想若使请一位懂得清代桐城义法的古文家来写一篇“泰戈尔来华讲学记”之类的文章，泰戈尔是怎样一个人，他怎样地来，当时有些什么人，怎样地欢迎他，撰写此欢迎文的是谁，泰戈尔之来，其意义何在、价值何在，只短短五六百字一小篇，也可写得很扼要、很精采。当然也可写些诗篇来表达。为什么定要说中国文学不切人生？西方大文学家，往往有人一辈子跟他身旁，帮他写传记。因在他的文学里，并无他自己的人生存在。中国则不然，把杜甫诗编年，逐年逐月逐日早晚，他人在哪里，做些什么，想些什么，一路下来，最详备的传记，莫过于他自己的诗。我们若要写一篇苏东坡的传记，那更复杂了。他的诗词散文、书札笔记等，统统是第一手材料。苏东坡其人，便毕现在苏东坡自己的作品中。又如陶渊明、陆放翁，住在乡村，五年、十年、二十年，为他作传记，除却读他诗集外，再也没法写，而且也再不能像他自己的诗那么写得好。陆放翁在镜湖，六十、七十、八十，一年年、一日日，春夏秋冬，四季变化，他的日常生活，尽在诗中，等于是一部日记。我们读他的诗，他晚年二三十年乡村生活，如在目前。他的人生，便是他的文学，为何定要说中国文学不切人生呢？

当然文学有各种体裁，有很多变化。变到最简单，为我们所看不起的，便如做对联。简单几个字，把他的一生学业性行，家事国事，都写上了。如我们这样一所大礼堂，若有一副对联，能把此礼堂兴建的时间地点、精神使命、种种活动，都包含进了。礼堂还须题一名，称为什么堂，再加上一篇题记，或咏几首诗，重要的实际人生都放在里面。因此我们可以说中国人的全部人生，论其两汉以下，主要还不是在二十四史里，而是在各家的诗文集里。如我们要研究范文正公、王荆公，根据《宋史》嫌不够，还要读范、王两家的诗文集。纵使一首小词，也不该忽略。因是整个作者之心情性格，生活的率真细腻处，都透露在这里。如李后主，乃一亡国之君，在历史上短短几句便完了。但他亡国后的一段生活，却尽在他的词里传下。到今天，我们对李后主当时的内心生活，还如和他对话般了解他。

我常讲西方人是有了他的文学作品而成其为一个文学家的，

中国则是由于他是一文学家而写出他的文学作品来。西洋文学中一篇小说、一部戏剧，把作者姓名掩了，价值一样，仍是一文学。研究莎士比亚，不要详细知道莎士比亚这个人。直到现在，莎翁生平还是无法研究。但无损于莎士比亚作品里的文学价值。也有人说：惟其在他作品中，不见有其人，所以其文学价值才更高。中国如杜工部，如苏东坡，却是作家和作品合一的。从杜诗里，表现出杜甫的私人生活及其整个历史背景。开元、天宝，天翻地覆，转徙流亡，悲欢离合，都在诗里表现出。他不是在写时代历史，只是从他这一颗心里，表现出他的日常生活，乃至天下国家一切事。从他一心到身到家，夫妇子女，亲戚朋友，乃至国家天下，合一融通地表现。这里十足表现了一种中国的儒家精神。我们若不懂中国文学，也将不能认识中国文化。抛弃了中国文学的旧传统，也就等于抛弃了中国传统文化中重要一项目。或许此刻要的是新政治、新文化，文学也该推陈出新，但我们要研究中国文化，至少这些传统终是不可忽。

再说到艺术。从前在北平常同朋友讨论到东西文化问题，有人说：“文化没有不同，只是西方先走了一步，中国走后了一步。西方是现代化了，中国只相当于他们的中古时期，我们再进一步，也就跟上西方现代化了，这里并不要争东方与西方。”我曾问：“怎样叫中古时期的文化？怎样叫现代文化呢？”这位先生举个例倒很好，他说：“从前朱子注《论语》，《论语》本文用大字，他的注用双行小字。现在我写哲学史，提到《论语》

本文低两行，我自己的意见理论便抬头顶格排，引古人文用小字，自己写出的用大字。这是现代精神。”我说：“原来如此。”我们这几十年来的学术界和思想界确是如此，我们实该自己负责任。我这次来，特别高兴，看到故宫博物院，陈列出这许多东西。但我要问：如绘画，是不是中国画只是中古时期的，西洋画始是现代的呢？又如中国的磁器，有宋磁、元磁、到清磁，从这些上可以写一本很详细的磁的历史演变，即从这里，也可把整个文化反映出来。那么是否说塑料才是现代化，中国磁则只是中古时期呢？讲文化不能排除了艺术，从艺术品上，也可推究到东西文化精神之不同，不能拿中国的一切都派在中古时期，西方即是现代化。这中间应该另有些不同。

建筑也一样。这厅建筑显然是东方式。我今天来看中山大楼，一进去就觉得十足的中国情调。我是一个中国人，进中国式的建筑，只觉开心。住进外国房子里，好像总有点不对劲。西方洋楼，四面开窗，叫人尽注意外面去，楼与楼之间则须有相当距离。那是十足的帝国主义向外殖民的精神表现。他们中古时期的堡垒，也有他们当时的文化背景。中国一佛寺，和外国一教堂，同样兴筑在中古时期，毕竟还是有不同。他们的建筑都带有征服式，中国的常是“和合式”，天人合一，使人居之安。

四

我们讲思想，讲历史，讲文学，讲艺术，从多方面来讲文化，又应懂得“统之有宗，会之有元”。这两语是三国时代王弼说的。讲文化从多方面会合起，这里面有一个宗，一个元。“宗”是一中心，“元”是一起头。我们说文化精神，也如说文化根源，文化的会合点。我们要知道，在中国人中产生了孔子与老子，在中国佛教中产生了天台、华严、禅三宗，在中国历史上产生了传统的中国政府，以及中国的文学与艺术。并不是孔子来创造了中国文化，乃是由中国文化来创造出孔子。因有了中国人才有孔子，不是有了孔子才始有中国人。亦不是先有了一套文学来影响中国人，乃是由中国人来表现出这一套文学。我们且不从深处讲，再讲浅处，要研究一民族，该懂得有民族性。如中国学问艺术传到日本，日本人很保守，一器物，一礼俗，他们都看得重。近代中国人看见自己中国的，远不如日本人看从中国去的那样隆重，那样兴趣浓厚。但日本人说：“我们的文化，虽从中国来，但是日本化了。”这话也对。中国文化到韩国，到越南，到各地，都会变。西方的到中国自然也会变。主要是在变中有个“己”。即就中国自己的来讲，如文学，如艺术，如历史上一切，由古到今，各各有变，不断有变。我们该有思想史、社会史、政治史、文学史、艺术史、经济史等等，从这些知识会合起来认识我们自己的文化就比较方便些。可是这些工夫，我们都没有好好做。现在来讲中国文化，都得看第一手原料，运用一个人的心思来融化，来阐释，岂不难。研究西方的，省力方便多了。要知道希腊，有各家的书在那里，不用直接去读希腊文，也可研究。中国古代文字直沿用到现在，不需另研究孔子时代或《书经》时代的文字。然而这些材料，却都没有经过现代中国人的细心研究。

说到现代，真是变化太快了。而现代的中国人变化更快，对自己三千年传统厌了懒了，谁也不肯用心去研究整理，随口谩骂，便是前进开风气。置之不理，也不失为现代化。聪明精力，谁肯向这里去钻。说什么是中国文化？鸦片烟、女子裹小脚、麻雀牌、太监、姨太太、算命、风水等，诸如此类。当然我们不能不承认这些是从中国文化里面表现出来的。但女人裹小脚，虽足为中国文化诟病，今天不裹了，难道中国便是有了新文化了吗？现在不抽大烟，不又是新文化吗？而且几百年前中国人既不抽大烟，也没有打麻雀牌，那时的中国文化在哪里？小言之是这些，大言之，则说“打倒孔家店”。但孔家店易打，中国文化却难打。在中国文化里，尚还有老家店、庄家店、释家店，很多店铺在。偌大一条街市，打倒一爿半爿店铺，打不了整街市。我说打孔家店省力，也有道理。《论语》虽是中国社会一部人人的读物，现代化的前进学者，拿着西方的政治、社会、哲学、科学一大堆新花样来讲，只知读《论语》的，讲不过他们。又如从《论语》中拿出一两条，如“惟女子与小人为难养也”之类，把孔子说成另一个样子。一时人不肯叫孔子，要改口叫孔仲尼、孔老二。孔家店的老板孔子便如此般打倒了。但这只是新的知识分子欺骗无知识分子的勾当。孔家店里老板易打，孔家店里小伙计却不易打。如要打颜渊，颜渊谁懂得，也易打。但像今天大陆忽然上演《海瑞罢官》，海瑞只是孔家店里一个小伙计，还轮不到二级三级，但这出戏演来，大家都认为对，毛泽东也着慌了。因海瑞不是一贪官，他又敢于讲话，不贪钱，不怕死，这两件就够。他已深入人心，叫你打不倒。我们且莫讲东方文化和西方文化，题目太大，便由得你一人讲；但遇到一个孔家店里的小伙计，你要怎样打倒他，却会感到不易打。

因此若我们要讲中国文化，该从多方面，长时期，集体合作，重新研究，不是讲哲学便能讲尽了中国文化，也不是讲历史、讲文学、讲艺术便能讲尽了中国文化，并且在艺术、在文学、在历史、在思想哲学各方面，还得各各分别研究。近代西洋，任何一门学问，都经过了一百、二百年，很多人心力，才有今天。即如读一部西洋通史，从民初以来五六十年中，西方中学、大学里所读的通史已有了几多变化，编了又编，改了又改，成为今天这个样子。在我们只凭一两个人，在一个短时期中写出，到底不行。我们也要经历一段长时期，多有人努力，又经自然淘汰，每一方面都有比较靠得住的人起来讲话；如是集体合作，再经会合，才能对自己文化有个认识。我想“复兴中国文化”这个重担，应该挑在知识分子的肩膀上，但要有耐心，用苦力，不然我们会永远比不上西方人。两边碰头，问莎士比亚，他那边总会有人源源本本详详细细来讲。问杜工部，我们这边真要找一人能讲，却很困难。讲艺术，你问他这幅画，他会说。他问我这幅画，我也要找一恰当人，能讲能说。现在我们胜过他们的，是我们能看他们的书，讲他们的话，中国人中要找能读英文，能讲英语的，多的是。你找一个美国人，问他中国字，就不行。可是现在他们也来慢慢地学中国话，读中国书，将来中国方面的学问也要问他们。现在中国优秀青年到美国去读中国文史艺术学位的人已多了。在美国得了学位，才能回到中国受人重视。所以我们的大学文科毕业生，也只有留学外国，才能有出路。若只在自己大学里面毕业，大家看不起。我昨天去故宫博物院参观，正在看象牙雕刻；这比看磁器，看书画，要简单容易得多；后面有两个人在讲话，一人说："中国人能做出这么精细的东西吗？一定是外国进贡来的。"我想我们此刻要来提倡复兴中国文化，远的不讲，讲近的，先该能移风俗，转人心。文化是不容易讲的，即讲文学，一首诗、一篇散文，有时也会讲不明白好处何在，又谁肯来承认你讲的价值。但是一个象牙雕刻摆在那里，他不得不佩服，可是他又认为中国雕不出来。那么怎会在中国的皇宫里呢？他说："这是外国进贡来的。"他能这样讲话，可见他也是一个知识分子，并非一无所知。

这些例，深深浅浅，远远近近，可以举出很多。有一年在庐山避暑，一位朋友，第一次新见面，他问我："在美国哪个大学读书的？"他是美国留学生，他说："我怎么不知道你呢？"我说："我没有到过美国去。"他说："不必客气，我和你很熟。"我说："我们初次见面呀！"他说："你不晓得，我在家里教儿子读《论语》，就选定了你的大著《论语要略》。"这位朋友自和一辈美国留学生不同，他要叫儿子读《论语》，而且是他自己选定了我的那本《论语要略》，所以他说："我同你很熟，你不要客气。"下面一句话，却是一句时代的心声。他看重我，所以想我也必曾去过美国。这是三十年以前的话了。一切事有前因，有后果。我们今天结了些甚么果，都是有原因的。我们今天正是一个困难的时候，把中国文化丢在一边也应该。

五

上面拉杂说了许多话，现在接讲第二部分，如何来复兴中国文化？我们纵是不认识中国文化，但我们的责任要来复兴它。当前的问题，不能说要待我们真了解后再来复兴。要如此，时间还不知要等多久。但我们又要问：不知道中国文化，怎样来复兴？我想这事该两方齐头并进。复兴中国文化，该可有两条路。一是少数人的责任，须得高级知识分子，一辈学人来研究，这是上一时讲的。现在要讲另一条路，这在我们一般社会，全中国人来一个广泛的运动。我认为中国文化里，有最精粹的一点，是关于"人生修养"的。人生修养，并不是现代人讲的"人生哲学"。西方人讲人生哲学，中国人讲人生修养。修养中寓有哲学，但与西方人讲的哲学不同。其重要处在于中国哲学有一套修养方法，须由理论与实践亲修配合。讲中国人的人生修养，主要在儒家，远从孔孟，下到宋、明理学家，各有一套。其他如道家、佛家，亦皆由理论与修养配合，而成此一套学术。这是中国哲学最重要最特殊所在。论其精神，却与近代西方科学相近。科学必有实验，中国哲学也必有实验，此即所谓修养。此刻我想讲几点我们大家所最易明白的。

第一点，我们要真做一个中国人，才能来复兴中国文化。复兴中国文化这一责任，便在中国人身上。没有了中国人，就没有中国文化。此如没有了希腊人，希腊文化转移到其他民族身上，究已不是希腊精神了。在抗战时期，我在成都华西大学一个茶会上欢迎某先生，谈话中涉及到中国人问题，他说："现在我们不是要做一个中国人的时候了，我们该要做一个世界人。"我说："生斯世，为斯世人，自然我们都该做一世界人，但我们应以中国人身份来做世界人，不是以美国、英国人身份来做世界人。"若今天先抹杀了他是美国人、英国人、法国人、苏维埃人、日本人、印度人、中国人等差别，来做一世界人，此事不可能。今天我们参加联合国，也拿"中华民国"地位来参加，尚不能没有其他国别，只有一联合国。所以第一点说我们首先希望是大家要做一个中国人。把今天一般现象来看，我们中国人在其内心深处，好像并不希望真做一中国人，似乎模模糊糊地在不知不觉之间便不像一中国人。中国人有姓有名，现在的中国人却都改了名。C.P. 黄、乔治张，这样的称呼早已很普遍。我在香港去看香港大学的中文系毕业试卷，全部中文系学生都不写中文名字。如写 C.K. 王，他还保留一王字，我知道他是个中国人。也有纯粹用英文的，王字也不见了。我想这是哪里来了一大批青年来学我们的中国文学呢？我到马来亚大学去，那里的中国青年，姓名都变了更不用说。马来人、泰国人很想把大街上中国店铺悬挂的中国字招牌都禁止，中国人很不高兴，但中国人自己的中文名字却先自取消了，这不是一块十足的中国人招牌么？在日本，那里的中国字招牌却还多。以前在大陆，纵使内地交通不便，外国人少到的地方，也有些店铺在中国字招牌上加上一些英文翻译。好像没有英文字的招牌便使这店铺地位降低，不值钱。我曾想，那些改用英文名的人，将来成了人物，写进历史，那不是明明一本中国史，也变成了英国史、美国史了吗？我想我们此刻要来复兴中国文化，不如先来一个运动，要中国人用中国姓名，不要改写英文字。这个运动很简单，我们暂不讲孔子、孟子，这些太高了。我们且先做一个孔家店跑堂的，开门的，扫地的，总可以。我们先来做一个中国人，简单一点，先来复兴用中国姓名，好不好？

其次是讲中国话。譬如在香港，中小学生都讲英语，有时叫一辆汽车，开车的也讲英语，这都不管。随便说句话，中间不重要处用中国话说，遇重要处便定改用英文，好像用中文便表达不出这个意义；这一层影响可大了。我们自己的招牌改称C.K.王，这可在外国通行，到外国去，入境问俗，把自己名字改一改，还可以。但他硬认为他心里这个意思，用中国文字便无法表达，讲中国话和他不对劲，不合他心意；如此一来，不仅中国是一次等国家，中国民族便是一次等民族。碰到学术上，理论上，高深一点的，非用英文不可。而且用了英文，他心里会感到舒服、痛快，那影响却真不浅。我想我们能不能讲话要讲中国话呢？有些，如yes、no之类，讲英文也不打紧，但讲到一句重要话，就非讲中文不可。如说“三民主义”便就说三民主义，“五权宪法”就说五权宪法，不该翻译了英文讲。像此之类，说仁道义，“仁”和“义”也是中国文化的一块招牌，我们该用中国字讲中国话。现代西方学者，讲到中国学问，他们就只翻音，有时还注上一个中国字。如孔子讲“仁”，老子讲“道”，他们都翻音。中国人更客气，认为他所讲全是英、美人意思，不是中国人意思，所以简直就满口讲英语！所以我说，要复兴中国文化，先来多讲中国话，好不好？

进一步，我们希望做中国人要做一个像样的中国人。今天我们当然全都是中国人，可是已经不像样。要做一个像样的中国人，又要做一个能继往开来的中国人。若我们做一个学者，当然要了解过去，适应现在，开辟将来。就如佛家禅宗不立文字，扫空一切，但也要讲过去，或从达摩或从慧能讲起。也要讲将来，要说将来的人生就是佛教的人生，将来的佛教就是禅宗的佛教。任何一个知识分子，讲一句话，不能没有过去，没有将来。可是今天我们讲一句“复兴中国文化”，立刻有人来责备说：“你不要想复古呀。”只要一讲到孔子、老子，便是要复古。从前人尽讲尧、舜、禹、汤、文、武、周公，他还可不失为是一通人，还可是当时社会里一个人，还可承先启后，做一有事业的人。我们今天，好像一讲到中国的过去，就会关闭了将来中国的路。讲过去也该骂，不该捧；只该批评，不该称赞。这已成了风气。我最近也曾写过一篇文章，说到复兴文化不是要复古，就得到好多朋友说好，说：“你讲得对，这句话真有道理。”但我并不欢喜听这话，复兴文化不是要复古，但更不是要蔑古，现在一般人，一听你说复兴中国文化，就恐怕你要复古。但任何一种文化，总有个来源，总带有一些古的存在。你不能堵塞了它上面，专来讲下面。我们似乎先有一种害怕，也可说先有一种猜疑，古总是复不得，中国已往一切总是要不得。你讲中国文化，他便要问你：“对民主政治抱什么态度呢？对现代科学又是什么看法呢？”这些话叫人无法回答。在他心里，显然中国文化是反民主、反科学的。他在时代风气之下，不知不觉存心如此，无法对他有解释。有人说：“我们‘总统’讲复兴中国文化，才是最好不过的，他也讲民主，也讲科学，民主是世界大潮流，科学是现代大贡献，要讲复兴中国文化便不能不讲科学和民主。”这是“五四运动”以来所谓德先生、赛先生。这几十年来人人的脑子里，只有这两位先生，占了很高地位，中国文化则所占地位很低。若我们能有民主和科学，其实中国文化复兴不复兴是没有关系的，这已成了一种社会心理，已经几十年到如今。要转移风气，谈何容易。

老实讲，“复兴中国文化”这六个字，从民国元年到今天，还是第一天正式唱出口。而居然在此地的知识分子，乃至无知识分子，没有一人出来反对，这可说是民国五十多年来第一个可喜现象。我们今天，也只如在国外，傥使我们国家复兴，明天回到大陆去，试问我们将带些什么回去呢？只带了科学和民主回去吗？倘使我们没有一些中国自己东西带回去，这和美国、英国人进中国有何不同呢？所以我们真能复国，最重要的应该即是我们今天讲的“复兴中国文化”这一句口号了。要复兴中国文化，就该改造今天的社会，但也得慢慢地改。要发扬中国的文学和艺术，此事已不易。历史则待后来人去写。哲学思想须待新兴的哲学家思想家来提倡。你要讲一番孔子之道来给大家听，其事亦易亦不易。但若演一部电影，能配合上中国文化的电影，便大家要看。人同此心，心同此理，此事似乎最易不过。为什么大家爱听绍兴戏，胜过听外国歌剧呢？这些我们该先提倡。而且也和科学与民主无关，无伤大雅，这样便慢慢接近了中国文化，从这个门可以跑进那个门。孔家店里的陈旧货物，也可由此推销。像大陆上演《海瑞罢官》，海瑞骂皇帝，便是一例。我想那些道貌岸然讲民主、讲科学的先生们，也不会站起来反对吧！

六

但我上面说及中国文化有一点最重要的，就是所谓“人生修养”。关于这一点，我还得再讲几句话。中国文化主要精神是以个人为中心的。这亦不是西方人所说的“个人主义”。在世界，在每一社会里，会有一中心。从中国文化精神来讲，此中心便是“我”。此话并不夸大。因这世界和社会的中心也可以是你，也可以是他，每个人都是世界一中心，甚至可是宇宙一中心。中国传统文化所讲重要的在这一点。今且问：此宇宙、此世界、此社会，究竟发动在哪里？宗教家说发动在上帝，科学家说发动在物质。但要再仔细讲，也就讲不下去了。我们再看，整个人生的一切，究该从哪里发动？若是由军队发动，这总不是我们的理想。若说由法律发动，法律只有拘束力，没有发动力。若说由政治发动，政治要讲民主，便该由每一人来发动了。或者说现在的世界操纵在工商业资本主义者的手里，人生一切追求，其背后都由资本家操纵，这话却有真凭实据。只要我们仔细看一看，想一想，便可知道。正为今天这个世界，一切人生发动力在资本主义者，则无怪反过来要有共产主义的崛兴。但共产主义只是资本主义的反面，把反面来反正面，其实正反两面还是一体。正如你的手，手掌手背，还是那只手。若我们不要这一手，要另换一手，不讲物质，不讲经济，其事却不易。所以西方人到底不能彻底反共产主义，我们不要对此太乐观。只要西方资本主义一天存在，共产主义也会存在。共产主义本也产生在西方，依然在西方文化体系里面。西方学者却说共产主义是东方思想，拿俄国给送到东方来。但马克斯总不能说他是东方人。他写《资本论》并不在东方。《资本论》中所根据的材料也不是东方的。英国一位文化历史学者，硬要把苏维埃送给东方，但马克斯和伦敦关系太深太显，他究竟送不走。今天美国的学者号称中国通的，又要说毛泽东思想即是孔子思想直传下来，中国共产政权便是中国历史上从秦始皇以下的那一套政治。他们总想把共产主义推出自己那一边，推到别人身上去，却不回头想一想，这个毛病究从哪里起。远从法国大革命，西方社会这毛病已经见了，无产阶级的运动从此开始。到第一次世界大战以后，此项毛病便在俄国人身上发作。第二次大战以后，法国、意大利等国家共产主义风起云涌，那时中国才追上去。美国人拼命拿钱来收买，但钱究竟消灭不了共产主义。这一层却须现代世界人类有一番共同的觉悟。

我们讲一个社会，其背后的推动力究在哪里？宗教、政治、军事、经济，都是外面的。外面有一力量来推动我，我总有些不大甘心。因此要讲自由，又要讲平等，又要讲博爱，但经济钱财，不懂博爱，不会平等，又不许自由，目前的世界究是由经济钱财在推动。中国传统文化则认为推动一切的力量在于我，在于我的心。各人是一我，各人可以推动他四围而成为一中心。那么究是谁推动着谁呢？这里面的理论让我慢慢讲下。我们且先讲原则，在我有推动社会的一个力量，社会推动，能由我开始。这一原则，各人需有一自信，然后在社会做人，才觉得有意义，有价值。没有这信仰的人，孔子称之为“乡愿”，“生斯世也，为斯世也善，斯可矣”。孔子说，这类人是“德之贼”，他们是贼害道德的。不能发展个性，失却成其为一我。但人各有个性，大家发展个性，岂不成冲突？孟子说：“圣人先得我心之所同然。”心有同然，我这个心就是你这个心，孔子时代的心，实在还是我们今天的心。我们今天的心，仍和孔子时代之心相同，所以孔子可以了解到我们，其实我们也该能了解到孔子。我这个心可以了解别人的心，中国人称之为“仁心”。因为大家同此一心，所以同称为一人。仁者人也。我和你心相同，同此一仁心，故称此为“人道”。人道只是一仁，可是你要得到这一个仁心，却要修养。孔子说："巧言令色鲜矣仁。"你碰到另一人，话讲得巧，面孔装得讨人欢喜，这心便是不仁之心。你看重了别人的心，拿自己的心看轻了，遮掩着自己的心，来讨好别人的心。巧言令色，一面奉承别人，一面却又想欺骗别人，在人群中相处，不够直道，不够朋友，不够做夫妇，做子女，不够做人群中一人。我为何要抹杀了我来讨好你？实际则又是在欺骗你，想要利用你。先抹杀了自己想来抹杀别人，结果人和我都被抹杀了，所以称之为不仁。所幸者，这个不仁之心，实际并不是我的心。心有所同然。张眼一看，梅兰芳上台了，大家鼓掌，觉得他漂亮。放开耳朵听，梅兰芳在唱，大家心里喜欢，他唱得好。这是一种艺术心情，大家自心发出，没有外边力量在推动。吃东西也一般，人家都说吃悦宾楼菜好。即显推微，人人有一个共同相类似的心。你抓住了这个心，即等于抓住了我和他，抓住了一切人；因我这个心也即是你这个心，你抓住了我的心，不是我便会由你推动吗？

中国人对于人心研究是高深的，此刻我们不能向深处讲，且问人类这个心由哪里来？那自然说是天生的。西方人说上帝创生了人类，中国人说天降生了人类，又赋予人类以此心。因此我们也可说，我心即天心。天就在你我身上，就在你我心里。天人合一，没有天就没有人，没有人也就不见有天。庄子说："惟虫能天。"天生一条虫，虫无心，也可说虫心简单，所以他还保守着天生他的这一个真，还是本来的一条虫。天生人，却反而失去了他的天。为何呢？人有很复杂的脑子，有思想，有欲望，有一切改进，但改进不已，忘了本然，失了这个天，想离开了天来独立做人，还想打倒了天来自由做人。故庄子说："惟虫能天。"这是批评我们人由聪明而愚蠢了。一只蚂蚁，能不失天生本然，但人却早已失去了他的天生本然了。中国人的理论，要人在天生本然上求进步。忘了这个天生本然来求进步，愈进步，离天愈远。一棵树，只从根上能开花，不在花上再开花。《中庸》上说："尽己之性，而后可以尽人之性；尽人之性，而后可以尽物之性。"科学尽物之性，但先得要尽己尽人之性。一颗原子弹扔下，一切都完了，尽了物性，却反了人性。人可以发明科学，科学不能发明出什么来。正如一棵树可以开花，花却开不出什么。现代西方人拼命造原子弹、核子武器、宇宙飞船登陆月球，只求科学无限进步，但忘了尽人性。好像一树，花开烂漫，尽在花上想法，根却坏了。今天的世界危机，实在很大。

从前我年轻时，人们穿一件袍子，不论穷富，年纪大一些的，穿十来年很普通。中国古代，像晏子，三十年只穿一皮袍。今天不行了，工厂里争着出货，第二批来排斥第一批，过两年一换衣是寻常事。有人在想种种方法使你非换不可。这不是我必要换，外面有一力量在推动。却反说是我们幸福了。说穿一句是要赚你钱，赚钱成为人生目的。中国人也曾发明了印刷术，那是世界文化一道奇光。西洋的文艺复兴，就是靠的印刷术发明。但今天的印刷术尽发展下去，又不得了，会变成洪水猛兽。在纽约每天看一份时报，这样一堆纸，怎样看？而且翻看后急得丢。新书不断地抛出，旧书匿迹了。有些书，不到大学图书馆翻不到。旧书再版，真是困难之极。但你到小菜场，五光十色，杂志、周刊，摆得满摊满架，看得天花乱坠，却说这是民众读物。但有些读物却是毒物呀！说电影吧，一部推出一部，但总不会叫你百看不厌，甚至再看第二遍。若一部电影，可以屡看不厌，那电影公司将会被关门。我小孩时看《水浒》，真是看得百看不厌。但现在人说《水浒》是中古时期作品，是中国旧社会作品，现在是科学时代工商社会了，看小说也得看了一本又一本，把你心看昏看乱。现世界人类的智慧和品德，一切人生的意义和价值，就为出版物太多而受了损害。人的脑子负担不了，又无法选择，总有一个在推动、在填塞到你脑里来。电影明星也如此，三年、两年换一个。你喜欢的，隔两年不见了，又换上新的；再隔两年又没有了，又换上新的。我的情趣该懂转换，但又来不及，你真爱好谁呢？我们的这个心势将无所寄托。女人穿衣服，一年一花样；坐汽车，一年一款式；一切的一切，都这样。商品拼命前挤后拥推出，人生外貌都跟着改，其实人生内容也在跟着改。说是推陈出新，其实陈的还未陈，新的也不真是新，新的旧的一例得急速收起，再来推出，人的感情也一天天薄了，只有不在乎。飞机减价，环球旅行，跑得人头昏脑胀，这里住三天，那里住五天，一下子周游世界回来，脑子里有什么变化呢？还不是如此五光十色便算了。从前出门远行，有多少困难，古代不要讲，一条轮船到这里，靠了岸，所见所闻，进到脑子的，印象还深些；现在的交通太快速了，给人的印象也太淡薄了。

一切物质文明，主要还不是赚钱？我荷包里的钱你拿去倒不在乎，但把人的心变了，理智感情都淡薄了，既浮浅，又不定，人生变成一派慌乱。所以我曾说，从前有鬼，现在没有了。诸位说，从前人迷信才有鬼，现在科学发明所以没有鬼。我不是这样说。我生时纪念这个家，这个村子，死后还想来一下。现在叫我纪念些什么呢？这个世界尽在推陈出新！人则要追上时代，不能落后。今天变，明天又变；思想变，行为也变；到最后，感到一生在世无可留恋。从前朋友少，现在朋友太多了。从前寄封信很困难，要托人，三个五个月带到你那边；你拿到这封信，可说一字千金。现在电报电话一个字值什么？生日做寿，四面八方电报来了几百几千，但人的感情只有这些，反而冲淡了。一切都是外面在表现，不是内里有蕴蓄。耶稣诞的各地贺卡，挂得满墙满壁，这张由英国来，那张由美国来，你相交满天下；若论感情，则天赋只有这一点，现在是分得愈淡愈薄了。

七

我这些话，也不是要把现代世界物质文明之急速进步拉下来。我的意思，我们要讲教育，讲人生，与此现代世界物质文明之急速进步中间，应该指出些问题来求解决。讲到此处，也便是中国传统文化与现代人生方面之问题。我认为现在推动社会的，主要是一个经济。经济问题不解决，人生一切都不能解决。但中国传统文化观点却不同，认为推动人生社会的，应该是人的这个“心”。让我们试问那些大企业家，今年这些出品，明年又是这些出品，究是要福利人群呢？还是要发展你的企业呢？那问题，只要一反省，各人反问自己就清楚。

现在再问各人有各人的心，那么我心怎样能推动你心呢？中国人则说“尽其在我”。所以讲忠恕，讲爱敬。忠是拿我十分力对待你，恕是我所不喜欢的不加到你身上。讲到爱敬，天下哪有一人不喜受人爱，不喜受人敬？但我想孔子讲忠恕讲得更好，因我对你忠，对你恕，只尽了在我一方面的心。孟子讲爱敬讲得较浅了一点，较薄了一点。他说“爱人者人亦爱之，敬人者人亦敬之”。这当然也是个真理。你不爱他，要他怎样爱你？你不敬他，要他怎样敬你？然而没有像孔子讲得更高些，我尽我力量忠于你，下边一句没有了。孟子要开导人，把下边一句也讲出来，说：“爱人者，人恒爱之。敬人者，人恒敬之。”也许有人问，别人不敬你不爱你又怎办？这仍得回到“尽其在我”。我尽爱他敬他便是。若有人问为什么要这样？孔子说得谆厚，孟子加以明白发挥，直从人的心坎处加以发挥。所以说：“爱人者人恒爱之，敬人者人恒敬之。”又说：“尽心知性，尽性知天。”性是天生的，你怎样能知道你自己的性？因此要尽你的心。自心不尽，天生给你的性，自己也不知道。尽了我心，可以知我之性；尽了我性，便可以知天。这叫做“天人合一”。天不独只生我一人，你就知人家同我一样，中国人讲的最高道理在这里，在从每人自己心上讲起，“成己”而后可以成物。“知天”近是宗教，中国人有一种极高深的宗教精神。尽物性是科学。中国人所提前发展的是一套人文科学，最基本的修养工夫在“尽其在我”，“尽己之性”。从这一点发展出来，就可成为中国人讲的世界大同，天下太平。在世界未大同，天下未太平之前，每人仍可自尽己心，修养到最高境界，便即是圣人。

八

中国儒家对圣人，有两个看法。一是朱子，他说圣人难做，后代圣人更难做。朱子的话是聪明的，孔子在春秋时代做圣人省力些，若生在朱子时代要做一圣人就比较要困难些。若使孔子生在今天二十世纪的中国社会，要做一圣人怕会更难了。这是朱子的讲法。另一个是王阳明的说法。孟子说“人皆可以为尧舜”，朱子并不反对此说，只说是难。阳明则说得似乎比孟子所说更易了。王学后传有罗近溪，他正在讲台讲“人皆可以为尧舜”，外面一端茶童子走进来，把一杯茶放讲台上，出去了。听讲人问：“他也可做圣人吗？”他说：“他已是圣人了。你们看他走进来，目不斜视，一心一意，没有滑跌，杯里茶没有泼出，走到这里，放下茶，他又如是走了，端茶是他的职，他已尽了他的职，也尽了他的心。若使孔子来代他端茶，也不会比他端得更好些。”这个道理，阳明早说过。阳明到了龙场驿，生病了，半夜里想，我这样的生活，若使孔子来做我怎办？他想得大彻大悟，一跳起来，全明白了。“良知”两字就是这时候提出的。

我们看禅宗故事，也颇有这样的趣味。禅宗也说人人可以“立地成佛”。但我们生到此世，虽也不能没有人端茶，但不能都端茶。我们固要阳明讲的圣人，也要朱子讲的圣人。朱子讲格物穷理，正心诚意，修身齐家，治国平天下，那一大套，这正是我们高级知识分子的责任。但不能要求每一人都成一高级知识分子，纵使我们自己要做一个朱子理想中的圣人，也该鼓励欣赏人家做一个阳明理想中的圣人。而且我纵有绝大学问，也不一定能在社会上负担一项重大责任，如治国、平天下这些大责任。这些责任不在我身上，到不得已时，我可做一个端茶童子，还是不失为一个圣人呀！大总统，治国平天下，也仍不过是一个圣人。中国人理想便由这些圣人来推动这个社会。而且人又是必该做圣人的。因此说：“不为圣贤，便为禽兽。”愈说圣人易做而不做，那就更见其为禽兽了。

我曾在日本和一位很有名的日本汉学家谈中国文化，那位先生说：“我们日本人接受中国文化是深刻无微不至的。”我问：“从何而见，从甚处讲起？”他说：“我们骂儿子常说：‘你不像一个人。’这句话是中国来的，全世界没有。”我听了恍然，我们不是常说：“你这样还算是人吗？”中国人心里的人，不是做上帝儿子的这个人，也不是法律上承认的这个人，更不是某人遗嘱上接受他一笔钱财的这个人。天地生了我，我还得有理想有修养来做一个人。讲难难到极，讲易易到极，这即是中国人的“中庸之道”。我们这许多人，既非圣人，也非万恶不赦的坏人，中间有一段很大距离包容着。这一极端是上帝，那一极端是魔鬼。上帝只一个，魔鬼怕也只一个，人在中间，有的九分近魔鬼，一分近上帝；有的九分近上帝，一分近魔鬼；但若这个人从魔鬼身旁转移一步近上帝这边来，这是善，这是在向上。傥使这个人从上帝身旁转一步近魔鬼，这是在堕落，甚至是丧心病狂，是恶了。所以中国古人说，一念之间可以为“圣”为“狂”。后代中国人则说端茶童子也是圣人，又说“衣冠禽兽”。这些话不是极端话，却是中庸话。

孙中山先生说“知难行易”，“知难”是近在朱子这一边，“行易”是近在阳明这一边。现代的中国人，最不成也没有被魔鬼拉去。只要能自心一转跨离一步，这就是复兴中国文化的大道。这一步大家能移，这一心大家能转。我们该拿这一点来勉励自己，来勉励我们的子女、学生、亲友，乃至社会上大多数无知无识的群众。这条路，应是复兴中国文化一条大路。努力知难方面，并不身份更高，责任更重。着意行易方面，并不身份更低，责任更轻。要更深更细来阐发中国文化，这需要学问，让一些人到图书馆去多写几篇博士论文，乃及传世巨著吧！我们也来讲复兴中国文化，应该采取第二条路。换言之，我们应做中山先生所说的“后知后觉”乃至“不知不觉”，来从“行易”方面立刻起步。我这两小时所讲，提出了不少问题，请诸位批评指教。

（一九六六年十一月台北阳明山庄讲演，一九六七年六月香港《人生杂志》三十二卷二期。）

六　中国文化特质

一

诸位先生，今天我的专题报告，是中国文化特质。

我将为中国文化安上一个新名称，称它做“唯心文化”。这“唯心”二字，并不像西方哲学上所称之唯心。我只说：中国文化是特别注重人文本位的。而在人文本位上，则一切是以“人心”为主的。所以我特称中国文化为唯心文化。

中国人把心分作两项看。一项是“人心”，又一项是“道心”。其实只此一心。自原始人类为着向自然界争生存而发展出的心灵作用，中国人称它做人心。此项心灵作用，人人俱有，这是属于躯体人生物质人生方面的。若没有了人心，也不会有今天的人类存在。

但人类从最先的原始人演进到后来的文化人，人类生活便大不相同。原始人也像其他生物禽兽一般，他们的争存手段，是各别自私的。即在人与人之间，也会互相争夺，互相残杀的。

待及他们演进到文化人阶段，在他们中间，有家庭、有国家、有社会，个人的各别谋生，变成为大群集体的共同生活。在大群集体共同生活下，又演进出一项心灵作用，中国人则称它做道心。没有人心，便没有了人。没有道心，也便没有了人群共同生活的一切道。

所以，人心是原始的，道心是后起的。人心是自私的，道心是大公的。人心虽是大家同有，但只相似，不能相通的。道心则是大家同有，而又可以相通的。人心只是人各一心，道心则可人人之心合为一心的。一人之心，即可是千万人之心。一世之心，即可是千万世之心。可大可久。人类文化演进，主要赖此道心。人类赖有此演进，乃于物质人生外又加进了“精神人生”。

二

中国人本于他们所特有的“人心观”，又演进出他们所特有的一种“人品观”。人品观是把人分类，又在每一类中再分等第。班固的《汉书》里，有《古今人表》一篇，根据孔子《论语》，把人分作上、中、下三品，每一品中，又各分上、中、下，共九品。圣人为上上第一品，仁人为上中第二品，智人为上下第三品。下下第九品，则称愚人。

中国人的人品分法，乃从各人的心上分，不从他们的社会地位与物质条件分。如富如贵，如财产权力，这些只在人生外部，可以向外谋取，但与其人之本身价值无关。人的本身价值，在其内部，在其心。中国人称它做“德性”。人性应该人人皆同，是属于先天的；德则有待各人努力修行、属于后天。有些人有德，有些人无德。德又分大小，有小德，有大德。德是得之在我，所得的只是天地大自然所赋给人类所同有的那一分“性”。此一分天性，在人类内心上觉悟，又在它的外面行为上表现，始称做“德”。如只在后天人生向外争利夺权，凡其所得，只是暂时的，又不是真实的，故中国不称它做德，又不列为分别人品之标准。

班固的《古今人表》，如孔子，列第一等，颜渊列第二等。他们在财富权利上，均无所得。至于帝王卿相，高踞社会人群之上位，而列入下等下下等的甚多。至如财富商人，论其内心，只为自私自利，则更不列入人品分类之内。

中国人在人的德性方面，特别注重一“善”字。人类的天性，都是善的。在他的后天人生中，亦都是可与为善的，故曰“性善”。后天人生的一切诸德，亦总称曰善。违于天性而无德的，则总称曰恶。善与恶有一客观标准，对人存好心行好事的则为善，对人存不好之心行不好之事的便是恶。如何称做好，这亦有一个客观标准，对人有好处，至少没有坏处的便是好。反面的便是不好，便是恶。人人都希望别人对我有好处，无坏处，哪里会自己对别人却总希望有坏处无好处的。在此便见人心同然，而人类天性之善亦见了。

中国人对人类德性上，主要在分别善与恶。在人品上，则主要在分别君子与小人。存好心，行好事，便是君子。存不好心，行不好事的，便是小人。在这人群中，君子多过小人，便是合理想的好时代。在这人群中，小人多过君子，便是不合理想的坏时代。但从人类长时期的历史过程中看，不幸的是坏时代反多过了好时代。不然的话，在人类历史上，哪里会来许多的战争杀伐，哪里会来许多的黑暗纷乱，哪里会来许多的亡国灭种。所以中国人的文化理想，主要在教人做君子，不做小人。存好心，行善事，来辅长此人类文化大道之演进。

中国人说："为善最乐。"存好心，行善事，至少自己不吃亏。善的人生，从人心内部言，是可安可乐的。中国人教人寻孔颜乐处，孔子、颜渊两人的人生，始是最可安，最可乐，而且又是不难学。每一人不能都成大富大贵，但每一人都能学得孔颜为人之人生乐处。主要则在知与不知，学与不学，这一分别上。

三

中国人的人生理想，或说文化理想，主要即在找寻出一种"可欲"的人生，即是可安可乐的人生，而又是人人可能的。其主要关键，即在各人内部自己心上，而外面一切环境一切条件，皆可不计较。换言之，即是外面一切环境，一切条件，都不能强迫我不存好心，不作好事，不为一善人君子，来过我这一分可安可乐的人生。若存恶心，行恶事，作为一恶人，在他个人论，此一分人生，究是不可安不可乐，不合人生理想。从大群集体论，恶人恶势力，纵能得意于一时，断难维持于久远。此为讨论人类社会历史文化问题所当首先承认的一项不可颠破的事实，亦为首先所当具有的一项不可摇动的信念。

中国人之文化理想即在此。此处理想，并不从纯理智的纯思辨的哲学中得来，亦不从某一宗教的信仰中得来。至于近代自然科学，探讨各项物理，纵极广泛细密，凡其所得，只能供人类文化之使用，乃是功利性的，断不能作人类文化之指导与主宰，因其非出于人类之共同内心的。人类文化理想，主要只能从人事上求，一切人事，主要只能从人心上求。但亦不能从各人个别的私心上求，只能从群体大我共同相通的公心上去求。在大我公心中，仍可有小我私心之存在。但当由共同的公心来满足各自的私心，不能由各自的私心来毁灭了大群共同的公心。中国人此项文化理想，可由各人反身向内各看每一人自己的心，可以在同时广泛观察大多数别人的心，可以看古今中外的人类历史，其间治乱兴亡之大经过，则人类此一共通而广大而悠久的心，此即是人类的文化精神，便可昭然若揭了。

四

中国人此番理想，似若空洞，但极切实。似若遥远，但近在各人脚下，即可当下起步。而且每一人可以不问外面环境条件种种复杂情况，只从其一己之内心而成为一君子，一善人，而获得其理想圆满的人生。即是说，每一人，在各别环境，各别条件下，可以各自完成为一上上第一等好人。因此，中国人此一番文化理想、人生理想，乃是极自由、极平等，而又是极博爱的。

但做人，须得每一人各是从头做起，前人的经验，只能做自己的榜样，不能在前人的做人成绩上继续做下。不比财富权力，可以凭借前人，富上加富，强上加强。因这些都是物质的。但物质上的进步，必有一限度，富强之极，转为贫弱，甚至衰竭灭亡，历史上不乏先例。至于精神方面之进步，与物质进步有不同。对中国文化理想有误会的人，易认为中国文化守旧不进步，或疑其文化力量不充沛、不雄厚。其实中国历史已绵延了五千年，在同一文化下所熏陶之人口，已逾七亿以上，而又常能保持为一统一的国家，这都由中国文化理想可久可大之潜力所形成。在此期间，世界上不少其他民族，此起彼仆，或则停滞不前，或则消失无存。通观人类社会历史，到目前为止，求一能与中国民族已成历史相比拟的，实尚不易。此实中国文化理想有其值得加以研讨之真价值所在之一项真凭实据，不容忽视。

在中国历史上，亦有不断曲折，不断反复。有它的兴盛期，有它的衰乱期。但每逢兴盛期，中国民族常能适可而止，从不走上帝国主义、资本主义的路线。由于种种形势相逼而走上了衰乱期，亦常能在其文化潜力中自求更生，蹶而复起，又回复到它已往的文化传统，而继续生长，继续向前。

最近的我们，更是处在世界人类一个前所未有的大动荡之旋涡中，饱经忧难。对自己民族文化传统理想，不免为一些浅薄的功利观点所摇动、所引诱，人心惶惑。在其表面浮层，波涛迭起。几乎像有一种一反故常的完全新面目出现。但此亦不过是一种时代的激变状态，不要忘了在其背后，尚有人类历史文化演进之大趋势，与夫中国民族自身积累深厚之一番文化潜力。物极必反，事不在远，在中国民族之内心深处，实都抱有一番坚强无比之自信，可以随时暴露。

五

日本与中国，可称同文同种。日本民族之成长，显然亦如中国，同样受了如上面所述同一文化理想的熏陶。在此现代世界之大动荡之旋涡中，日本民族亦饱受冲击。此下如何保持与发挥此东方传统，如何把此世界人类中一项难能可贵的文化理想善为宣扬，救己亦以救人，此则有待于贵我双方之各自努力与并肩前进。故敢粗陈鄙见，以备参预本会诸先生之参考。

（一九七三年九月一日日本东京中日文化研究会专题讲演预写稿，九月六日刊《中央日报》、《中华日报》、《青年战士报》，十一月《中国与日本》一五八期。）

七　中国文化之唯心主义

一

我将为中国文化使用一个新名辞来加以说明，我将称中国文化为“唯心文化”。此处所用“唯心”二字，并不是西方哲学上所用之“唯心”。我此处所用唯心的“心”字，乃指人心言。中国文化以人文为本位，而在人文界中一切以人心为出发之基点，故说中国文化为唯心文化。

中国古人说人心，便把来分为两部分，一曰“人心”，一曰“道心”。其实只是一心。人心是指人类有关躯体私生活方面之一切心而言。如食、衣、住、行种种物质人生皆是。此种生活，其他动物亦与人类相似，没有了躯体与物质生活，即不成为生活。惟人类由于其躯体与物质生活之需要而引生发展出种种心智的活动，为其他动物所望尘莫及，故我们也有认为人类有心，其他动物无心的。但要之此心一切活动，仍只在躯体物质生活之范围内，则人与其他动物依然无别。

但躯体生活是各别自私的，其所引起之物质生活，亦是各别自私的。如一杯水，一人饮了，他人即不得饮。一碗饭，一人吃了，他人即不得吃。而此一杯水一碗饭，亦只能解决每一人自己躯体之饥渴，不能同时解决别一人之另一躯体之饥渴。因此各别自私，乃是躯体与物质生活之惟一特征。由于其各别自私，而引生发展出种种争夺占有，乃至于战斗相杀。

但人类生活，渐渐由躯体各别之私生活演进到群体共通之公生活，此乃人类生活与其他动物生活一种绝大不同点。其他动物，或多或少，亦有与人类相似之群体生活。如一雌一雄配合，其他动物亦所多有。但不能如人类般由夫妇同居而演进到家庭生活，此是一相异。又如动物中之蜂蚁，有极严格的群居生活，但发展了群性，又牺牲了个性，不能如人类般乃由各别个性而演进到社会群居生活，此又是一相异。

人与其他动物之最大区别，不在其躯体生活上，而在其心灵生活上。原始人类由于为其各别自私的躯体生活而谋取外面物质供养之方便，遂逐步转入群体生活，而人类之心灵生活亦随之逐步展开，心灵超出了躯体，既能视人若己，彼我如一，复能看重他人，更胜过看重自己，于是人类于自己私心外又增上了大群的公心；此在孔子儒家，称此曰“忠信”，曰“忠恕”，又称之曰“仁”。其实此种忠信心，忠恕心，仁心，都只是一种人己如一、彼我相通而有时重视他人更重于重视自己之公心。此种心，中国古人特加重视，又称之曰“道心”。因一切人道，即是人群同居合作之道，皆从此心生；而人类最先为着躯体物质生活而起之各别自私心，则称曰“人心”。此乃是原始自然人，与后代演进而有之社会文化人不同。简言之，必是先有了人乃有人之道，亦如先有了人心而后始有道心。此种经过后天演进而有的人类文化社会中之道心，乃为满足最先原始自然人之各别自私心之最佳途径。此一种演进，中国人称之曰“人道”，亦曰“天理”。

二

中国古人说：“人心惟危，道心惟微。”此是说人类谋生，若只任此仅从躯体物质生活上起念的各别自私的人心来作主，此是危险的，连他自己也不易真切认知此心而加以把握的。有时甚至可到丧心病狂的地步。这不是危险吗？而人类的那一种人己如一、彼我相通甚至重人逾己的公心即道心，又常隐微不彰，并如微弱无力，既使人不易觉察，又若无力运使。于是遂使人类的生活依然常由其各别自私的人心作主，而永远脱离不了危险的境地。

中国古人中之先知先觉者很早便提出此等说法，所以专为各别自私的，从物质方面争夺占有与享受，如财利、权力，如富、如贵，此种生活，中国人颇不重视，不在此上来区别人生，而只看重人类品格方面之区别。“人品观”在中国人之人生观中乃是一种极为重要的根本观点。故中国人极重君子、小人之分，在君子一类中又有圣人、贤人、善人等多项等第。班固《汉书·古今人表》上，把自古历史人物分成上、中、下三等，每一等又各分上、中、下三等，共成九等。如尧、舜、孔子同是“圣人”，同列上上第一等。伯夷、叔齐、颜渊，皆无功业表现，生活穷饿至死，但同为“仁人”，列第二等。“智人”列第三等。至于历代帝王公侯卿相大臣，列入下上、下中、下下三等的，不可胜数。可见在政治上地位贵贱，并不在中国人人品分类之内。贫富亦然。富人家业大则多纳税，因其徒为私人牟利，更不列入衡量人品的条件之内。

中国人之人品观，专一注意在人之内在生活，即心灵生活方面。至于种种外在的物质人生，财富权力，地位势望，私人各别一时所得，生不俱来，死即俱去，仅涂附在人生之外面，与其真实人生无关。真实人生，主要在其人之内心，中国人称之曰“心地”，或称“居心”。涂附在外面的人生只供别人看。发自内部，存在其内部的，始为其人之真实人生。中国人由此来衡量人品，亦称此曰“德性”。德者，乃是其人之真实所得，得在其心，如孝子、如忠臣，孝与忠，皆在其心，乃是其人之真实价值所在。至于涂附在外面的种种物质与遭遇，并不是其人之真实所得，故亦无真价值可言。

人生一切美德，则总称曰“善”。有善心斯为善人，始为有价值人。善心亦称“良心”，中国人以此设教，以此制行，故中国人皆以做一善人为人生最高目标。因此中国社会，亦可称是一善良的社会；中国民族，可称是一善良的民族；中国文化，可称是一善良的文化。此种善良之德，出自天赋，乃属与生俱来，中国人则称之曰“性”。人类一切善良美德，其本原皆属天赋，皆出人类内心真实所求所好，但亦经历了人生长时期之演进而始透露成熟；由于共同之天性，而形成为各人独特之品德。

三

中国人认为善则必可继续，换言之，是可进步的。再换言之，是可推广扩大的。所以，只有善良的人生，始是可久可大的人生。此种人生，始是与天合一，即是“文化人生”与“自然人生”之合一。若非有一自然天性在人生内部作主，则从原始人生，专为躯体物质各别自私之争夺占有而斗争相杀之残酷人生中，如何会演出忠孝仁义具有善良美德之文化人生来？

“人性善”成为中国人之共同信仰，性为天赋，善属人为，德性合一，即是天人合一。能具此人生最高标准者，中国人称之曰“圣人”。但圣人亦只是人类中一人，故曰：“圣人与我同类。”由于人同此性，故得人同此心，亦可人同此德。故“人皆可以为尧、舜”，即是人人应可同达此最高标准之人生。此是人类文化演进一大目标。要使人人能为尧、舜，人人能为最高标准上上第一等人，此始是人类大同太平终极理想的境界。

此一人类文化理想境界，途程遥远，但开始即可从少数人起步。纵在极黑暗纷乱之时代中，每一人仍可各自完成其个人之理想，先自完成为一善人，乃至为贤人、圣人。此种作为，不在外面物质条件上，乃在其个人各自的心灵条件上。在尧、舜以前并没有尧、舜，在孔子以前并没有孔子，但在人类中，永远有出现尧、舜与孔子之契机与可能。每一人只要从其内心能朝此方向而迈步，则人人可得为孝子，并不限舜与周公始得为孝子；人人可得为忠臣，并不限比干、苌弘始得为忠臣。若非人人得为，亦即不得奉为人类之共同理想与共同标准。所谓人人得为，必是无时地隔阂，无环境相异，无条件悬殊，只要出于各个人之有志与自愿。故中国人之文化理想，乃照顾到人类大群全体中之各个人而同有此可能。故可不必待大群人全体起步，不妨由各一人各自起步。故中国人之文化理想，乃是最博爱、最平等、最自由的。

中国人在此，又特别指出一“人心之所同然”来。人心所同然的便是善，人心所不同然的便是恶。至少人人皆愿自己所遇见接触的是一善人，当然也不愿自己单独做为一恶人。一人之心如此，人人之心皆然，乃至千万年以上以下之人，凡具此心，则无不皆然。但何以在实际上，人类社会中究是善人少，恶人多？中国人亦非无视此事实。当知人生是由长期演进来，由草昧到文明，非一蹴可几。最先只求自己先自完成一善人，自己先是一善人了，乃可与人为善，使他人亦得完成一善人。此一风气得势，即为“君子道长，小人道消”。此一风气失势，则为“小人道长，君子道消”。君子道长，则为一通泰之世。小人道长，则为一否塞之世。验之古今中外人类历史，无不皆然。

但纵在小人道长之否塞世，仍不害每一人各自可以单独完成为一君子、一善人。故曰：“穷则独善其身，达则兼善天下。”

不得进而兼善，仍可退而独善。中国人又说："为善最乐。"人生乐处，不在外而在内，不在物而在心。个人如此，大群亦然。物质生活纵然进步，依然可使人心不乐，举世骚然。物质生活纵不齐备，人生依然有可乐处。而且积善降之百昌，积不善降之百殃。善与恶还可影响后代。此亦验之一人，验之一世，验之千万世，而总见此一事实之可信。若使恶人恶势力可以长久存在，则人类社会历史文化，终将断灭。此当为讨论人类文化问题最先所当具有之一信念。

四

故中国人的文化理想，不由哲学思辨来，不由宗教信仰来，不由自然科学各种物理探讨来，乃只在人文社会中之一种实际经验，经过人类心灵之自觉自悟而获得。极平凡、极中庸、极笃实、极诚挚，只教人好好做人、做好人。中国文化理想，主要即是做人理想，做人必然该做好人，做好人先该有好心。如何培养人类好心，使之发扬光大，使人类全体各得为一好人，是其终极目标，而最先乃亲切降落在每一人之心上，使每一人之独善，来培育出大群体之同善。

但做人有一特殊条件，即须每一人另开始从头做起。财富权力，下一代可以凭借前一代而继续经营，富益富、强益强；但物质形势必有一巅峰状态，达此巅峰，不仅不能再进，抑且有转趋崩颓之势。人之德性完成，则父不能传子，兄不能传弟，须每一人从其内心自己再经验。若我们要学孔子，必得从孔子早年“十有五而志于学”的阶段从头学，不能接续着孔子晚年“七十而从心所欲不逾矩”的阶段续步向前。不了解中国文化理想的人，每认为中国文化守旧、少变化、无进步；不知物质文明，可以求变求新，日见进步；人文精神须有常、须能继，须能在此通天人、通彼我、通古今之同一精神下而各自从头做起来完成此一人。若使做人亦惟知求变求新求进步，求今日必将不同于昨日而胜过了昨日，此一心情与此一努力，其势所趋，将可使人做成不像人，不是人，而回不过头来。中国文化中所重人品人德人性，贵同不贵异，贵常不贵变。君子善人，在本质上只如此，在数量上希望尽人如此，世世代代有增无减；决不能说今日之善，明日变成了恶，今日之君子，明日却变成了小人。

在中国历史上，亦不断有曲折、有翻覆，但此一文化理想，绵亘了五千年，扩大到七亿人口，非求变求新，乃是有常能继。在其治平盛世，对外军事，常是重防御远胜过重侵略，因此从不走上帝国主义的路线。在商业上，也只注重货物交流，不重剥削牟利，绝不走上资本主义的路线。亦有衰乱世，或则经长期治平后，人心颓靡，失于振奋；或则外力骤凌，和平社会急切不易抵抗。但中国文化最富坚韧性，正为在任何时期地点、任何环境条件下，每一人可以担负起复兴文化大责，所以此一文化传统，总是蹶而复起，衰而又盛，不致中断。

最近我们是处在世界人类前所未遇的一个大变动之下，饱经艰难，但对自己民族文化传统理想，则依然坚信，认为“剥极而复，贞下起元”不在远。此即是中国文化之主要精神、主要生命所在。

（一九七三年九月一日日本东京中日文化研究会专题讲演后改稿，并改今题名。）

八　从历史文化看时事笔答录

第一篇

问：为什么一个民族要有历史观？

答：世界上任何一个民族，都是由历史来完成的。没有历史继承，没有历史积累，就不成其为一个民族。倘使这个民族不看重自己的历史，不看重以往完成这一民族历史的一切记忆，这就不能形成为一个鲜明而坚固的民族。

但“民族观”与“天下观”，又是相因并起的。果使没有民族观，便亦不能有天下观。因民族观是彼我并起的，自知己为一民族，便并知彼亦一民族。彼我民族并存，即成一“天下”。换言之，没有民族观，便无天下观。没有天下观，亦无民族观。

所以我们中国人，“民族观”与“天下观”是同样看重的。今天的我们，尚知有民族以外的天下观，而不知看重自己的民族观。甚至对于一个民族该不该有历史观，亦成了一问题。试问今天整个天下，哪一处，那一人，不附属于那一个民族的呢？

而当前的中国人，只看重其他民族，看不起自己民族，亦可谓是仅存了天下观，而湮塞了民族观。就变成一个不重自己民族的天下人了。试问不看重自己民族，而仅为一天下人，这一天下人尚何意义价值可言？

所以历史既有民族史，亦必同时有天下史。一内在，一外在。内外相合，实成一体。哪有有内无外的民族？更也何有有外无内的天下？所以“民族”与“天下”，是相互并起，一体相成的，中国古人称之曰“天人合一”。观于中国《二十五史》，夷夏并列，内外交详，便是其例。

问：为甚么在现代社会中，仍要有历史？换言之，在今天利益、工商挂帅的社会里，历史有何帮助？

答：西方人重向外通商，所以也知重经济观，而比较不看重历史观与民族观。但是每一社会总脱离不了其民族性。不看重其民族观，此一社会也总不能持久不衰，当前西方社会即犯此病。只有懂得看重自己民族的，才是一个可以长久进步的社会。不懂得看重自己民族，便不能长久进步。这就如现在只讲工商挂帅的欧洲人，最主要的像英国、美国，岂不仍保存有他们各自的民族吗？而其民族情感，则不甚深厚。所以他们的工商挂帅，虽也有他们一段旺盛的历史，而不能持久。有盛必有衰，一衰则不复起。这最大原因，便因为他们的“工商观”更深更厚于他们的“民族观”，于是他们的“个人主义”，才代替了他们的“民族主义”，而才有此现象。他们的心知太专门太褊狭了，只关注于个人分别的工商方面。在这方面，表现了其长处，但亦同样流露了他们的短处。所以只懂讲工商挂帅的历史，亦不得长有他们工商挂帅的将来。

中国人讲历史，是从民族的大体本位来讲的。全体性，非片面性。所以在许多方面，有时像不如他人。而论其民族之全体性，则长历五千年，世界更无其他民族可与相比拟。以往如此，以后仍将如此。这是我们中华民族所可以极端自慰的。试问没有永久的民族精神，又如何来永久的工商挂帅呢？所以专从工商挂帅一个片面观点上来讲历史，来讲社会，都要出毛病。

问：对台湾四十年来的发展，感想如何？哪些值得珍惜？哪些今后要避免再犯？

答：台湾四十年来的发展，似乎在物质生活上，在商业经济方面，有出乎意想的进展。但在人文精神上，在群体生活的教导上，与其物质生活似乎开始要走向一条正相反对的路，这是我认为最可担忧的。

我觉得四十年来开始能服从一个政治领袖的领导，像故总统蒋公，获得全体台湾人民的爱敬。这一段历史，是最值得珍惜的。台湾之能有今天，不能不说是当年那种上下一心携手共进所埋下的基础。

现在似乎个人主义的意味逐渐伸展，由合到离，由和到争，这也是最可担忧的。

问：若从历史中借镜，台湾应如何掌握未来的方向？

答：台湾问题最主要的还是一个民族问题，台湾人彻头彻尾应该是一中国人。所以全部的中国文化传统观念，应该是台湾人所当尊重保留的。台湾将来的前途，同样在全部中国民族历史的前途中。远离了中国民族传统的精神，台湾的前途便会感到可忧可怕了。换言之，台湾人没有广大深厚的“中华民族观”，就没有前途可言。他决不能脱离了中华民族大体，而单独有他台湾人自己的前途。

台湾是属于中华民族的，中华民族未来的方向也就是台湾未来的方向。我认为台湾脱离了其民族大体，即中华民族，是决无可喜爱可希望的前途的。

当前台湾与大陆对立，大陆共产政府正在毁灭自己中国传统文化，转向西方。而台湾的立场，正在要求保存中国固有文化，发扬广大，来对大陆加以挽救与革新。故当前的台湾，尚不能以仅只保留中国固有文化为满足，更当加以发扬光大，在此世界的新形势中，来一番自己传统文化的更新与创辟。不仅要把来对付大陆，更应该能把来对付全世界异民族的新潮流与新形势，这才是当前台湾自力更新的大责任大希望所在。

问：我们该如何培养年轻一代的历史感？

答：如何培养年轻一代的历史感，主要就在培养年轻人的“民族情感”，便该培养年轻人民族历史民族文化的观念。其他一切有关此方面的，如道德、伦理、文学、艺术等各种创辟各种修养，都是极关重要的。从具体方面讲，最主要的，如固有的家庭制度、宗族观念等方面，皆应尽力提倡，善加保护。

台湾是中华民族的一部分，不遵守不发扬中华民族的历史传统文化精神，是无前途可言。而对年轻人的教育，则更属重要。最感关切者，在乎培养青年的“历史观”。必该先让他们知道，“历史”是有极深极大的“民族”界限的。非此民族，即不能有此历史；非研究此历史，即不能了解此民族。两者是一而二,二而一的。所以主要在加深青年的民族感，才能加深他们的历史知识。同时加深他们的历史知识，也即是在加深他们的民族感。倘把历史仅当作一种专门知识，而和民族精神脱离了，则此种知识决非真合理想的历史知识。“民族情感”与“历史知识”亦是一而二,二而一的。不再提倡民族精神，而仅求明白历史经过，那是极空泛极不合情理的一件事。

（一九八八年九月答某杂志问，时年九十四岁。）

第二篇

问：台湾数十年来最初只在经济发展，现在又讲民主政治，先生是否可匡其弊？

答：人生最重要的是“文化”问题，并不只是经济与政治问题。所以人生最应看重的是“民族文化”的传统，政治与经济只是包含在民族文化内的两项。与整体民族文化比较，政治与经济只是次要的问题。

如单就经济与政治两项来讲，也应有先后缓急之不同。经济只应附属于政治之下，不应把来放在政治之上。

几十年来的台湾政府，太看重经济了；现在又看重讲民主政治，民主政治是应该在经济问题之上，但不以民族文化作基础，一切政治都会有流弊。政治不能稳定，徒求发展经济也流弊极多，不胜枚举。今天的台湾，已经显现出种种流弊了，不需再多加说明。

问：今后之中国如何再造华夏生机？

答：今天的中国人，无论信奉资本主义或信奉马列主义，要之，都违离了中国文化传统。你问我此后的中国人如何再造华夏生机？我认为只能从尊重历史本源、发扬文化传统做起，除此之外，没有第二条路可走。

说到尊重自己本国的历史本源及发扬本国文化传统，首先要从“认识自己”做起。这又是一个大问题，不是三言两语说得尽的。譬如中国古代井田、封建等制度，本是中国自有的共产主义，但今天大陆主要依靠西方的共产主义，中国古代一切措施，如井田、封建等制度，他们便全不放在眼里。今天的共产党，把一切不合意的都称作“封建意识”把来打倒，而不求了解。这要来推行中国自己的民族文化，便就困难了。

以上我只是举出一点来说明。要认识自己本国的历史本源及文化传统，当然不只是这一点，这该多读中国书，才能逐渐一一认识。这是无法用简单几句话说明的。

问：何谓中国人的风格？

答：你问何谓“中国人的风格”？这又不是三言两语可以回答的。简单的说，我认为中国人的风格在大陆。你不要误会，我所说的大陆并不是指今天中共政权下的大陆，我是指自古以来传统的大陆。中国古人说：“天时、地利、人和。”人的风格也应与天地相互调和而产生。中国大陆的天时、地利与今天的台湾大不相同，但也与当前主张共产政权下的大陆不同。不同在哪里？过去的大陆，天时、地利是与传统文化相配合的。换言之，即自然与人文相调和。今天的共产大陆推翻了一切传统文化，一切自然与人文遂失却其调和。徒求模仿西方一些榜样，失去了自己传统，也就谈不上所谓“风格”了。

问：中国统一之前提为何？

答：我坚信中国必将统一，必将是“和平”的统一。我认为将来统一的主要前提，在我全体国人对自己民族已往传统文化之自尊自信，以及略知随时改进上。除此以外，国家不会有前途。这一信念，是我终生所信奉的。

至于如何来培养国人的自尊自信，以及如何懂得随时改进？这有关整个国家的教育问题，说来话长，无法在此作详细的回答。简单的说，中国传统文化精神看重人的“性命”胜过看重传授知识，所以中国传统教育精神重在教人做人，重在教人如何与大群相处。从做人的角度出发来讲教育，才可培养出自尊自信，爱国家爱民族，在家能为贤子弟，在社会能为奉公守法的好国民。不幸的是，我们今天的教育已远违了这一传统文化精神。而大陆的教育，更彻底摧毁了这一传统精神。所以我常说，从近处看，国家前途多艰，难以乐观；而从远处看，我是充满乐观的。因为我坚信国家未来前途只此一条路，没有第二条路。我更深信将来国人必会回归此途。

这问题只能谈到这里。我过去已说得太多了，没有更多的话可说。

（一九八九年三月答某基金会问，时年九十五岁。）

第二编

一　中国的哲学道德与政治思想

一

所谓哲学思想，乃是一种寻求宇宙真理、人生真理的思想。

中国人寻求宇宙真理，乃及人生真理，其思想方法，亦复与西方人不同。

西方哲学是纯思辨的，先在思辨中寻求建立出一套真理来，再回头来指导人生行为求能配合此真理。

因此，他们说：哲学是一种“爱知之学”；因此，便不免把“知”与“行”先就分成两橛了。

中国人寻求真理，贵在知行并重，知行相辅交替而前进。

《中庸》云："博学之，审问之，慎思之，明辨之，笃行之。"学便已是一种躬行实践。学了行了才有问、有思、有辨，而终极阶段仍在行。

因此，中国人之哲学，并不能脱离了其自身之躬行实践而先自完成为一套哲学的。中国人的哲学，实际上只是一套人生实践之过程。

因此，中国哲学，主要并不在一套思想，而毋宁说是一套行为。

因此，中国哲学，早就与实际人生融凝合一了。

因此，在中国，好像有许多大哲学家，如孔孟、如程朱、陆王皆是。但若寻求他们的哲学体系，则又像是零碎不成片段，换言之，好像并无思想体系可言。

其实，他们的哲学体系，乃是完成在他们的全部人格上，表现在他们的全人生之过程上，而并不只表现在其所思辨与著作上。

因此，在中国人的固有观念、固有名词里，则只有"哲人"，并无"哲学"。"哲学"一名词，仍是由西方语迻译而来。

中国的哲人则必然是一善人，必然是一有道之人。因此，中国哲学实在是与中国人所重视的"道德"融凝合一了。

政治乃人生一大事，修身齐家与治国平天下一以贯之，彻头彻尾，仍是一道德活动。

孔子曰"政者正也"，脱离了道德，便不再有政治。

故孟子言"仁政"，言"善政"，政治之终极标准，仍脱离不了一善字，一仁字。

就中国历史言，大政治家项背相望，却没有一位可称为政治思想家。

一则中国学人，实际多数都已参加了政治。二则实事求是，不在多言。三则学贵融通，政治不能脱离了人生大道而独自成其为政治。因此，在中国文化传统里，乃不能有一个关着门专门从事于著书立说的政治思想家。

若说中国没有一套完整的政治思想，正犹如说中国没有一套完整的哲学思想般；但自秦以下二千年，中国文化在政治事业上所表现，实已超越寻常了。

这一层，近代中国也仅有孙中山先生，能对中国传统政治有其卓见。此外，到西方去学得一些西方政治学皮毛，不仅疑中国无政治思想，抑且疑及中国历史两千年来，除却帝王专制，乃无政治事业之可言。

近代中国，在其传统文化精神之大体系之内，先自失掉了政治精神之一传统，不能不说是近代中国一大损害。

二

我们也可说：中国人的哲学精神，即其求知精神。如实言之，不如谓是中国人的求道精神，却最近于西方现代的科学精神。西方现代科学精神，最主要者，在能逐步求证验，然后再逐步扩大，逐步向前；而中国人讲道德，也正是逐步求证验而再逐步扩大向前的。

《中庸》云："在下位，不获乎上，民不可得而治矣。获乎上有道，不信乎朋友，不获乎上矣。信乎朋友有道，不顺乎亲，不信乎朋友矣。顺乎亲有道，反诸身不诚，不顺乎亲矣。诚身有道，不明乎善，不诚乎身矣。"

此一道，便是在逐步证验，然后再逐步扩大向前的。

从低处近处，一步行得通，有了证验，才向高处远处更前一步。

人生高远处，不可穷极。也只有从眼前脚下低近处，如此般一步步行将去，故曰"吾道一以贯之"。

人总是个人，道也总是个道，无论对己对人，修身齐家治国平天下，全只是在人圈子里尽人道。

人道则只是一"善"字，最高道德也便是"至善"。

因此说，中国的文化精神，要言之，则只是一种人文主义的道德精神。

无论是社会学、政治学、法律学、经济学、军事学、外交学，一切有关人道之学，则全该发源于道德，全该建基于道德，也仍该终极于道德。

此是中国传统文化中一最高理论，亦可说是一最大信仰。

因此，在中国传统文化的大体系中，宗教与哲学，是相通合一了。

如何来考验此理论，如何来证实此信仰，只要是个人，只要在人圈子中，尽人可以随时随地逐步去求证验。

社会只如一实验室，人生便是在实验中。

因此，在中国传统文化的大体系中，科学精神也就与宗教哲学精神相通合一了。

亦可说：中国传统文化中的道德精神，实际也是一种科学精神。只是属于人文科学，不属于自然科学而已。

《中庸》云："尽己之性，可以尽人之性；尽人之性，可以尽物之性。"若说尽己之性是道德，尽人之性是社会科学，尽物之性是自然科学，则中国人理想，乃将从其道德学以贯通达成于社会科学、自然科学者。

近代西方人，多主张本于自然科学之精神与方法，以贯通达成到人文方面。然自然科学本用于对物，本于对物之学，以贯通达成于对人方面，其间终不能无病。惟对物、对人则必有相通之理，而本末先后之间，则中国人理想，似更较妥当些。

正因中国人理想，重在本于对人之理以对物，故中国传统文化中，自然科学较不发达，而发达转向于艺术。

中国人之艺术与文学，均都充满了道德之精义。此后西方自然科学在中国生了根，亦当渗透进中国文化传统之道德精神，此事可无疑。此当为将来人类所最希冀之新科学，此事亦无疑。

中国传统文化中修身齐家治国平天下的一贯理想，正因其对于自然科学方面之发展较逊，而使中国文化力量之表现，始终停滞在"治国"阶段，而未能再前进。然徒仗西方近代科学，纵极进步，亦难望于"平天下"。将来人类真望能达于"平天下"之理想，则必待近代科学与中国传统文化相结合，此实中国传统文化对将来人类莫大贡献之所在。

三

中国传统文化，虽是以人文精神为中心，但其终极理想，则尚有一“天人合一”之境界。

此一境界，乃可于个人之道德修养中达成之，乃可解脱于家国天下之种种牵制束缚而达成之。

个人能达此境界，则此个人已超脱于人群之固有境界，而上升到宇宙境界，或神的境界，或天的境界中。

但此个人则仍为不脱离人的境界而超越于人的境界者。

亦惟不脱离人的境界，乃始能超越于人的境界。

在此人群中，只求有一人能超越此境界，便证人人能超越此境界。

能超越此境界而达于天人合一之境，此始为大有德之人，中国传统则称之为“圣人”。

圣人乃人中之出类拔萃者。然正为圣人亦是人，故证人人皆可为圣人。

人人皆可为圣人，即是人人皆可凭其道德修养而上达于天人合一之境界。

具此境界，谓之“德”。循此修养，谓之“道”。

故德必然为“同德”，而道必然为“大道”。

中国传统文化之终极理想，乃使人人由此道、备此德，以达于大同太平。而人人心中又同有此天人合一之一境界，则人类社会成为一天国，成为一神世，成为一理想宇宙之缩影。

到此境界，虽仍为一人类社会，而实已超越了人类社会。亦惟仍是一人类社会，乃始能超越人类社会也。

此乃中国传统文化中近于哲学上一种最高宇宙论之具体实证，又近于是宗教上一种最高信仰之终极实现，又近于是科学上一种最高设计之试验制造完成。

但中国人心中，则并无此许多疆界分别。中国人则仅认为只由各个人之道德修养而可各自到达此境界。亦惟有由于各个人之道德修养而始可各自到达此境界者。

故谓中国传统文化，彻头彻尾，乃是一种“人道”精神、“道德”精神也。

四

最后要一谈中国传统文化中之“人文修养”。此乃中国文化一最要支撑点，所谓人文中心与道德精神，都得由此做起。

所由保持中国传统文化，与夫发扬中国传统文化者，主要胥在此。

《大学》云：“为人君，止于仁。为人臣，止于敬。为人子，止于孝。为人父，止于慈。与国人交，止于信。”此乃中国人所讲人文修养之主要纲目。

所谓人文，则须兼知有家庭、社会、国家与天下。

要做人，得在人群中做，得在家庭社会国家乃至天下人中做。

要做人，必得单独个人各自去做，但此与个人主义不同。

此每一单独的个人，要做人，均得在人群集体中做，但此亦与社会集体主义不同。

要做人，又必须做一有德人，又须一身具诸德。

父慈子孝，君仁臣敬，亦非有上下阶级之不平等，此乃所谓“理一分殊”，易地则皆然。

慈、孝、仁、敬、信五德，皆发源于人心，心同则理同，故分虽殊而理则一。亦可云德殊而心则一。

人心与生俱来，其大原出自天，故人文修养之终极造诣，则达于天人之合一。

人处家庭中，便可教慈、教孝。处国家及人群任何一机构中，便可教仁、教敬。人与人相交接，便可以教信。故中国传统文化精神，乃一切寄托在人生实务上，一切寄托在人生实务之道德修养上，一切寄托在教育意义上。

中国文化之终极理想，则全人生变为一孝、慈、仁、敬、信之人生，全社会变为一孝、慈、仁、敬、信之社会。天下则是一孝、慈、仁、敬、信之天下，宇宙亦如一孝、慈、仁、敬、信之宇宙。此惟人文中心、道德精神之弥纶贯彻，乃始能达到此境界，完成此理想。

今天的中国，似乎已是礼乐衰微，仁道不兴。但“礼失而求诸野”，“为仁由己”，在家庭、在社会，依然仍有其文化大传统可寻。而其主要责任，则仍在现代中国的知识分子，能知得、能信得、能守得、能行得。道在迩而求诸远，孔子曰："未之思也，夫何远之有？"复兴中国，其道只近在眼前。

昔顾亭林先生有言："有亡国，有亡天下。""天下兴亡，匹夫有责。"苟非深切明白到中国传统文化之体系与精神，便不能明白到亭林先生所言"天下兴亡匹夫有责"的一番深情与至理。

孟子曰："待文王而后兴者，凡民也。若夫豪杰之士，虽无文王犹兴。"今天的中国，则正贵有豪杰之士之兴起，来兴民、来兴国、来兴天下。

（一九七四年三月《新时代》十四卷三期）

二　中国历史与中国民族性

个人生命的发展，未必全受理性的指示，也并不全为环境所限定。各个人成就的差异，常被指为由于“个性”之不同。各民族间历史进程的差别，大体上亦可把“民族性”的一观念来说明。

中国民族的历史，似乎遭遇到一个不可计量的损害。自始很少乃至于绝无一个有同等文化地位的异民族来与比较，遂致养成中国民族一种自傲自大的心理，几乎以谓上天下地，惟我独尊。最近期的中国民族却不然了，他开始接触到优越的异族文化，逼得他不得不把几千年的旧心理彻底改换。然而近几年来的情形，似乎又是矫枉而过正吧！

我们现在无从再夜郎自大，我们不得不承认乃至于接受异族文化的长处。然而我们将来的种种，虽可虚心学步；但是我们已往的历史，则如铁一般的铸定，无法改变的了。一位有经验的教育家，他应该要知道一些被他指导的人的以往经过，以求认识其个性。我们纵使决心彻头彻尾学习他人，但对我们已往历史的了解，应该算不得顽固。

不幸而我们近来治历史的，似乎犯上了一种弊病。我们虽不能将已往的历史全部改过，换言之，即是不能叫我们的历史也来学他人；但是我们却似乎努力想把别人家对历史的看法和说法移用到我们自己的历史上来。固然历史自有许多共通性，然而也不免有许多特异性。把别人家对历史的看法和说法来看我们自己的历史，来说我们自己的历史，总不免有看不准、说不通的所在。倘使抹杀了或不注意到我们自己的民族性，而把异民族、异文化的眼光或批评来绳切自己以往的历史，则虽不能改换我们的历史事实，而却已改换了我们历史事实的意味。这一种改换，似乎并不是我们的虚心好学，而却是一种误会与曲解。

前清末年谈政治的，莫不谓国体有君主、民主之别，政体有专制、立宪之分。此本西国学者针对他们自身历史实况而言。今移用之于我们的历史，以为我们自秦以来，有君主、无宪法，则我们已往政体必为“君主专制”无疑。当时用此鼓荡人心推翻满清政府，未为无功。然若遂谓此说真得我国历史真相，则似犹有辨。姑举唐代政制为说。

唐代中央政府的最高机关，由中书、门下、尚书三省合成。尚书省有六部二十四司，分掌全国各项行政，庶务皆会决于都堂（尚书省的大厅），而令仆射总其成。然尚书省只负行政之责，无制命之权，宣旨出命则在中书。中书令、中书侍郎以下，有中书舍人，遇军国大事，舍人得各陈所见，谓之“五花判事”，然后宰相审定之。然中书虽掌敕旨，而门下省重有封驳之权，于宰相建白例许驳正。唐制宰相常于门下省议事，谓之“政事堂”。尚书仆射亦得加“同中书门下平章事”及“参知机务”等名出席。复有他官参掌者。此种制度，虽于唐代亦屡有变更，然大体言之如此。岂得便谓之“君主专制”？

即以用人一端论，唐代有敕授、有旨授。敕授者，五品以上，宰臣商议奏可而除拜之；旨授者，六品以下，吏部铨材授职，然后上言，诏旨但画闻以从之，而不可否。其权不在尚书则在宰相，并不由君主专制。韦贯之尝言：“礼部侍郎重于宰相。”宪宗诘之，曰：“侍郎是宰相除，安得重。”曰：“然而为陛下柬宰相者，得无重乎。”是帝王任用宰相，亦有客观标准。南朝宋营阳王景平元年，诏豫章太守蔡廓为吏部尚书。廓谓傅亮曰：“选事若悉以见付，不论。不然，不能拜也。”亮以语录尚书徐羡之，羡之曰：“黄散以下悉以委蔡，吾徒不复措怀。自此以上，故宜共参同异。”廓曰：“我不能为干木署纸尾。”遂不拜。则晋宋以来吏部职权可想。

此不过偶举一例，聊见中国自秦以来之政治，虽无宪法，而君主政权，实有种种调节，并不能即谓“君主专制”。即以专制目之，此“专制”二字之内容，亦必以历史事实加以清楚之界限，并不能说此种政体即是黑暗。

所谓中国史上虽无宪法，而君主政权自有种种调节者，举要言之，如公开的考试制及客观的铨叙制等是也。这两种制度，一面使人民普遍得有参加政治的机会，而另一面则君主不能过分有好恶用人之特权。这是中国史上沿用得很久的两个制度。前清末年以至最近数十年内，国人醉心立宪、民主等等新名词，诟厉专制；然而革命以来，国民公意选举的新制度，因国情不合，一时并不能运用有效；而公开的考试与客观的铨叙，则不幸而一笔勾消；政局混乱，滥用私人，光明何在？所谓“打倒二千年专制黑暗政体”一语，以供当时革命党人作为口号之宣传则可，若援此认为事实来指导政治实际的改进，则颇嫌不足。

政体改革以后，继之以文化运动，于是又憧憬于西洋史上之所谓“文艺复兴”。但中国并没有宗教教会之束缚，因亦不能有像西洋史上所谓文艺复兴一般之姿态。因而国人以谓中国学术思想尚在中古时代，未走入近代路径。最近国内学术思想各方面，全都落后，此固无容讳言。然因此遂谓自秦以下一段长时期的学术思想史，正与欧洲中古期相当，似乎仍有未的。中国只在西周乃至春秋一段贵族封建政治之下，宗庙的祝史曾统带了学术；然而孔、墨以下，百家并兴，早已与贵族宗教绝缘。秦人焚书，禁止民间自由讲学，独留朝廷博士官，直辖于太常（主宗庙祭祀的）之下，似乎像恢复了古代政治、宗教、学术合一的旧辙；然及汉武帝听董仲舒建议，改设五经博士，那时博士官的内容，已经一番极大的澄清，以前各种方术如占梦求仙长生等，皆得为博士之选，至是则博士渐渐变为研究古代政治历史教育各种学术的专门学者了。又为博士设弟子员，循此补郎补吏，遂使西汉政治从军功、赀选的局面下，转入文治的阶段。这是中国史上一个极大的转变，亦是一个极合理的转变。然而近代治史的反而骂汉武帝表章《六经》，使中国学术思想一同走入专制黑暗的路上去，此岂情实之谈乎？

此以制度言，请复以学术言。司马迁为太史，自称“文史星历卜祝之间，主上以倡优畜之”，此非愤语也。汉代太常属官，有太乐、太祝、太宰、太史、太卜、太医六令丞。太乐之下自有倡优，与太史、太祝诸官，同为宗庙祭祀所必需。当时人看史官，上言之则为卜祝，下言之则为倡优。而司马迁并不以此自限，发愤为《史记》，乃以孔子《春秋》自况。其书为国人稍治史学者所共读，其奇伟之见解，开明之眼光，即以最近西洋史学上的理论与著作相绳，此书恐还是要站在前线的，此处不用详论。即以其对当时朝廷帝王卿相以及种种政治事态，毫不掩饰坦白忠直的描写，其人之胆识气魄，可想而知。然而司马迁并不以《史记》获咎戾。此后汉廷虽说《史记》是一部“谤书”，却并不毁灭他、改动他，还让他自由地保存。班固继史迁作《汉书》，虽曾一度下狱，不久即许其继续工作，并命其家人续完。自从马、班以后，中国史究竟能从帝皇的宗庙里爬出来而得站在一个比较上可说脱离帝王私人势力而独立存在的地位。

南北朝、隋唐时代，佛学盛极一时，历朝帝王卿相诚心皈依的不乏其人；然而寺院和佛经，并不曾统制中国人学术思想信仰的自由。元、明以下，以程朱经说取士，然而讲学的尽可讲陆王，甚至以陆王的思想做进八股，反驳程朱，亦同样可以为功令所录取而得仕进。中国学术思想史的演进，在这种状态下，自难有一种划时代的文艺复兴。

继文化运动之后而起的，便是社会革命的鼓荡了。因为要效法人家的社会革命，便也进而效法人家提倡社会革命的历史理论。说中国自秦以来，直迄今兹，依然是在“封建社会”的阶段里。“封建思想”和“封建势力”等等名词，好算最近最习见的名词了。若说目前军人割据的局面，是中了封建思想的遗毒，他们要想重树封建势力，此等话千真万确，最恰当没有。然若因此遂认中国史自秦以下始终未脱封建阶段，则恐未必。依中国史的立场而论，秦、汉以来，既有一个大一统的中央政府，直辖全国各郡县，并无世袭贵族分割土地各自为政，即算封建制度之告终。若以社会经济而论，秦、汉以下之所谓地主，亦全与封建贵族不同。汉代封君，仅能衣租食税，其封地及封户之统治权，国家另派官吏。直到最近，佃户欠租，田主亦须申送地方官法办。佃户与田主，不过是一种经济契约上的关系。中国自战国以来，井田制度既废，民间田亩许得自由卖买；土地兼并，其实只如近代西洋买机器办厂的所称为“资本家”一般。田地契约，即是资本，并不能因为田主佃户之存在，而竟说他们是“地主阶级”。要知在政治上、法律上，田主的田地，远不是秦以前贵族的采邑，何从说上封建？若谓只要没有近代大规模的工商企业组织，即是封建社会；正如说只要没有明定的宪法，便是专制；只要没有反抗宗教的呼声，便是中古思想；一样的逻辑。

我们若用读西洋史的眼光来读中国史，不免要认中国史常是昏腾腾地老没有长进，看不到如火如荼般的斗争，看不到划界线的时期。然而中国史自有其和平合理的进展。古代的贵族、平民两阶级，到战国时渐渐地消融了。秦始皇并吞六国，混一海内，为中国有史以来第一个大皇帝，然而他竟听取李斯等异国游士的意见，不再封建，其子弟宗室与庶人同伍。汉高祖得了天下，虽不免稍稍像要回复到封建的路上去，然而一得天下，即下令解兵归田，一面下诏求贤，愿与共天下；那种态度，究竟与古代贵族亲亲的分封世袭制不同。下诏求贤的习惯，到武帝时竟收到异样的结果。武帝听取了董仲舒的一番话，把博士官整理一番，开始从宗庙狭隘的意味里解放出来，成为一个政治上正式的咨询机关。又建设了国立大学的基础，开始有官吏的考选。公孙弘以东海的牧豕老，一旦为相封侯，打破自秦以来军功封侯拜相的变相贵族擅权制，而汉代渐次走上文治的道路。这些都是在古代史上值得郑重注意的事，而在当时却极和平极自然地一步一步的演进，绝没有几许惊心动魄的斗争的阵容和血迹可以看到。

一到东汉，官吏仕进之途，几乎全在地方太守的察举。这较之古代的血统分封制，固为进步；即是秦、汉早期的由亲贵子弟以及赀技投奔的郎卫士进用制下，变到地方官选举吏民之材德，这不能不说是一种合理的演进。然而依然是一种和平的演进。只为察举制度推行一二百年的影响，把古代遗传下来的准贵族阶级的王室和亲贵之特权逐步削减，逐步消灭，而新兴的士族势力起而代之，这便是以下的所谓“门第”。门第在当时，较之古代封建贵族，尚为合理的。

曹魏以下，察举制废，便有一个九品中正制来替代。九品中正制虽不免为当世诟病，然而到底亦算得是一个有客观性的用人标准，限制了帝王卿相个人的特权；南北朝几百年天下，还赖这个制度来维持。从这个制度演变出来的是普遍公开竞考的科举制，自隋、唐、宋、明以迄清末，古代封建贵族世卿渐变而为白衣举子的天下，这里边实在有一条进展的路。这一条进展的路，到底还算得上是合理的，而其进展则是和平的。

中国史上亦有大规模的社会下层掀起的斗争，不幸这种斗争往往是纷乱、是牺牲，而不是有意义的划界线的上进。秦末刘、项之争是例外，从黄巾起引出了五百年的中衰，后来著名的如黄巢之乱，张献忠、李自成之乱，都只是混乱、是倒退。只有明初群盗，算是驱除了胡元，亦算得上一个上进的转变。唐代的隆盛，从北周以至隋室，种因在上层，不由混乱来。

不仅大规模的斗争引不起上进，甚至于过分激急的变动，亦往往招意外的失败。正如王莽与王安石，他们理想并不差，只为是过分激急的变动，要为历史打开一划界线的时期，而不幸都失败了。中国史似乎应该在和平而稳健的步伐里上进。

我因此想说一空洞的譬喻：中国史如一首诗，西洋史如一本剧。一本剧的各幕，都有其截然不同与惊心动魄的变换；诗则不然，他该在和谐的节奏中进到新的阶段，令人不可分划。所以诗代表了中国文学的最美处，而剧曲之在中国，到今还说不上文学的优美。西洋则甚至以作剧为文学家的圣境。

让我们暂时脱离民族而重回到个人的身上来，苏格拉底一杯毒药，耶稣一个十字架，而孔子则晚上做了一个梦，早上还是在门外扶杖逍遥，而还吟了一首歌。三位民族圣人的死去，景象如此其不同。所以中国史到底没有西洋史那般有力，刺激人，有惊心动魄的变换，而中国史到底是和谐而深厚。孔子说："吾十有五而志于学，三十而立，四十而不惑，五十而知天命，六十而耳顺，七十而从心所欲不逾矩。"孔子生命的进展，似乎可以象征中国史的逐步进展，无剧烈的转移与不和谐的跳跃或翻滚。似乎孔子"十五志学"的时候，已经朦胧地若觉若梦的直感到"七十从心所欲"的境界里去。这或是中国民族文化之沉着远到而不失其灵敏处。

国难深重已极，我并不想守旧顽固，故步自封。我们种种不如人，但愿国人大家迈步竞进。然而我们有志迈步前进，却不必定需先糟蹋了我们已往的历史。对于已往历史之误解与曲说，对于我们之决心向前，并不有多大帮助，或竟至于有意外的损害。倘能真切了解中国史，对于指导中国民族之前进，该不至于全无用处。我觉得"推翻二千年专制黑暗政体"、"打倒旧文化"、"全盘西化"、"无产阶级武装起来夺得政权"等等口号与办法，以历史经验来说，不是鞭策我们前进的好办法。现在的事实，也已经逐渐告诉我们了。我觉得我们这一个时期的不能长进，或虽有些长进而不能如我们的期望，实因我们当前另有几许真实病痛未能拔除；却不必因此埋怨整个民族四千年来积累的文化，而想激起些与历史民族性不合的激急变动。这是我草此文之微意。

三　中国史上最近几个病源

一个国家和一个民族的历史，并不依着直线上进或后退。他往往常走成波浪式，有时上进，有时后退。要把两个民族或国家的历史互较并论，更显困难。我们找不到两个国家或民族的历史恰恰能成一种并行线的。有时这一边在上进，而另一边或正在后退。但是有时这一边后退，而另一边却正在上进。若横切任何一点，而来推论两边的全线，自然靠不住。不幸现在讲历史的，似乎正在横切一点而加以推论。最近的中国史，无疑是走上后退的路，而且后退得很大。而西洋史在最近，则正是他们全线一段最灿烂的时期，对于以往形成一个极急剧的前进。然而历史并不是自始命定的，每一段的变化，有每一时期人的聪明与努力为其因素。正如个人的生命，有时健康有时病，各有其临时起居生活上的原因。历史由人创造，近代中国史的后退，自然是由近代的中国人种因。近代西洋史的激进，亦由近代的西洋人种因。若因最近中国不如西洋，而推论中国与西洋史的全部，好像西洋从希腊以下处处早已伏定了今日的因，而中国则自唐、虞、夏、商以来，亦处处栽的是今日的果。如此说来，中国已往历史，既已无从改变，重新另造，岂非中国只有永堕地狱，无路超升？所以主张全盘西化，彻底改造中国旧文化，而甚至于主张废汉字，改用罗马拼音等，好像是一种积极的前进论，实是一种极端的悲观主义。若在中国自身已看不到生机，寻不出希望。我曾为此种思想设一浅譬，正如病人求医，医生说：你由母胎出世，早已命定了今日的病，非将你已往生命改换成别一人的不可。天下无如此的医理，亦不该有如此的文化与政治指导。这只可说是一种戏论，一种绝端悲观的戏论。而他们自认为是最积极最奋发的，以为惟此才有生路。

最近的中国，需要改革，并需要大改革，而此种改革自有需于虚心效法西洋，此层可无争议。但我们还应该注意，中国之需要改革，是中国自身内部问题，并不因接触到西洋而后才有此种需要。傥使西洋势力与中国不接触，中国依然闭关而治，然而自乾隆以下的清室政治，早就走上了绝路。川楚教乃至洪杨之接踵继起，已十分暴露清室政治之腐败。道、咸以下，纵使没有外患，内乱决不可免。难道没有西洋通商，满清政府还可依然统治，圣帝神孙，绵绵不绝吗？不幸而在此时期，又遇到有史以来未见之外患。中国政治机构，早当彻底改造，却因此不能彻底改造。一则因外患方深，内部自有顾忌。二则使中国一部分恶势力，得赖借外力而存在。病源不去、生机不复。在此状态下而高唱维新，高唱西化，西化维新纵算是一服延年益寿的最好大补剂，然而其人尚在病中，早服补剂，正以益病。医者先当细心考察病源，病源既祛，再事培补。今在大病中急投补剂，其人所以犹得不死，正以其生机尚在，生命力犹可挣扎之故。若待其生机斲丧既尽，生命力日告衰缩，则虽有万金良药，亦无起死回生之望。今以西化维新不见速效，妄谓中国旧文化作梗，非一切铲除不为功，正是见病人不受补，乃欲并其生机而窒塞之。

所谓中国最近病源，举其首要者，厥为近三百年来之异族统治。自满清入主中国，一切措施，盗憎主人，全是猜防压制诱胁愚弄。稍读康、雍、乾三朝历史的，自可知道满清政治对于中国文化之影响。然而康、雍、乾三朝犹得为中国近代史上一段小康时代者，其一是康、雍、乾三世自身，不失为几个英明能干的帝王；在其统治下，虽斲丧了中国民族永久的元气，然亦造出当时一时的荣华。其二是中国士大夫，惨遭明代亡国之痛，其从事兴复的运动虽归失败，而他们内心一番忏悔，却深深地存留下来；一面遇到异族英明君主的统制，一面也是智识阶级官僚分子自身转变，不肯过分贪奢堕落，勉强形成康、雍、乾三朝之吏治。然而此种情形，并不可靠。满族自嘉、道以下，统治势力日趋腐化，而中国士大夫经满清一百五十年的猜防压制诱胁愚弄，故国之痛早已忘了。明末遗老的一段忏悔精神，事过情迁，渐淡渐失。所谓学问，只有考据训诂，在故纸堆中讨生涯，与国家社会人生渺不相干。偶涉及实际问题的，便易受满清统治者之疑忌而得祸。做官的以狐媚狗偷为藏身，为得计。上层统治者及一般智识分子所谓士大夫的，他们全恶化腐化了，政治日败日坏，而社会发生摇动。若依照中国史惯例，川楚教乃至洪杨之接踵继起，即是告诉我们清廷必覆，不久应该来一个澄清的局面。然而中国史已开始走上复杂的环境，世界棣通，使得中国的上层政治不能如其所应得的澄清，而造成中国近代史上一个障碍前进的势力，至今还存在。

二百四五十年的异族统治，对于中国文化上之束缚与迫害，时机一到，中国人民立刻觉醒。民族革命的潮流，是压不住的。然而难题连带而起，西洋的民治思想，同时传播到中国，使中国驱除满清政府以后，不能如明太祖般再来一个皇帝。而中国民治的基础，则在二百年异族统治之下，不仅没有培养长进，而且正在背道而驰。一旦清廷退位，中国开始遇到的困难问题，便是逼得他去试验一个绝无准备、绝无基础的新政体，即民治政体，而无法在其中选择一条比较缓进的渐变的路。日本的明治维新，在此点上，较之中国，他们获到很大的便宜。天皇一统，在日本的历史和民众观念中，并无十分剧变，而渐次走上宪政的路。中国要拥护满清政府，让其存在，而满、汉种族之见，在当时是骤然不能消融的。满族亲贵用事，民治终难告成。要中国民族奋发自救，除非先排除满清政府，排除满清政府后，不得不走上一个政体上急剧的变动，这是中国政治近年来一个极大的苦痛；而居然冒险地渡过了。然而中间如洪宪称帝，宣统复辟，几许曲折，消损了中国前进的元气不少。若是满清政府在中国，并不有已往种族之见，文化之极端压迫，与其亲贵之狭隘把持，中国拥戴一个虚君，而推行宪法，或亦能如日本般顺利。

满清政府在咸、同以后，其实质与已往本已大变。地方督抚的擅权自专，中央无力驾驭，早已造成割据的风气。政治虽腐败，然中国已处环球棣通的新局面之下，腐败的政府，亦得借外债，买军火，练新兵，使得革命的民众无力翻腾。中国的革命，虽是把满清政府取消了，然而满清政府所遗留下的督抚擅权、地方割据的情形，当时的革命军并不能将其彻底澄清，而且还利用其势力以期革命工作之顺遂进行。所以民国以来，武人弄权地方割据的形势，转见增长。直到最近，引起不断的内战，斵丧中国社会之元气，障碍中国政治之进步。这是一个更显著的病源。若使自辛亥革命以来，至今二十六年，中央统一，各省全受中央统治，不在某派某系军人割据之下，试问中国最近情形，应该成何种样子？

武人割据，并非政治上一种不可排除的情形。正为政治没有一个中心力量，而武人割据始得延长其生命。在满清末叶，政治的中心势力，早已逐步没落。革命军推翻满清，当时所楬橥的是民主共和政治，而中国实在距离民治的阶段尚远。孙中山的党治训政的理论，并不为一般人所理解。而且革命党人，未必全宜于从事建设的政治工作。中国的政治，以其广土众民之故，譬如一大洪垆，当时的革命势力，只使旧政治分解，没有使旧政治势力全部下台。因而革命势力一旦在和平的处境下投入政治，正如洪垆点雪，经不住化了。下层民众，自然呈现不到政治层来。实际的中国政治，应该操在中层智识分子的手里。而不幸当时的中层智识分子，在二百四五十年异族统治下，开始抬头，八股小楷的素养，升官发财的习气，一时是摆脱不尽的。外洋留学生，带回来的全是外国理论，并不切于当时的中国。平等、自由、民权诸新名词，生吞活剥。结果也等于八股小楷。其名则曰政党民权，其实则是结党争权，于是中层的智识分子，分途依附于地方武人割据势力之下，而互为利用。辛亥革命的结果，并不是政权之解放与公开，而实是政权之溃决与失坠。这其间负最大责任的，应该是我们中层的智识分子，而此辈智识分子，亦只是满清异族统治二百四十年后在骤然的政治中心大动摇的局面下应有之纷扰，并不能说是他们正式的代表了我们中国四五千年来文化的正统，而为其结晶。然而一批一批吸收西洋新思潮的志士，并不肯细心看一看中国自身的实病。于是继续政治革命而起的，遂有文化革命，社会革命，离体愈远，而实病仍在。这一点，日本的明治维新，比较中国，又占上几许便宜。第一是日本的政权，从藩府到天皇，并不如中国一样的变动得激剧。第二是日本在藩府统治下的封建道德，如武士道的忠君敬上守信立节，移之尊王攘夷，并无须大段破坏与改造。而中国士大夫经满清二百四十年之猜防压制诱胁愚弄，所谓士大夫立身处世之纲领节目，早已貌是神非。油滑、贪污、不负责任，久成满清末年官场乃至儒林之风气。一旦政体改变，名为民主，实则全须士大夫从政者的良心自负责任。而中国的士大夫，久已无此素养。所以日本留学欧、美的，回国后自有上轨道的政府，可以束身贡献。中国留学生，出游欧、美，回国后无上轨道的政府，只得改头换面，另谋出路。第三是日本小国寡民，数十个志士，其力足以转移一国的风气。而中国地大民众，政治机构远非日本之比，病菌散布，新生机不易战胜。

根据上述，中国近数十年来的病源，只在其政治机构之不得不变；而一度激剧变动后，骤难走上轨道。这是一个简单的病状，并不是全民族数千年文化本身有了致命伤。若说要唤起民众，实副民主政治之真精神，此是百年大计，而却非对症之良药。稍能真实观察中国社会实况的人，试问唤起民众，实行真实的民治，其事何可遽企？若谓“先富后教”，“衣食足而后知荣辱”，此对一般社会民众言则可，至于当官行政的，不能借此躲藏其罪过。而且政治不上轨道，官方士习不彻底澄清，科学实业也永远不能有坚固的基础。新中国的创兴，首要是在政治上轨道。要望政治上轨道，首要是在中央政权之统一，地方割据之取消，其枢纽则在全国政治中心势力之造成。而其负造成全国政治中心势力之大任者，并不能望之民众，亦不能求之军人，而在中层阶级智识分子对于国家责任观念之觉醒与努力。要望全国中层阶级智识分子对国家责任之觉醒与努力，应该有一个培养。这种培养的重任，即是国家的教育，与政府的纪纲。而不幸自清末以来，国家教育的最后最上的一级，全已付之欧、美，而自己却不问不闻。受欧、美教育的，是政治上乃至社会上第一流的人才。国家自身并无教育，政府又何从能有纪纲？

政府的纪纲与国家的教育，应该站在同一个立场，而后此种纪纲，乃能有真实的威严。或者在无纪纲无教育之现况之下，而试欲拥护某一领袖，造成独裁，岂不仍是不诊病源，乱投医药之旧套？

幸而中国民族还不是不成器。在此数年国难严重、创巨痛深的状况之下，渐渐走上了统一的道路，政治已有一线光明。我希望一辈智识分子，不再要唱不切实际的高调，对症下药，在拥护统一、解消割据的过程中，急速谋中层智识分子之对国家民族责任之觉醒。好从这里建设起国家的教育，与政府的纪纲，来造成更稳固的政治中心势力。从此自得逐步获到科学实业之建设，乃至民主政治的实现。

（约作于民国二十六年）

四　革命与政党

“中华民国”这四十年来，一切人物、一切思想言论行动，几乎全卷入了“革命”与“政党”之两个对象与活动的圈子内。我们应该把此两观念，再重来加以一番分析和检讨。

革命的初意，本是专指由社会来革政府的命，而后来却演变成由政府来革社会之命，这两观念显然不同。社会向政府要求民主，争取自由，于是而有革命。照理言，在那时，只该有革命党，即来领导社会从事革命的党。革命党却并非普通的政党。要待革命完成，民主自由的政府建立起来，那时才因社会群众政见之不同，而有分组政党之必要。政党与政党之间，只有政治活动，而无革命行为。社会对政府有革命，政党对政党，则只在争取政权而无所谓革命。这是指革命与政党之常态的分析而言。

马克斯主张无产阶级革命，革命完成，即是无产阶级专政。在无产阶级专政之下，应该也可有政党。因为那时全社会只有无产阶级，更无资产阶级。无产阶级专政的政府，照理应该即是一个全民政府，如是则即是一个民主政府。民主政府应该让社会以自由。无产阶级专政，应该让无产阶级以自由。那时的无产阶级，即是全社会。全社会对政治意见有不同，自该有政党活动出现。

苏维埃的革命，并不如马克斯所想象的所谓无产阶级革命，而是在革命完成以后来强力制造无产阶级，于是变成了由政府来革社会之命。这自然不许社会另有政党。而那一个政府党，却变成依然是一革命党，而非普通之政党。今天的共产党，即以此一姿态而出现。

孙中山先生所倡导的国民党，最先本是一革命党。革命党应该代表着全民的共同意向的，即向上层政府革命而争取全民之民主与自由。“能言距杨墨者，皆圣人之徒也。”只要向往民主和自由的，全是革命党，全是同志。因此革命党遂不同于普通政党。在普通政党间，不妨有政见纷歧。革命党则只有共同目标，更不必再分党。待革命完成，革命党即功成身退，普通政党即接踵继起。这即是孙中山之所谓“还政于民”。

孙中山在北京临终时遗嘱所云“革命尚未成功”，在当时是真实的。待到国民革命军北伐胜利，组织成了国民政府，全国大体上统一了；那时的国民党，却仍诵总理遗嘱，仍说“革命尚未成功”；那岂不形势颠倒，变成了要由政府来革社会的命吗？政府要革社会之命，这一政府，必然会变成一党专政之政府。而此一政府党，则并非普通政党，而依然是一革命党。这又与共产党分别何在？社会成为政府革命之对象，这叫社会如何能放心此政府？无怪那时的中国共产党，要乘机再以在野革命的姿态而出现。

抗战胜利，中共的势力逐步抬头。那时他们的口号，是争取民主、争取自由。他们是在野革命。只要反政府的，他们都尽力争取拉拢，认为是他们的同路人。今天中共已确实掌握到大陆的实际政权了，于是才正式开始它第二步的革命，即由政府来革社会之命。此是在朝革命。因此他们对外是一面倒，对内是人民民主专政，经济上的残杀斗争，思想上的极权改造，极尽其在朝革命之能事。于是迫得中国社会要再来革中共之命。

今天退避到台湾的“国民政府”，就法理言，它是中国唯一合法传统的政府。但就实际情势言，国民政府又应该是一个处于领导国民革命的立场而求重返大陆、推倒中共极权统治的革命组织。如是则今天的国民党，实处在一复杂困难的局面中。它该认清目标，改变作风。就法理与实情，双方兼顾，来打开一出路。今天它不仅是一个在朝的政党，而又应该是再做为一个革命党，纵使它一时摆脱不了一个普通政党即平常政治上的所谓在朝党之任务。

负起时代需要它对大陆革命的职责，而同时它必须善尽其为平常所谓的在朝党，有它一套政治意见，而为全国民意所拥护，而获得其在朝掌握政权之地位。今天的国民党，实际上已失却其在中国大陆掌握政权之地位。今天大陆民众已无表示其是否拥护国民党政治意见之自由。因此国民党尽有最好的政治意见，已无法获得其所应有之政治地位。于是只有迫得它改取革命党立场，即不论自己的政治意见，只要反共的，只要争取自由的，大家集合，来共同革命。这是革命党的姿态。今天的国民政府，固不能不顾到法理传统，但亦不能不顾到情势要求。它总该有一变通与改革。只有希望革命成功，大家的政治自由重新获得，到那时再各有各的政见，各党从事各党的活动，来争取民意，获得政权。那时才是普通政党活动之场地。

国民党往日的错误，在其已获得政权之后，不能明朗地变成为一个普通的在朝党，而仍夹杂有以往革命党之气味。国民党今天之错误，在其又不能切就实情，变成一革命党，而仍保守其以前在朝党之作风。

然而国民党到底可变，而中共则不可变。共产党在其先天本质上，其在社会下层向上革命，只是其手段。而获得政权以后之从政治上层向下革命，始是其目的。换言之，共产党只以运用政治为手段，而以遂行革命为目的。普通政党则以从事革命为手段，而以运用政治为目的。国民党自当为一普通政党，而今天国民党之重大任务，则并不是专在台湾行使其政权，而更要的乃在如何重返大陆，完成革命。我们切盼台湾的“国民政府”，不要牢守为一个仅由国民党组织的普通的所谓政党政府，而该使其变成一积极领导全国性的革命的政府。蒋“总统”之为主持全国革命运动之领导人，其意义将重大于其为国民党之总裁。

现在再说及所谓第三势力。目下则实际并无此一势力，而且就实际情势言，殆并不可能真有此一势力之产生。而我们亦且不复希望真有此一势力之产生。今天的迫切要求，是在面对大陆中共之极权统治，而急速茁壮成一个革命的力量。革命的力量不妨来自多方面，而革命的目标是唯一的，则革命的力量应该是团结的。若使有两个以上之革命力量，而抱有两个以上之革命目标，则此种革命力量，势必互革己命，把力量自我抵销，而把目标混淆转移。显然的，今天全国人心之革命对象是中共，我们只有在此唯一目标下集中力量，加紧团结。我们只盼用许多力量对同一目标而革命。我们不盼分散力量，对许多目标而革命。今天的所谓第三势力，亦如上述国民党的处境，有它实际形势上之困难。第三势力应该是革命的，但今天我们应该了解，中国今天实在还有一个合法合理的政府之存在。然若使第三势力不是一革命的，而仅只是一个普通的政党，则此种势力，我们自然也只盼其于革命完成后出现。

这里有许多实际问题，在今天台湾的“国民政府”与一辈急切希望有一种第三势力出现之热心革命人士中发生分歧与摩擦。然而若使我们能共同认识当前之唯一大目标，即向中共政权争取自由之革命的目标；以及分清步骤，即在获得政治上的自由之后，再发挥各自之政见而互组政党，而从事合轨道的政治活动之一种应有步骤；则我们认为其他的分歧与摩擦，实在也并无不可解决之真实困难存在。

（一九五一年十二月八日《新生报》）

五　新三不朽论

一

今年适逢孔子二千五百年的诞辰。孔子的自然生命，虽在二千五百年之前，但孔子的精神生命、文化生命则至今尚在，抑将永远无极。就自然生命言，社会亦不是一个薄平面的。有几天几个月的婴孩，有八十九十的老人，同时并在。若你一检点你的精神生命，你有刹那现前的感觉，有十年二十年前的记忆，乃至远从千百年流传下来的观念信仰等，杂然并陈在你的脑际。这正如纵目平野，有朝生夕死的小草，有春荣多萎的花卉，亦有几十年的树木，亦有几百年以上的老松与古柏。长长短短，同时进入你的眼帘。一个文化生命更其是如是。你若轻易地说孔子早已死去，你便是不懂得“精神生命”与“文化生命”的意义。

人孰不愿不死，神仙长生术的试探，现代科学家尚无此勇气与兴会来继续古人的幻想。但人类除却百年大齐的自然生命以外，实在可以有一个不朽的精神生命与文化生命。这也并不是如宗教家所想象的“灵魂不灭”。在孔子以前，中国人已有“立德、立功、立言”的三不朽说，这实在是人类祈求不朽的最合理的观念。孔子平日的行事与教训，可说直从他以前那种三不朽说递传演变而来。我们今天来纪念二千五百年前的孔子，我想莫如再把这一种人生不朽的理论来重新阐发一遍。

我在约四年以前，曾有一篇《灵魂与心》的文章，用意即在阐发中国人历古相传人生不朽论的精义。这篇文章，拟把前篇《灵魂与心》的文章中所未及之义，再加申述。本文取名“新三不朽论”，拟从西方欧洲人对于不朽的观念，以及佛教里面的不朽论，用来与中国人历古相传的三不朽论，经孔子乃及此下儒家所发挥完成的一番人生理论相互比较，以见世界哲人对此人生如何可以不朽的尽可能已有的几种想法与说法，来贡献于当前这样的乱世。大家正草草地过活，深苦于求生不得求死亦不得的当儿，这或许是我们来纪念孔子二千五百年诞辰的一个较有意义的题目吧！

二

让我们先从西方较古的希腊哲人柏拉图说起。柏拉图本亦信有一种灵魂轮回说，我已在那篇《灵魂与心》的文章中提到过，此处不拟详说。此文所要说的，则是柏拉图学说中那番最著名的关于观念的理论。

就常识言之，人生如朝露，世事如浮云，总没有历久不变的。若再深刻言之，世态永远不息地在变，而且顷刻顷刻地变，刹那刹那地变。前一形态消失，后一形态出现。即在它出现的顷刻，便已是它消失的顷刻。自然界万象如此，人生一切又何莫不如此。中国哲人庄周已说过：“万物方生方死，方死方生。”这是说，在他生的当口，便是他死的当口。在他死的当口，便又是别一个生的当口。自然界万象乃至人生一切，莫不是刻刻生、刻刻死。换言之，即是刻刻在变。变是一种相异无常。所谓相异无常者，即是说前一刻即异于后一刻。每一刻的存在，仅存在于这一刻。别一刻的存在，决不与这一刻之存在相似。刻刻变异，即是刻刻无常。这一个真理，无论古今中外，只要你稍稍认真，能用你的眼睛仔细一看，能用你的头脑仔细一想，此乃一种自现不争之真理。无人不会不了解，也无人不会不首肯。然而人生在此相异无常的世态中，却总想把捉到一个一如真常的境界。否则人类在此刻刻变、时时变的情况中，实在将感到无法生存，无法过活。这并不是一种不近人情的哲学家之空谈。好在我们正生在这一个惊涛骇浪变幻不测的乱世，人人要感到后一分钟的世界，与后一分钟的我，极度摇荡，像时时有一个不可预知的变动紧逼相随。上述的一番哲理，更容易使我们领略，不烦细论。

柏拉图的观念论正是针对着这无可奈何的相异无常的世态而发。即如你眼前见一红色，你必将口里说或心下想：我见了一红色。其实红色是相异无常的，刻刻在变，息息相异。若认真说来，前一秒钟的红色，决不与后一秒钟的红色相同。红色是无常的。说得明白一些，在这世上，可谓根本并无红色存在。当下存在的，当下即消失了。后一刹那之所见，并非即是前一刹那之所见。凡属存在的，全是无常。凡属无常的，即是不存在。人生无常，只有百年，百年后即不存在。此乃一种常识，并不的确。我们该说人生无常，只有刹那，刹那后即不存在。人生如此，世态亦如此。现在你说见一红色，你将感到红色确然存在，而此刻为你所见；如是你将设想别人同时也可见此红色；而且你在异时，仍可见此红色。其实在你同时，别人所见，决不与你相同，而你异时所见，也决不与你此时所见相同。若凡有所见一切不相同，即不该与以一个一同不异的名呼。现在你说此是红色，其实并非在你外面有此一红色，而是在你心里有此一观念，而名呼之曰红。自从人类在其刹那相异顷刻无常的所见中，开始产生观念，总之曰“色”，浑之曰“红”。于是把一个相异无常的实境，一转瞬变成一个一如真常的幻想。火的红、灯的红、太阳的红、桃花的红、血的红、女人嘴唇的红，先后所见，彼此所见，其实各见各不同，而你用一个同一的观念来会通为一，呼之曰红。这一个红（指观念言），是永不褪色的，永远存在的。红永远是红，红色将时时复活（其实是红的观念时时复活），时时再到我眼前，时时再上我心中。好像外面世界里真有一个红色之存在。

同样说到形。你说我见一方形。其实方形各各不同，此一方并非那一方。而在人心中自有一“方”之观念产生，遂觉世界上实有一个方之形永远存在永不变形。唯其永远存在，所以时时能在人之眼前心中再现。再现即是复活，复活即是永生，永生即是不朽。只要世界不灭，此红色、此方形，必然常存、必然复活、必然永生。实际则只是人心中自造的一观念。

形如是、色如是，人类之所谓种种真理，亦莫非如是。譬如说二加二等于四，此非形，亦非色，亦非专指某一堆的实物，而为超形色、超实物之一种真理。古如是、今如是，万万世之后仍将如是。东方如是、西方如是，凡有人类居处莫不如是。岂独如上云云，若使火星或他天体有生物、有算理，二加二仍是等于四。此谓真理，一如真常，不能说其顷刻无常，刹那相异。其实此种真理，亦出自人类心中之观念。若人类心中根本无此观念，则世间根本上亦并无此等真理存在。

如此牵连而下，势将涉及玄理，我们不妨就此勒住，再来说柏拉图的意见。柏拉图的观念论，并不像我上文之所述。柏拉图乃真认为有一观念世界在此现实世界之上，或说在此现实世界之先。此一观念世界，乃一真常不变者，因此亦为圆满无缺者。由此观念世界堕落下降，乃始有互异无常、变幻缺陷的现实界。柏拉图把由人类心中所产生的观念，倒装在自有宇宙万物世态人生之前。这一理论，其真实与否，此处暂不讨论。惟有须特别一提之点，当知西方哲学界，直到今天，仍然主张物质世界之上或先另有一精神世界存在。此一精神世界不断在此物质世界里展衍开露。这一种说法与想法，实在远从柏拉图思想导源。此一派思想，普通都称之为“唯心论”。而即在唯物机械论一派接近自然科学的哲学家们，也都想在此互异无常的现实世界之背后，来寻出一个一如真常更不变动的真理，作为这一个互异无常、变幻不居的现实世界之本体的存在。“唯物论”虽若与“唯心论”主张不同，其实他们的思想根源，也可说还是与柏拉图的观念论血脉相通。

以上述说，只在柏拉图的观念论，以及近代西方的哲学科学思想，都有在此变动不居的现实世界里面找寻一个一如真常的不变本体之要求的动机。换言之，此是一种想望“不朽”的动机。惟此种不朽，纵使真实，也只是外面世界的不朽，却非人生本身的不朽。深入言之，则此种不朽，只是一种观念的不朽，或说是理智的不朽，却还与人生不朽隔一层。如是则仍与人生要求不朽的真动机隔一层，仍不足以满足人生之真要求。所以欧洲人无论在哲学界、科学界，都还不够满足人生，不得不别寻出路。

三

让我们转移目光，来一看他们的文学。西方文学有一特殊色彩，即是他们的文学，始终脱离不了男女恋爱的题材。男女恋爱在西方成为人生问题中一极严肃极认真的问题，这并不是偶然的。爱情正是人生在互异无常中屡屡重复出现的一件事。中国人也说：“海枯石烂，此情不变。”人生在恋爱中，却真可尝到一种不朽的滋味。就如上文所说，观念的不朽，以及理智的不朽，都是一种形式的。所谓形式，是指其为抽象非具体的而言。非具体的，即是指其不包有任何内容的。如红的观念，只是一种形式，抽象而不具体的，不包任何内容的，并不专指着火之红、灯之红、太阳之红、血之红、女子嘴唇之红之任何一实体之红而言；乃始成为一观念，超出现实，而获有一如真常之地位。若一落入现实中，则任何一种红色，永远在变、时刻在变，又且永无再现之机会。永不再现，即是变幻不实，正是人生所求逃避与摆脱的。男女之爱，无论其如何真挚、如何纯洁，却必有一对象。有对象即有内容，即落具体；对象消失，即爱情变成悲剧。东方人则较着重于夫妇之爱，较不着重于男女之爱。这里边有一分别。男女之爱，不能无对象、无内容。夫妇之爱，则比较超对象、超内容，而渐接近一种形式化。只要是夫妇，则瞎眼也该爱，缺嘴也该爱。形式的是空洞的，因而可以少变，因而可以是一如真常。如是言之，夫妇之爱，已由爱情转入了道德。西方哲人像康德，主张道德是一种先天性的；道德的最高境界，应该到圣人复起无以易此的地步。这便是说，无论何人处此境界，他的所作所为，必定像我今日般，没有变异。这犹如二加二等于四，这即是一如真常。这即是说，只要我的处境复活，我的那套行为也必然复活，再无更动。此即是一种不朽。而此种不朽，仍然属于形式的，仍然是一种理智的不朽。像康德般的讲道德，势将如东方人之讲夫妇之爱。理性的容易是形式的，形式的容易是空洞的、冷静的。人生之真要求，仍不能在此上得到满足。

让我们再转移目光，来看西方之宗教。斯宾诺莎在男女恋爱上失败了，却转移精神到对上帝的爱情上面去。男女之爱不能没有一个特殊对象，因此，即落具体。一落具体，即不能真常一如。不能真常一如，即陷于变幻不实。宗教的爱是爱人类，正如红色、如方形，是一个观念。观念可以不落具体，可以一如真常。只要人类不灭，则此种爱即复活，能复活即是永生。耶稣在十字架，即是此种人类爱之最高象征。只要人类不灭，耶稣在十字架的那番心情，必然会复活、必然会再现。所以耶稣在十字架，便是人生之真实不朽，即是永生之最好的模样。

然而人类的观念，一样容易陷入形式、陷入空洞。男女之爱并不是男的爱女，女的爱男。他之所爱，一定有一个可爱的具体条件。男的或爱女之风流，女的或爱男之英俊。有条件才能生动。爱人类是无条件的。耶稣十字架两旁的窃盗，也在耶稣之爱中。世界上凡属人类，全在耶稣之爱中。何以人该有此无条件的爱，这便须有一理由。形式的总容易是理性的。耶稣教认为人人是上帝之子，所以人人尽该爱。正如上述东方人道德观念，他是我的妻或夫，所以瞎眼也该爱，缺嘴也该爱。既是理性的，则容易是冷静的。其中道理，不难自明。在这上面，我们可以说明，何以欧洲人在哲学上、科学上都不能满足人生之真实要求，而必有待于宗教与文学；而宗教与文学又是一样地不能满足人生之真实要求，而互相有待。耶教高唱博爱精神，而每易流入不容忍，甚至于互相残杀，如宗教革命时期之所表现。正因其是一种偏形式、偏理性的倾向。其实西方耶教与西方哲学科学还是同根连理，一鼻孔出气。而西方人的男女恋爱，永远得成为他们人生偏枯之一服大温补剂。要之则为人类对人生不朽之一种内心的深邃要求，则四者同于一根。

四

现在再说一些佛教的理论。小乘宗的灵魂不灭论，也已在我《灵魂与心》的那篇文章里说过。现在要说的，是大乘佛教中所提出的涅槃理论。“涅槃”是一种心理境界，是人心的一种寂灭境界。上文说过，世态人生，刹那地在变，顷刻不住，瞬息无常。此一种现象，也都在人类的心之觉识上认取。所以佛教常说:“三界唯心，万法唯识。”人生最感痛苦者，即是那瞬息的变，瞬息的不住与无常。欧洲人用理性来克灭这一种不住与无常。佛教则不用理性而改用“观照”。世间更无刹那的理性，只有永恒的理性。愈是永恒，愈见其为理性，刹那的决不成为理性。而佛教正在教人捉取此刹那。刹那刹那相异，刹那刹那不住，若你果能在此刹那上观照，则上文已说过，刹那存在，同时则是刹那消失，消失、存在，同此一刹那。因此刹那观照，并无内容可言。既无内容，自无同异可论。既无同异，亦无消失、存在可辨。不住即住，住即住此不住。无常即常，常即常此无常。此之谓“寂灭”。寂灭只是在观照上不起波澜，不生变化，永永如此。此即是涅槃境界，并非取消形式，而实为一种绝对的纯形式。欧洲方面的形式是理性的，而佛教的形式则为一种非理性的。理性即可谓形式的无内容之内容，今从形式中排除理性，所以称之为绝对的纯形式。

佛家对此绝对的纯形式之观照，有时由体言，称之为“识”，有时由用言，称之为“念”，亦有时称之为“见”。你在刹那顷必有所见。你若称此见为红，或称此所见为太阳之红，此即赋所见以内容。此即是你之观念，亦即是你的理性。此在你所见上已起了一波澜，已将你此刹那所见，与前一刹那所见勾搭连合，由你理性组织之，而始有此红的观念在你心上浮现。其实前一刹那早已消失，何得与此一刹那勾搭连合。而且此一刹那亦已在此一刹那顷消失不复存在，更何从说此一刹那你有所见，而且所见又是红色，又并是太阳之红呢？然而此一刹那实有所见，此一刹那顷之消失，即是此一刹那顷之存在。所以说“色即是空，空即是色”。色如是，声亦如是，形亦如是。人生一切尽如是，生亦如是，死亦如是。若专就见而论，即是见性不灭。若统就识而论，即是佛性不灭。人人具有此识，所以人人具有此佛性。所异者，佛能使此性寂灭，而众生不能。正因众生有理性，佛则并此理性而空。然亦只是空此理性，并非并见与识而一切空。若并见与识而一切空，则是枯木死灰，成了无形式的，而非纯形式的了。佛家之纯形式的观照，即是佛家之最高理性。佛家之最刹那的观照，即是佛家之最永恒的真常。

现在再明浅申释：你若见所见为色，便与见形互异。你若见所见为红色，便与见绿色互异。如是则使你堕入无常的烦恼中。你若只是此当下现前之一见，莫思前、莫想后，不加识别、不加思维，则此一见，本性空寂，并无内容。当知你认为是所见之内容者，并非真属所见之内容，而是将你以前另外之一见，勉强涂附，而始见其有内容。无内容而有此见，乃为纯形式之见。亘古亘今，只要有一众生有一见，将无不与此见相同。见与见之所由不同，乃由于人在见上加进了内容。此之谓“我见”。内容尽属我见，有内容便相异，有相异便有生灭无常之苦。无内容便无相异，无相异始能一如真常。如是人便到达了涅槃境界，此是满足了人生不朽的要求。我将名此种不朽为“寂灭的不朽”，以示别于欧洲人“理性的不朽”。

理性在欧洲人，常视为用来满足人生欲望的最佳工具。数理是最形式的、最理性的，然而同时也是最功用的。火之红，可以燃。灯之红，可以照。太阳之红，可以煦。女子嘴唇之红，可以吻。一切的名呼识别，一切的观念与理性，其背后都有某种人生欲望为之驱遣调排而始成立。即有生理上某种欲望之要求与满足，始产生心理上之某种识别与记忆。因此一切观念、一切理性，并不与外面事物之真象相符合，却只求与自己内心的欲望要求（即我见）相符合。一切观照内容，全由观照者自心之欲望而填入。然而欲望将永远不得终极的满足。一欲望满足了，另一欲望即随之而起。佛家的人生观，即在根本扫净一切欲。人欲净尽后之观照，始能达到纯形式的境地，始能符合于当下现前事物之真象。我们对佛家理论，同样不想从此再往深处叙述。

即就上文所论，可见佛家必然地将由宗教的转变而为哲学的，又由哲学的转变而为人生日常心智之操习与修养方面去。但佛家这一种心智之操习与修养，将永远走不上欧洲方面科学的途径。而佛家对于男女爱情，势必彻底排除，始能到达他们所理想的观照境界。至于佛家对于全人类的人生问题，既是如此关切，他希望人们完全由他所指示的路向而到达人生不朽境界，那便算是佛家的大慈大悲了。

兹再将上述印、欧两方对于人生不朽论之大义重加申说如次：自然生命是无法不朽的。所能不朽者只在精神生命与文化生命。而所谓不朽，则只是求其能在人生中再现。一番再现，即是一番复活。而所谓再现，则只是形式的，而非实质的。人生的某项形式，若能在人生中普遍再现，恒常再现，这即是一种人生之广大与悠久。就实质论，刹那变灭，互异无常，只有超实质的形式，始能普遍再现，永恒复活。人类的精神作用与文化功绩，便在其能超实质而趋向于形式化。然而形式必附带有内容，附带有实质。精神生命与文化生命必依着于自然生命而始有其切实之存在。因此形式乃超实质的而同时又必为包涵有实质的。形式价值之高下，即由其所包涵之实质量之多少而为判。因此精神生命与文化生命之价值高下，亦一视其所包涵的自然生命之实质容量之多少而为判。人生现象中，最能普遍再现永恒再现者，莫如人与人间之相互的爱。其偏倾于实质方面者，莫真挚于男女之爱。其偏倾于形式方面者，莫伟大于全人类之爱。然因男女之爱所包涵之实质内容量太重，常使其不能超脱内容而跻于理想的形式化。全人类之爱，则又因其所包涵之实质内容量太轻，往往易于陷入形式化而漏却了真实的内容。男女之爱，形成一种文学的人生。全人类之爱，形成一种宗教的人生。各有其不朽的价值，而亦各有其偏弊。

五

孔子的人生教训，亦注重在一种全人类之爱，此即孔子之所谓“仁”。惟耶教之全人类的爱，必通过上帝或上帝之心而始有其可能。上帝或上帝之心，则只是一观念，只是一理性。换言之，即只是一形式。耶教的弊病，往往容易在上帝或上帝心之形式中转把实际的自然人生漏掉。因此欧洲人不得不把男女之爱来填补此缺洞。然而男女之爱，又嫌对自然人生之实质上的愿望与要求太浓厚，不免要损碍了精神人生之纯洁的形式化。孔子的全人爱，并不须一上帝作中介，并不要透过上帝之心而始到达全人爱之境域。孔子亦不过分提高男女爱之价值。孔子只在自然人生中指点出一个亲子之爱来过渡到全人爱。亲子之爱所包涵的自然人生之实质量并不见其轻减于男女之爱，而实更为一形式性者。男女之爱，可以自由挑选对象，在爱的对象上附有自然人生种种实际条件。此诸条件，则尽属自然人生种种具体的欲望与要求所形成。亲子之爱，在基本上不再有条件，不再有另外具体欲望之羼入。男女之爱的对象，可以自由转换。转换的动机，则起于自然人生中某种另外的欲望。亲子之爱的对象，将不可能自由转换。亲永恒为亲，子永恒为子。亲子间的爱情，出于自然。亲子之爱，乃以自然纯洁之爱为基础，为出发点，而容许其增入某种相互间之欲望者。男女之爱，则往往由某种相互间之欲望为基础，为出发点，而始达到于爱之领域者。耶教认上帝为天父，此乃象征于自然人生中的亲子之爱而转换到另一种形式，才始到达其全人爱之境域。儒家思想则只主"老吾老以及人之老，幼吾幼以及人之幼"，即由自然人生中的亲子之爱，直接推广、直接引伸，而达到全人爱之境域。故耶教之人生不朽，必由自然生命中超脱逸出，而始到达于精神生命。此种超自然的精神生命，以其过分用力摆弃自然生命，而容易有害于文化生命之发展。孔子教义则即在自然生命中获得其精神生命，故于文化生命之进展可无妨碍。

欧洲耶教人生中，不免要有一番"文艺复兴"的运动。此种运动，简率述说，则为一种由上帝灵魂之爱转向于男女肉体之爱之一种运动。自有此种运动，乃始有近代欧洲之新文化。然而男女之爱，又不免偏倾于自然人生之实质方面，容易陷入变幻消失之苦恼。于是遂有机械唯物论一类极端理性的主张，以及重新创建上帝心的近代哲学界之一番努力。孔子教义始终未曾超脱自然人生，而已到达精神人生之境界。即由自然生命为基层，而向上建筑其精神生命之园地。故在中国实不须有，亦不能有像欧洲般的一种文艺复兴。中国人对男女之爱之价值观，常常轻于夫妇之爱，而又以夫妇之爱隶属于亲子之爱。在中国人观念中，对于男女之爱，实不需如佛教教义之彻底铲灭，亦不需如欧洲思想在文艺复兴以后之过分抬高。中国人观念中之男女之爱，仍有其存在，而仅次于夫妇之爱，而夫妇之爱又次于亲子之爱。所以有此分层，则为顾全到达于全人类之爱而不得不然。

如是则易于使人认为孔子教义为全属一种道德性者。然孔子与儒家思想中之道德观，仍复与西方近代哲人如康德的道德观有分别。康德之道德观，乃想象有一个超越自然生命以上之精神界，发出一种先天必然的命令，而始于自然人生中有道德的意识。孔子教义，则即在自然人生的基础上，建造道德人生，而完成精神生命之领域。故欧洲人之文化观，常见为精神生命战胜自然生命之一种产物；而中国人之文化观，则为即从自然生命中创造出精神生命而形成。换言之，欧洲人的精神生命，乃超先于自然生命之上之外，而中国人的精神生命，则植根于自然生命之中，而逐次发展完成。故由孔子教义论人生不朽，实即不朽于自然生命之里，而非必须超脱自然生命，摆弃自然生命，或克制战胜自然生命，而始有其不朽。科学在孔子教义里，也有其地位，而亦将为次级性者，不能如在欧洲与宗教相对立。此为孔子教义中之人生不朽观，所由与印、欧双方绝大不同之相异点。

然则孔子教义，实为一种形式与内容并重、抽象与具体兼顾、自然与精神交融的一种教义。故在孔子教义中，理性的价值不得不减轻，而仍有其地位。功利的观点不得不降低，而仍有其存在。道中庸而极高明，人人在亲子之爱、夫妇之爱里面，可以领略到人类的一如真常的爱的情景与滋味。人生之最真切处为情，而情的最真常处为爱。爱必在人生中普遍再现，永恒复活。只有领略到人生的爱的情味者，始有其不朽之存在。爱必然是具体的，有实质的，有内容有对象的。而同时又得不害其是抽象的、形式的，无内容与对象的。我爱父母，只因他是我的父母；我爱子女，只因他是我的子女；更不在父母子女之外另加条件，另加具体内容，必具某种条件某种实质之父母子女，而始有我之爱。此种爱则加进了我之欲望，而附带有理性与功利的观点者。男女之爱，常不易脱出此种具体条件与具体内容，故男女之爱终必带有一种理性，终必带有一种欲望与功利观点。只有亲子之爱，中国之所谓“天伦”，乃始纯粹属于自然人生之支配。而即就此自然人生中自然创造出精神生命。人类文化进展，即由此植基，由此导源。

故孔子教义，专以“孝弟”为“仁”之本。必在此本源上，乃始许有理性之运用与功利观之活动。理性与功利观全属次级性者，不能先由理性乃始引导出爱，西方宗教人生里的上帝信仰，则是先由理性而导出人类之爱者。亦不许先由功利观点乃始导出人类之爱，西方文学人生中的男女恋爱，实是先由功利观点乃始导出人类之爱者。此处可见中国人心中所认之理性与功利，与欧洲人心中所认之理性与功利之相异。故在孔子教义中，上帝信仰与自由恋爱，皆不重要。而亦非必然将铲除其地位与价值。

六

有人怀疑孔子高提亲子之爱，将不免有时要违逆人类的理性。其实宗教人生中之上帝信仰，虽必经人类理性之洗炼而成，又何尝不有时违逆了人类的理性？文学人生中的男女恋爱，虽经由人类的功利观点与欲望要求而发展，又何尝不常常与人以苦痛与束缚？但在人之理性上，可以不能信有上帝之存在。在人之功利立场上，可以永远找不到一恋爱之对象。若在男女异性爱之自然疆域中，便无失却对象之虞，可见自由恋爱已超越自然人生而进入精神人生中，而此种精神人生，则实为挟有功利观点者。惟此处功利一语乃广义用之。而在自然人生中，则自然必赋与一亲子之爱之自然心境而无人不可得。孔子偏讲孝，不偏讲慈，亦为此故。人人必得有父母，却不必人人可得有子女。故在中国人生中，人人尽可得此一份不朽人生之经验。

而在欧洲人生中，虽人人可见有一不朽之外界存在，而不必人人尽可得此一份人生不朽之经验。在佛教人生中，人人若经一番心境界之操习与修养，应可人人尽获一份人生不朽之经验；然佛教教义，乃在排斥自然生命而始获有此种精神生命之经验，乃亦由此精神生命而复将取消文化生命之展衍者。孔子教义则即在自然生命中教人获得精神生命，而复由此精神生命走上文化生命的悠久前程。

孔子这一种不朽论，我们可以称之为“人文的不朽论”，亦可称之为“性情的不朽论”。孔子讲爱，即在自然生命的性情上讲，即就自然生命中之性情上建立起精神生命与文化生命。

今天的世界，全在极度动乱中。尤其是今天的中国，更在极度动乱中。人生草草，今日不知有明日，今日也不能回想到昨日。哪里说得上性情？哪里说得上文化？然而刹那存在，即是刹那变灭，世态人生的本质，早就如此。人生之可贵，正为能在此无住不常的变动中找出一个一如真常的境界来，好让人安身立命。我们在今天那样动乱的世界、动乱的中国来讲一些不朽人生的真理，来讲一些仁与爱的不朽真理。尤其在今天的中国，仇恨斗争残忍杀伐的气氛弥漫着，民族文化到了存亡绝续之际，来纪念孔子二千五百年的诞辰，来讲孔子的人性文化的不朽真理，我想也该是颇有趣味，颇有关系的。

（民国三十八年九月《民主评论》一卷六期孔子诞辰二千五百年纪念）

六　学与人

一

欲求了解一民族之文化，当先了解此一民族之人生，即此民族中人之所以为生者，而更要则在了解其所学。若使人而无学，则其生常在自然原始阶段，将无文化可言。

今试举中国与西方为例，而先提出一问题。究是为了“人”而始有“学”，抑是“学”可以外于“人”而存在，为了寻究此“学”而始须“人”之努力从事？换言之，究是由学来完成人，抑是由人来完成学？再换言之，一切学是否为人之主观而引起，抑有其客观自存之地位？由于对此问题之答案相异，而遂引起双方文化之莫大相异。请继此略作申论。

其实此两答案，亦若各有理据。苟非人，如何得完成学；苟非学，亦如何得完成人。而且此两面，亦是相互会通。由人来完成学，由学来完成人，如一条线，由这头到那头，亦可由那头到这头。循环相通，彼此如一，极难说谁是而谁非，或谁先而谁后。然而在此共同道路上，或从这头起，或从那头起，各自向前，可以愈走愈远。回头来看，可像各走一线，渺不相涉。而且距离日远，难于会合。

西方人似乎很早便看重到各种学问之分类，似乎认为每一项学问，都有其客观之存在，与其各自的终极境界，而有待于人之分别探讨。因此学与学间，分疆分道，而待人以各不同的方法，各走各路，而形成为各种学问之专家。如哲学家、文学家、艺术家、宗教家、自然科学家等皆是。如此，则是由人来完成了学。当然，此诸学，亦同样可于社会大群有其各不同之贡献。但深一层言之，则是学为主而人为从。各种学问，各有其客观之存在，即外于人而存在。而人之努力，则只为发现此学蕴奥之一工具。此一趋势，直到近代，愈演愈烈，循至为了学而失却了人。因每一人只附属于每一学，而又是附着于每一学之分枝小节上。皓首腐心，循至除却其所学，乃不见其人之存在。学问上的分工愈细，而从事于学的人，则奔驰日远，隔别日疏，甚至人与人不相知。会通合一在其学，而不在其人。而人之从事此学者，又多不知此学之会通合一究何在。若有知者，乃属少数中之尤少数。故使学愈大而人愈小。人之地位，乃为其所学所淹浸而吞灭。

二

中国观念则不同。中国人似乎很早便认为学只为人而有。一切学之主要功用在完成人。人的本身则别有其存在。此一存在，则自有其理想与目的。即是说，人必该成为如何样的一个人。而其从事于学，则只为追求此理想、到达此目的之一种手段与工具。因此，在中国观念中，重在为人分类，如圣人贤人，大人君子，善人恶人，智者愚人，非常人与庸俗小人等。而一切学问之分科分类，则转属第二层次而忽略轻视了。

在中国观念中，好像一切学之共同出发点是人，其共同归宿点仍是人。人是主体中心，由此主体中心之种种需求而展演开放出种种学，学本非外于人而存在。种种学既无其独立客观之存在，故无为之严格分类之必要。换言之，人为主而学为从。每一学之背后必有人，人之重要远胜于其学。治学者，贵能从学之后面来认识人，再来完成其自我。待其既完成了一人，自会由其人展演出一套学。因于各人才性不同，所生时代所遭环境又不同，于是其所展演完成之学亦不同。而主要尤在学者之所志，与其及身当世之习俗与风尚。故孟子曰“知人论世”，亦即所以论学。要之学只包括在人事内，不能超出于人事外。

姑举孔子为例。孔子博学而无所成名。极难说孔子是一思想家或哲学家，亦不当说孔子是一政治家或教育家。孔子心中只想学做一人，而后世亦只称孔子为“圣人”。孔门之学分四科，曰德行、言语、政事、文学。政事中又分理财治军等，言语乃谓国际外交之应对辞令。此皆指实际行事言。文学乃实际行事之已往经验之种种记录。德行则包括此三者，而能会通合一。所谓“君子不器”，不偏陷于以一专长自限。而尤要在“用之则行，舍之则藏”，不汲汲于求表现。如闵子骞、仲弓，皆曾在政治上小有所试。而闵子曰：“如有复我者，则我必在汶上矣。”可证其人格之完美与杰出。而颜子尤为德行之选。要之在学之上更有人。颜子曰：“如有所立卓尔，虽欲从之，末由也已。”此指孔子其人，不指孔子之学。颜回深知于此，故孔子尤称颜回为“好学”。

孟子曰：“乃吾所愿，则学孔子。”而又曰：“禹、稷、颜回同道，易地则皆然。”皆然者，同为一理想的大圣与大贤。做人是第一事，做了人始能处世，始能成学。颜回若易处禹、稷之地位，颜回亦必有一番表现，非谓颜回亦必成一水利专家与农业家。禹、稷若易处颜回之地位，则亦将一箪食、一瓢饮、在陋巷，此皆指其为人言，不指其成学言。

屈原在后世，被称为一文学家。然屈原当生心中，并不想成一文学家。屈原关心君国，有所愤郁，偶尔发泄，遂形成一种绝上乘之文学作品。若屈原在孔门，既兼言语、政事、文学之三科，而亦上跻于德行之一科。若必以后世所谓文学家相绳，则屈原弟子宋玉，庶乎近之。因宋玉只知学屈原之为文，不知学屈原之为人也。

更下如司马迁，亦不能仅说其是一史学家。司马迁之史学，亦如屈原之文学，乃其人生过程中之一种流露。在司马迁《史记》之后面，更当知有司马迁其人。其作为《史记》，乃学孔子之作《春秋》。然司马迁心中，主要在学孔子，不在学孔子《春秋》之一书。故曰："高山仰止，景行行止，虽不能至，心向往之。"不知司马迁，而徒读其《史记》，是未为能善读《史记》者。

三

根于上述，皆证中国传统，重人更过于重学，学不外人而存在。故所重在为人之品格分类，不重在为学术分类。直至刘向、歆父子之《七略》，及班固《汉书·艺文志》，亦仅为书籍分类，而称之曰"王官学"与"百家言"。百家中分儒家、墨家。凡此皆仍从人事分，不在分学之内容。魏晋以下，始有经、史、子、集四部，然所分仍是书之体裁，非关学之内容。就书论，此书可归入经，此书可归入史。若就著书人论，则其人自可分类，却不能专就其所著之书分。

此一层，可再就后世举例说之。如北宋学者欧阳修，其人究是一文学家，抑史学家，或经学家，或思想家，或政治家，此殊难分。彼之著书，可分别归入经、史、子、集四部。彼之为学，则确然成其为欧阳子之学；而其为人，则确然是一贤人与学者；如是而已。若必目欧阳修为一文学家，在彼心中，必所不受。彼时时提到仅知从事为文之不当与无价值。若必谓欧阳修为学从韩愈入，则欧阳修心中所重，乃韩愈其人，非仅属韩愈之文。韩愈自称："好古之文，乃好古之道也。"是岂仅好于文者。故曰："并世无孔子，则不当在弟子之列。"此亦自重其为人，非自重其为文也。韩愈极称孟子，而曰孟子"大醇而小疵"。孟子拒杨墨，韩愈辟佛老。其学皆归于人事。韩愈之为文，亦仅是韩愈人生过程中之一种流露。中国人向来论文，莫不如此。故曰："流落人间者，泰山一毫芒。"韩愈、欧阳修之为人，是一泰山。其所为文，则泰山一毫芒耳。非知此，则不足成为中国传统中一具有最高理想与最高价值之文学家。文学必从人生来，非第一等人，即不得为第一等文。李白之逊于杜甫，柳宗元之逊于韩愈，皆在此。故专攻文学，不得成一文学家，专攻史学，不得成一史学家。治学必重其为人，此是中国人观念。

下及清代，有人把学问分为义理、考据、辞章三大类，亦有人增入经济一项为四大类。其实此种分法，仍不是就学之内容分。考据应是考其义理，辞章则是义理之发挥，经济乃义理之实际措施；则不啻谓一切学问，皆以义理作中心，而义理则属做人之道，仍是重人过于重学之见解。

四

欲求了解中国文化，当先求了解中国人，而更须了解中国人之学。惟其中国人之学，主要在如何培养一理想完整之人格，故在中国文化体系中，乃不发展出宗教，因宗教功能，已在中国传统观念的“学”之范围以内。而自然科学之发展，在中国文化体系中亦受限制。如天文、数学、医药、农事等，在中国传统观念中，终属一才一技，虽人群社会有此需要，然于教育一完人之理想上，则属较次之阶层。孔子曰：“古之学者为己，今之学者为人。”所学在技，皆是为人。技而进乎道，乃是为己。如禹之治水，稷之治稼，则是技而进乎道者。即如文学、史学等，可以分门别类成为专家之业者，皆非所急；圣贤之学，不在此枝节上着力。如陶潜、杜甫之于诗，司马迁、欧阳修之于史，亦庶几乎技而进乎道矣。故陶潜于诗称隐逸，杜甫于诗称诗圣，而司马迁与欧阳修皆不得专以史学目之。

古希腊人言：“智识即权力。”中国传统亦无此想法。权力当在人与人相通之知、仁、勇三德上，当为自忠恕孝弟向上所达之理想完美之人格上。惟大人君子，圣贤中人，乃为于人群社会中有真力量，决不限在智识一端。而“权力”二字亦非所宜用，人与人相通在“道义”，人与人相制乃需权力。而法律与财富，亦不为中国传统观念之所重。此之谓中国传统文化中之人文主义。中国传统中一切之学，皆从此出。

不了解中国文化，即无以了解中国人之学。而不深通于中国人之学，亦无以深通于中国传统文化之大体系，及其意义价值之所在。今欲如何接受西方新学，以为中国文化释回增美，此是近代中国学人一大责任。若分别学与人为二，仅知从事传入西方之所学，而昧失了中国自己所以为人之道，则人之不存，学于何有！若人与学而尽求西化，则民族亦将不保。此虽非急切所可骤睹，而事有必致，则尤值吾当代学人之警惕。

（一九六〇年五月美国哈佛大学东方学术研究所讲演，原题“学与人”，改写后改为今题。）

七　人生三讲

谈人生

一

天地间最尊严者是人。最值宝贵者是人之生命与生活，即人生。

但人沉浸在此人生大海中，却不识此人生大海之深广，甚至不识此人生大海之实相。

聊举两例为譬：

两人出门奔驰，一是逃人，一是追者。

两人同饮酒肆，一为欢乐，一为愁苦。

此两人之生活，外形相似而内心迥异。

今试问人生究应重外，抑重内？究应以形为主，抑以心为主？中国古书《列子》中有一寓言：

一王者夜夜梦作苦工，劳倦不堪。一工人夜夜梦为王者，其乐津津。此王者愿与此工人互换生活，但此工人拒不接受。

当知日间此王者所享受，只是肉体的、物质的，在生活之外面。其夜间梦境虽虚，却是内心的或说是心灵的。此属生活之内里。感受深切，像是虚假，却更真实。

肉体只是人的生命的一套机械或一副工具，因此肉体生活，其实只是人生一凭借。或说是一层外皮。

心始是人生之主，心始是我之真吾。心生活才始是我们的真生活。

二

今问心究何在?

前人指人身内之心脏为心，今人指人身内之脑细胞为心。其实心脏之与脑细胞，同属人身肉体之一部分，并不是我上说为人生之主为我之真吾的心之所在。

心究竟何在，到今仍为人生一大谜，许多人并不能解答此一谜。

若我们真要觅心所在，应该从实际人生中去寻觅。所幸求觅此心者即是此心，当下现在，人人可以不言而喻。

孟子说:“人有鸡犬放，则知求之，有放心而不知求。”此一说，至今仍见其真实。

但只要你知求，此心即在。

因此，孟子所说的“求放心”，实是人生一件大事，但却非人生一件难事。只须一提醒，大可不烦多说。

三

在宋人小说中有一故事说：

一人出门远行，以其家托一友，以三年为期，许其友就此家宅自由作主。一切经济收入，尽交此友自由使用。

此友量度此家宅，觉有两缺点：一是缺少一花园。一是毛厕太不讲究。遂刻意修建改造。

三年后，其人返，其友为其家宅兴造了一所花园，改建了一间毛厕，恰抵完成，而心力俱瘁。在此三年中，却未过到一天安逸与享受，爽然自失地离开此家宅。

此故事言浅意深，可知人生不外有三态：

一，如此友人，不知为谁辛苦为谁忙，到头一场空。一，是沉溺于物质生活中，醉生梦死，心为形役，到头不知把己心放何处。

此两态，全是孟子所谓之“放心”。

除此两态外，应有第三态，教人能把心恰放在好处。

如何把此心恰放在好处，此是人生惟一大道理，亦是人生惟一大学问，有待我们各人在各自的实际人生中去参究，去体悟。

四

临了，让我再讲宋人另一小说故事。

一解差押送一和尚，同在途中。有一晚，和尚设法灌醉了那解差，私自易服脱逃，待解差醒来，身上穿了僧衣，头上戴了僧帽，一时胡涂，大叫说：和尚犹在此，而我（解差）却走失了。

此一故事，同样指点出人生一真理。

今天的世界，大家为着物质生活而忙迫，大家尽心一意去奉侍此肉体，因此一切生活只都妆点在外皮上，更不知有人心真生活所在。我姑名此时代为“我走失了”的时代。

这世界中，到处见有一个个的人，其实都是以外形肉体为主，在其生活中，却觅不到一个真吾，即是为人生之主的心。这可说是心走失了，或说是我走失了。

在此茫茫人生大海中，兴风作浪，发号施令的，全为着有关于外面物质方面的，而人之真心却丝毫作不得主。

作为我之真吾之心，实际上早都堕落而为奴，为物质生活之奴。更可悲的，连此奴之存在这一层，也已为人们所遗忘。

人之生活，都只见了物质，却不见有心。

有志救世的惟一最紧要的，只该先求回此心，把它来放一恰好处。

要使人人知有一真吾，人人有一真主人公，安居在自己家宅内，先把自己家门以内安排妥贴，自己得救了，再来整理外面。如此始是正办。

我上面所讲，或许太抽象，但具体的一切，正待我们在各人之实际生活中去证认。这贵在我们之能反身内求。

五

中国文化传统讲人生道理，最主要的便是讲这一层。

诸位若了解得此大意，再来细读中国各时代各派重要思想之著述，都可迎刃而解。

诸位若听此讲演，觉得有意义，要更进一步来探求此中一切更深道理，自然会更重视中国文化传统之内蕴。

谈人格平等

一

昔人问孟子："天下乌乎定？"曰："定于一。""孰能一之？"曰："不嗜杀人者能一之。"

今天西方帝国主义殖民政策正在退潮，世界日趋于分离，谁也不能来一天下。

但天下总须定。乌乎定？曰：定于人类之平等。

依照中国人理想：一家人平等谓之家齐，一国人平等谓之国治，天下人平等谓之天下平。

但人类有许多事实上问题，根本不可能平等。

论功业，功业不可能平等。一个政府，同时不能有两元首。一个军队，同时不能有两统帅。同一机会，为此一人占了，那一人即无望。机会有限，建功立业，只属少数人有份。

论财富，同样不可能平等。在千万贫人中产出一富人。所谓平财富，只是一理想，到头所能平者极有限。而且平财富，易于叫大家穷，难于叫大家富。

不仅功业财富，不可能有平等；即体力强弱、智力高下，天地生人早就不平等。

但人总是人，大家是人，人与人间理该平等。

近代西方人所倡之平等，只在法律上。有法律上之平等，同时有机会上之自由，平流竞进。法律以外之不平等，尽多存在。

二

依照中国人理想，人类平等乃指“人格平等”言。

所谓人格，乃指人之所以为人之内在价值言。故一提到人格，则不论地位贵贱，不论财富高下。法律只是消极的。不犯法，不一定有人格。机会只是世俗的。没机会，也不一定没人格。

人格只辨有无，可以不分等次，更亦不要竞争。

此人有人格，便是人，或说是好人。此人无人格，便不是人，或说是坏人。

好人有人格，此事人人能做。孟子说：“人皆可以为尧舜。”

南朝时高僧竺道生说：“人皆有佛性，故人人皆得成佛。”

明代大儒王阳明说：“圣人只争成色，不争分量。”

这一理论，演出“满街都是圣人”之说。因此说端茶童子也可以是圣人。

阳明困在龙场驿时曾说过：“若使圣人来做我，更有如何好做法？”端茶童子也可说：若使孔子来代我端茶，他更有如何好端法？不论地位高低，不论财富多少，人生职业中，端茶总还是人做的事。

仰不愧，俯不怍，八字着脚，虽不识一字，也可堂堂地做个人。

此一端茶童子，正可如此自安自慰。

然而这只是理论如此，而事实上则并不然，毛病则正出在人之功利观点上。

人人想立功业，人人想获财利，功业财利未可必得，而各人把自己人格先看轻先丢了。

王阳明《传习录》卷二中有一篇《答顾东桥书》，其末后一大段所谓“拔本塞源”之论，正是发挥了此道理。

三

今天的世界，则正是一个不折不扣百分之百的功利世界。

人人只就功利着眼，试问人如何能平，又如何能不争？

尽相争而仍不能平，则这世界又如何能和，如何能安？

故欲救当前世界病痛，莫如提倡中国文化传统中所重视的人格理想。

老子曾说："六亲不和有孝慈，国家昏乱出忠臣。"此话本亦不错。

我们从另一角度看，也可说在尽不合理想之时代，尽不合理想之社会里面，仍可有合理想之人格出现。

纵使外面一切失败，功业失败了，财富失败了，甚至法律无可帮忙，一切机会全没有了；但光明、伟大、充实、圆满的人格，一样可以由他完成。

中华民族的传统文化何以能维持四五千年，历经危难而仍屹然长在？正为不断有此等人格在衰乱中在黑暗里出现。

中华民族的传统文化，不仅能长时期维持不绝，而且还能不断地向外扩展，向里充实。也正为有此等人格不断在衰乱中、在黑暗里向中国四围散布，而中国文化亦因而随之向外在衰乱中、在黑暗里不断向内充实，而中国文化亦因而随之充实。

陆象山曾说："东海有圣人出，此心同，此理同。南海有圣人出，此心同，此理同。西海、北海有圣人出，此心同，此理同。"

四

中国人的文化理想，即上面所说“人格平等”的文化理想，大可推行于全世界，全人群，使四海之内，四海之外，不断有合理想的人格，最高人格，即“圣人”之出现。

循至于人人都是圣人，人人在其人格上获得平等。到那时，便是世界大同，天下太平。

到那时的人类，才能有真安定，有大安定。

而且在人格平等之理论基础上，并不曾抹杀功业，又不曾抹杀财富，更不曾抹杀法律与机会。何能说此理论便是不合时宜。这只待于我们自己之努力呀！

谈学问

一

学问浩如烟海。

人之于学问，只能如鼹鼠之饮河，各求满腹而止。

但学问底大范围，我们亦不可不知。

学问可从其对象分四大类：

一对“天”，一对“物”，一对“人”，一对“己”。

二

此世界，此宇宙，必有一更高绝大之主宰，而为人类智力之所不能窥测而知者；世界各大宗教则皆从此一信仰上建立。

虽则世界各大宗教说法各不同，要之人类对此至高绝大不可知之主宰，则必应懂得有“谦逊心”，有“敬畏心”。

此为人类对天之学所应共有之态度。

在中国文化传统里面并无自创之宗教，但其培植人之谦逊心与敬畏心，论其成绩，则决不差于世界任何一大宗教之所能。

在此一不可知之最高主宰之下，人与万物并处。

人应懂得万物所各具之性能。积极方面，可资人类之利用；消极方面，亦可知有所戒备。近三四百年来，西方自然科学，突飞猛进，使人类对物之学有辉煌之成就。

但同时产生了两流弊：

一、是把对天与对物的界线泯灭了。

因于对物有成就，而自信过甚，误认为只凭人类自己智慧，便可主宰天地，管领万物。

认为宇宙间至高无上者即是人类，不再认在人类之上尚有一更高而不可知之主宰存在。

于是把人类对天之谦逊心、敬畏心都消失了。

循至骄矜自满、狂妄自大，把自己当作至高无上、有己无对。当前人类此一心理，即可贻祸无穷。

二、是把对物与对人的界线泯灭了。

对物之学，本为人类福利而起。但少数国家，凭其成就，来欺侮同类，压迫他人。

近三四百年来，西方人之帝国主义与其殖民政策，亦与其自然科学之进步并驾齐驱，使自然科学仅利于少数人，而反为多数人之害。

又因人类太注重于对物，在其心理习惯上，亦渐把人同样当作物看。

循至人对人冷酷无情，只知利用，没有恕道。将使这世界全变成功利的、机械的。无情无义，人道沦丧。

此为人类对物之学之误用。

三

人类处身于天地万物中，而每一人又必处身于人群中。

因此对天、对物之学以外，又有对人之学。

对人之学与对天、对物之学不同。其主要特征在学者与其所学之对象为同类。

对人之学，最主要中心乃学“为人之道”，即人与人相处之道。

中国文化传统，在此方面，讲究得最透彻。

中国人分人与人相处之道为五伦：一父子，二兄弟，三夫妇，四君臣，五朋友。

君臣一伦，近代社会似乎没有了。其实就中国传统观念言，“君者群也”，我处在此团体之内，此一团体即是我之君。又“君者尹也”，一团体必有一代表主管人，此团体中之一代表主管亦即是我君。

如此言之，国家即是君，国家之元首亦是君。推而言之，一公司是君，此一公司之总经理亦是君。只要我处在此国家或此公司之下，也即应有君臣一伦之存在。其他四伦不待言。

要讲对人之学，必从此五伦始。

因其是最具体的面对面的人与人相处。从此最具体的面对面的来教人与人相处之道，则首应知有同情，有恕道。

中国儒家称此人与人相处之道为“仁道”，仁道即是“人道”。若不从人与人相处之道即仁道上立本，而凭空来讲国家天下事，将会使人无同情，无恕道。人与人间全变成权谋术数与威力财力之运用，不仁之极，而人道遂大坏。

四

今日世界大病，正在要把对物之学移用来对人。一切对人之学，皆主张运用自然科学的方法，而轻视了“仁道”与“恕道”。

把“人”与“物”同等看，自会酿成人类之大灾害。

故要讲对人之学，主要又应先讲对“己”之学。

己与人同类，不懂得己，如何懂得己以外之人。

不懂得对待自己，如何懂得对待别人。

只要把自己为例，平等来对待别人，便有所谓仁道与恕道。

懂得了具体的面对面的对人之道，才始能懂得抽象的对待大群之道，如治国平天下、政治学、经济学等。

总而言之，对人之学即是为人之道，而为人之道则自“为己”之道始。因此对己之学，乃是对人之学之基本与中心。

关于这一层，只有在中国文化传统里阐发得最深切，教人实践的方法最周到。

在中国古书《中庸》里有一段话说：“尽己之性而后可以尽人之性，尽人之性而后可以尽物之性，尽物之性而后可以赞天地之化育。”这可说是对上述四类学问，即对己、对人、对物、对天之学，在中国文化传统理想中所定下的一种先后缓急之序。

有人说：中国传统文化，反宗教、反科学、反社会大群，只顾到自己一身。那真是无的放矢之谈。请诸位莫为此等妄说自限自误。这是我此一讲演之最低期望，进一步则待诸位大家自己努力。

（一九六五年马来亚槟城三次讲演大纲）

八　人生四阶层

一

世界是一所大学校。

人生是一项大学问。

每人自初生便被送进这所学校，到死始离去。

有许多人并未得在此学校毕业，只如告长假休学。

孔子曰："朝闻道，夕死可矣。"所谓"道"，即指人生大道言。所谓"闻道"，则算在此学校毕业了。

历史上能提出人生大道来教人的，太有限了。

孔子、释迦、耶稣、穆罕默德，只此数人。

今天所讲，乃我个人一种暂时的想法，聊以提供大家讨论。

二

我认为人生可分为职业、闲暇、理想与道德之四阶层。

一、“职业人生”，也可称为工作人生，或服务人生，或规律人生等。

“职业”涵义古今不同。中国古人认为人莫不有职有业，如为父有父职，为子有子职。有职即有业，慈是父业，孝是子业。

近代社会一切以经济为指导中心，故以偏于生产谋利者为职业。

此观念甚有病，将来仍应有改变。

今专就目前现状言，则人生第一大事，首在求得一谋生活命之职业。故我列职业人生为人生之第一阶层。

二、人生第二阶层，可称为“闲暇人生”，亦可称为消遣人生，或自由人生，或艺术人生等。

就目前现状言，职业工作，亦只占人生活动中一部分。

此外，有其业余闲暇的时间。

闲暇时间可由人自由支配使用。

此项自由闲暇人生，至少与职业工作人生，有其平等之重要性。

而且，生活之享受与乐趣，多半寄托在自由闲暇中，不在职业工作上。

更重要的，是人品之高下贵贱，亦多半判定在其自由闲暇的生活方面，而并不专在其职业工作方面。

而且，每一人之职业工作之进退成败，有时亦视其人之闲暇自由活动而定。

更深言之，人类文化之演进动力，亦常在自由闲暇中，远胜过其在职业工作中。

从来历史上大人物、大事业，亦都在自由闲暇中产生，很少在职业工作上产生。

因此，每一人固然急需于争取其一份职业与工作，但既得之后，则更应注意争取并善为运用其业余之闲暇。

就每一社会言，除却为其社会中各分子发展职业工作外，亦更应注意保留其各分子之业余闲暇与自由，而设法诱导其善为利用。

但正因此项闲暇，属于各人之自由，故更应多留余地，好让各人好好自为调度；而不应由社会来作强制规定。如何调度使用此闲暇，乃一项极精微之人生艺术，故我又特称之为“艺术人生”。

工作人生是粗浅的，艺术人生始是精微的。工作人生是共通的，艺术人生始是个别的，惜乎人们不知注重此艺术人生之一阶层，此乃人生一大憾事。

三、第三是“理想人生”，亦可称为创造人生，或精神人生，或未来人生等。

上述两项人生，职业的与闲暇的，其实还都是眼前现实的。

人生若长陷在眼前现实中，便易起厌倦，成堕落。

欲救此弊，须在现实人生外，另有超现实的理想人生。

上述职业与闲暇两人生，其本身也应接受理想人生之指导。

现实人生多属物质的，理想人生则是精神的。

现实人生即在眼前，是具体而肯定的。理想人生则展望到将来，并不具体，并不肯定，而多留着各人心情上之自由想象与自由创造之余地。

惟其能超现实，有创造，人生始不断有进步，不生厌倦与堕落。

而且，有了自由而没有理想，这样的自由，是空洞的、贫乏的。换言之，此项自由实是要不得。

又若有了眼前现实，没有未来展望，此一现实亦是浅薄、短命的，仅如昙花一现，易变易动，实是靠不住。

因此，有了第一、第二人生，必须更有第三人生，即理想的人生。

但理想有属于个人的，有属于团体、社会或民族与时代的。最理想的理想，是合此五者而为一。

当前的自由社会，所短在缺乏理想。职业多以牟利为目的，业余自由多以消遣为目的，只有实利主义与享乐主义，都属于眼前具体方面，谈不到除此以外更高的人生理想。

就眼前论眼前，不凭借阶级斗争的共产主义，似乎是人生的一项理想，因其使人人得职业。

但纵使是不凭阶级斗争的共产主义，仍是一个团体理想，或社会理想。在此团体与社会中，不许个人有自由。剥夺了个人自由，便是斩断了理想之根苗。因此，此项理想，最多亦是短命的。

共产主义又不许个人有闲暇。剥夺了闲暇，又是窒塞了人生理想的泉源。因此，此项理想，最多也必会是空洞的。

共产主义要求能继续存在，便不能许人同时有其他主义；有此一理想，便不许人有其他理想；此乃共产主义最不合理想处。

真合理想的理想，应该可以多多益善，可以并行不悖，可以相得益彰。

我们要从旧现实中产生新理想。

新理想产生，旧现实自可改观。

不必定要推翻旧现实，始可创生新理想。

现在的共产主义，其实并不主要在创造新的，而主要在打倒旧的。这又是共产主义一项不合理想之理想。

但所称为自由社会的，若非真有新的理想出现，则此项不合理想之理想，仍会流行。

当知共产主义乃从旧的自由社会中产生，可知此一旧的自由社会，必然会无奈共产主义何。

以上只说明了人生不能仅有自由而无理想。无理想的自由，只是一种不充实的假自由。

因此，第二人生之后，必继之以第三人生。

四、第四人生是“道德人生”，或可称之为真理人生。此乃一种理想与现实，自由与规律，同时兼顾并重的人生。

三

上述的人生前三阶层，一职业的，二自由的，三理想的，此三者是历阶而上，层累而升的。

人类社会必先有了基本职业，始有自由可言。有了自由，乃始有理想可言。

在理想人生中，依然仍有职业与自由。其实所谓理想人生者，只是赋与职业人生及自由人生以一项新的理想；而非在职业人生与自由人生之外，又另有一项所谓理想的人生，超然独立与孑然存在。

但上述三项人生，有一共同限制，即必须其人生为道德的。亦有一共同目标，亦即是必须其人生为道德的。

所谓道德乃是人生真理。

合于人生真理的，始是道德的。

无职业非人生真理，不自由非人生真理，无理想也非人生真理。因此，道德人生亦只在此三者之内，而不在此三者之外。

惟此三阶层之人生，则必须以道德人生为宗主、为归宿。

职业不可不道德，自由不可不道德，理想也同样不可不道德。

兹再略言理想与道德之不同。

理想可以超现实，甚至不现实；但道德则须与现实相一致，道德应即在现实中。

理想可以人各不同，道德则必具共同性，务使人人可以易地而皆然。

理想有成有败，有能实现与不能实现。道德则有成无败，不实现的不得称道德。

理想可以随时而变，道德则外形变而实质不变。道德永远是道德。真理永远是真理。

人生四大教主，如孔子、释迦、耶稣、穆罕默德，他们的人生理想，或各有不同；但其从道德出发，以道德为归宿，则并无异致。

因此，我举道德人生在理想人生之上，而奉之为人生四阶层之最高一阶层。

四

上述人生是一项大学问。

在此人生四阶层中亦各有学问。

有关第一阶层中的学问，最低浅、最狭窄，可以人人各习一业，乃至互不相通。

有关第二阶层中的学问，较广大，较融通，其所占地位，实较高于第一阶层者。

第三、第四阶层中之学问更如此。

有关第三阶层中之学问，较之第二阶层中者，更广大、更灵空，遂使人误认为其中无学问。

人们常认为：谋一职业不可无学问，但处闲暇，则可以无学问。至论理想，则更可无学问。想到那里，便成为理想。当知闲暇的人生，正如名画之空白处，画中山川人物之灵气，即在此空白处胎息往来。“小人闲居为不善”，皆因其欠缺处闲暇的学问。

惟其不知理想亦应有学问，不知理想亦从学问中来，故遂至不能有理想，却只有空想与幻想。空幻则即是虚无。虚无主义的人生，则决非理想的人生。

有关第四阶层中之学问，较之第三阶层中者，更落实，更灵空。人们更不知道德亦由学问来，遂误认学问自学问，道德是道德。好像学问是自我追求的，道德只是在外约束而来的。其实道德更应从学问中来，乃是人生学问中一项最高最大的学问。

此后人类应能注意着重于创造有关第二、第三、第四三阶层人生中之各种学问，则人生始能有更进之前途。

如目前之学问，可见于各处大学中之所讲究，则最多皆是偏重第一阶层者。人生之种种动荡与种种苦难，其种因皆在此。

中国文化之大特点，则正在于知有人生第一阶层之学问以外，更知更重于人生第二、三、四各阶层之学问。

（一九六六年五月香港《人生杂志》三十一卷一期）

九　人生三阶层

一

今人言人生，大意指人的生活言。有生命，斯有生活。下自微生物，中经草木昆虫鱼鳖鸟兽，上进至人类，无不皆然。惟人的生活，当分三阶层。一曰生活，二曰行为，三曰事业。此三者，通言之则一，别言之则三。

衣、食、住、行，皆属生活。人与禽兽，无大别。人类自茹毛饮血以至今日，下自乞丐上至帝皇，种种生活千差万异，要之限于六尺之躯，百年之寿。一死皆完，并无二致，佛教言四大皆空，耶教言罪恶降世，实皆指此。今可称之曰“物质自然人生”。

若行为便不同。《论语》言：“弟子入则孝，出则弟，谨而信，泛爱众而亲仁。”此始是行为。可称为“心灵人生”，“人文人生”。与物质自然人生不同。禽兽生活中亦微见有行为，但远不能与人比。人文行为须经教养进化，至少已历百万年以上，乃始有今日，亦可谓禽兽亦有心灵端倪。但心灵进化而至今日之人类，可谓在自然物质中一大奇迹。心灵仍不离自然物质，但不能谓自然物质即心灵。

行为进而有事业，此惟人文人生中乃有之。就禽兽言，如鸟构巢，兽掘窟，亦可说事业端倪，但不能与人类历史人文事业相比。人生自幼稚开始，已有行为，事业则从长大成人后乃有。乃至耄耋晚年，精力就衰，不能复有事业。但不能说其无行为。故行为乃与生活相终始，而事业则惟生活中之某阶段乃有。

生命必传递。如后一代之生命，即从前一代生命来。但生活则各别独立，非可传递。婴孩有婴孩之生活，即一日三餐亦各独立，后一餐决非前一餐。其他一切皆如是。前一人之生活，亦与后一人之生活各别分开。故在全部人生中，生活属最基本的，却亦是最无常的。

行为便不然，如孝则是一贯的，不能谓前后孝行可以各别分开。因行为本于心。心虽瞬息万变，但亦终始如一。孝子有了一片孝心，自知冬温夏凊。冬温夏凊，心乃一贯而来，不能谓其各别不相关。

事业则更不然，如孝子因冬温夏凊之心而为父母盖一屋，冬得温，夏得凊，乃由行为转为事业。此一屋，不仅可供其父母数十年居住，并可数代传家，至其孙曾辈而此屋尚在。夏天进一冷饮，冬天进一热杯，此层物质生活，其事转瞬即逝。夏凊冬温心，发为行为，可以数十年持续，而并引出事业来。

生活只在物质上，父母子女，各自饮食起居，可以分开。行为则转入心灵上，子女一片冬温夏清心，乃放在父母身上，父母心亦因得安慰。可使父母子女心相通合一。事业则又从心灵转归到物质，建一屋，父母的物质生活亦随而变。而子女孝心亦具体着实了。

二

人生具有生活、行为、事业三阶段之递进，具如上述。但生活人人应有，行为人人可有，而事业则惟少数人遇机缘始有，其间需加以阐申。

无生活即无生命，故生活人人应有，但行为则须人之自由自主自动，非此不得称行为。如夫妇结合，乃行为。西方人言自由恋爱，此仍是一种自然生活，其他禽兽皆有之。夫妇结合则经人类之自由自主自动而有，非是天造地设即有夫妇。近代人又提倡性解放，此是由人文人生还归到原始自然人生一种反动消极的行为。严格言之，性解放不得称是一行为，仍只是一种自然生活。性解放已够妨碍了人类婚姻使非彻底破坏不可。无夫妇、无家庭、无父母子女、自有历史文化以来之一切人文行为，将为之全部破弃，到那时，人类将只有自然生活。

近代人又好言父母子女间有代沟，不知世代差异乃自然事，人类有了家庭，加进了人文行为，父慈子孝，双方心情融通合一，即无所谓代沟。又如个人自由，乃一切人文行为之总起源。

原始人类在未有夫妇前，当有某些男女先成夫妇。在未有父子前，当有某些老幼先成父子。此非自然，乃从少数人自由领先，继以多数人慕效追随，于是成为风俗，定为制度，乃若与自然生活一般，无分别。今若专一移转个人自由于自然生活上，则情形又大不同。

事业与行为又有别。农业必配合天时地利，非专赖人力，故农人之耕稼勤劳，只是行为，不得视为事业。又因农人散居，分地而耕，有些事业，多非一人一家之力所能。对物者，如水利灌溉；对人者，如宗法井田，皆归政治事业，不属私人。然农人一椽之屋，百亩之田，可以传家百代，此即农人之事业，故生活、行为、事业三者，紧密相系，融成一体，实惟农业人生为然。亦可谓农业人生，乃是人生中一项标准的人生。

都市工商人，居家制造，出门贸易，都是其事业，不得目之为行为。行为如孝、友、睦、姻、任、恤，本身即是目的，可以当下完成。而事业则另有目的，如制造贸易，皆不以本身为目的。故属事业非行为。又如农户散居，事业方面常多合户合力为之。故其事业多赖行为。都市集居，然每户必分别各有其事业。故工商人多不注意行为，而转富事业心，其事业又多仅是手段，另有目的。故贵临时能变，又多机械心。且每一事业，多是各为其私，于是事业与事业间，生比赛争竞心。必求己之事业超出他人之上，只谋己占其益，不顾人蒙其损。如是种种，不易成大事业。故凡属工商立国者，多不能成为广土众民之大国。多缺乏千百年以上之大计。工商业发展，先是私家制造，继以工厂，广招佣工。独利厂主，事不可久。其对外贸易。寖假变成帝国殖民。此皆专一注意事业，而号之曰进步。至于连带而起之一切行为，乃尽成为手段。其最终目的，则只落在生活上，其生活理想，亦只在物质上权势上，都属外在。换言之，仍是一种变相的原始自然生活。近人分别社会进步为石器、铜器、铁器、电器等各时代，其实此等亦只是事业进步，而非行为进步。

农业生活似较都市工商生活若较为原始的，然易于转进到行为上去，由自然人生转进到人文人生，却是人类生活上一绝大进步，而都市工商人生转有不逮。中国儒道两家，皆从行为上论人生，不从事业上论人生。因事业必从行为中展出，不能离开行为，而把事业作单独之衡量。由行为展出事业，此为道义的。撇开行为，或仅以行为作手段，而单独衡量事业，此为功利的。道义自可涵有功利，功利不顾道义，则可成为无功利，抑且反功利。

三

故人生必应分三阶层演进，先生活，次行为，最后乃有事业，事业与生活，并不亲切，其间尚隔行为一层，行为与生活始是亲切的。事业应从行为进一步而有，不能径从生活上来打算事业。此种三阶层之人生，始是理想的，亦可说是艺术的，文学的。中国传统文化，建本在农业，故对此独有深切之了解。

先言艺术，中国人看艺术，不作一种功利事业看，只作一种人生行为看。如商周古钟鼎彝器，至今仍得目为是一种无上艺术精品。然此等古器物，本不作商品用，主要用在祭祀，次之用在家庭日常生活上，而求其可以传家延世，故曰“子子孙孙永保用”。故中国艺术品，其精益求精，可谓从行为来，从人伦道义来。不从功利事业来。

又如中国古代之陶瓷与丝织，皆成为极高之艺术品，然亦如钟鼎彝器般，应用在家庭，上及祖先，下及子孙。又自私家日用转到政府朝廷之公共使用。粗视之，若中国艺术都为实用的，其实乃是由自然生活中展演出人文行为，而在人文行为中乃展演出此等艺术品。此等艺术品，并不关注在自然人生之物质生活上，乃是从人文人生之人伦道义中展演而出。自有此等艺术品，于是自然人生乃益见转进到人文人生的境界。而人生亦弥见其为可以是艺术的。

中国古代文化演进，应是艺术在先，而文学次之。中国文学最所歌诵者，亦在行为上，如《诗经》三百首，《风》始《关雎》，歌咏婚姻，即是歌咏行为，其中乃涵有甚深之人伦道义。又如《豳风·七月》，乃咏当时豳地之农民生活，其实亦是歌咏行为。而在行为中，亦涵有甚深之人伦道义。《小雅》之首为《鹿鸣》，天子燕群臣嘉宾，仍是行为而涵道义。《大雅》之首为《文王》，受命作周，此等似应歌咏其事业。然读其诗，仍属行为。故曰：“穆穆文王，于缉熙敬止。”此显属行为非事业。此后中国文学，亦绝少歌咏事业。苟其歌咏事业，主要仍在歌咏其行为，歌咏其道义。其次如《生民》，尊祖后稷，其间不免微带神话成分，然终归于稷之掌穑，主要仍落在行为上。《颂》之首曰《清庙》，祀文王，依然是咏行为，不咏事业。《诗经》三百首，大可据此类推。要之，中国古诗所咏，主要是在人生生活、行为、事业三部分中之行为部分上。

以下中国诗人都循此途。如饮酒，本属生活一面事，但中国古人，每逢饮酒必加进许多仪文礼节，于是饮酒遂成人生中一行为，非可归入纯粹生活之一面。诗人咏饮酒，所咏亦多属行为，不属生活。如陶渊明有《饮酒诗》二十首，其中所咏，全属行为方面，不能谓其所咏只是一种生活。苏东坡尝拈出渊明谈“理”之诗有三，一曰“采菊东篱下”，一曰“啸傲东轩下”，又一曰“客养千金躯”。皆以为知“道”之言。此三诗，皆在《饮酒》二十首中。可知渊明咏饮酒，乃咏其在人生大道中之所悟所践，即自咏其行为，岂可谓只咏生活！

即如中国人作画，如画人临溪而坐，或画人扶杖而行，或画人抚松而立，或画人隐几而卧。此等皆求画出其人之行为，决非专画其行坐卧立之自然生活。如画衣食，亦为画其人生，乃在其生活以上，连带而画出其人之行为。顾长康画人，或数年不点目睛，人问其故，曰“传神正在阿堵中”。孟子曰：“存乎人者，莫良乎眸子。”画家正贵画出此存乎其人者。少陵诗“落月满屋梁”，诗评家谓其句为太白传神。惟有神处始是真人生。此必在生活上加进行为始见。然决非为事业。除却行为，生活便成无意义，尚不如画花鸟虫鱼，画其生活，即可兼画其情趣。

人生不能为了生活，为了事业，而毁坏其行为。如古埃及人筑金字塔，至今尚被目为一大事业，然须几千万人被迫劳苦工作，岂能算作是此辈人之行为。又如马其顿之亚力山大、罗马之凯撒，拥师征伐，亦是事业。但当时被迫充军役者，献身疆场，亦不能算是此辈人之行为。近代科学发展，如制造原子弹，亦一大事业，但何能算是人生中之一行为，最多亦只能算是人生中一不正当行为。何以在人生中，乃至需要制造原子弹，或至于不可缺乏原子弹。此种人生，必是不正当的，与艺术文学人生大不同。须从艺术文学的人生中展演出事业，始是人生中之真事业。因中国古人对人生有真认识，故举立德、立功、立言为三不朽。德在前，功次之。缺了德，即无功，只成罪。明得此次序，乃始有当于立言。行为则属德而可有功。故中国文学，主在歌咏行为，而歌咏事业者特少见。

四

中国人言人生，有两要项，一曰性情，一曰品德。物必具性，有生无生皆然，是其同。一物一性，是其异。同处相交乃见理。如水流湿，火就燥。此见水火之性，亦见水火之理。理有常与变。失其性乃见变，性分赋在各物，理合见于一处。分处见是物，合处见是天。故曰“理一分殊”，亦曰“天人合一”。天从一生出“万”，人则贵能由万归到“一”。人属有生，但从无生中酝酿而来。人之生命，乃从大生命来。

如耳目同在一身，同一生命，但耳司听，目司视，其小生命不同，其大生命则一。人身亦只是一小生命，不可不知其所自来之大生命所在。父母与己身，小生命则别，大生命则同，己身之小生命，即从父母之大生命来。推而广之，大生命之上更有大生命，故曰："民胞物与，万物一体。"到此处，则只是一"天"，亦只是一"理"。

万物一天，而物各不知，惟人始知之。万物无生有生，虽不自知，而要之同是一天，《中庸》谓之"诚"。人始知之，《中庸》谓之"明"。天生人是由诚明，人知天是由明诚。所谓"知天"，实乃是由自己小生命知道自己以外之大生命，亦即是知性知理，即知天。

饥知求食，渴知求饮，亦是知性知理而知天。惟昧于天与理者，只知是我之小生命则然，不知自有人类，凡属于此大生命者，无不同此知。抑且鸟兽草木，凡属有生，亦无不同此知。只须由我当下此知一推便知。故我当下此一小生命，同时实即是此大生命。求食求饮，当下保存此一小生命，同时亦实是保存此大生命。

故生命亦当分为三，一曰自然生命，一曰物质生命，一曰心灵生命。自然生命，即此广大悠久之大生命。此为天地万物，或称宇宙。物质生命，乃此大生命所寄，此为有生物。心灵生命，则在此生命中同时寓有一分知。故人生第一大任务，应求知性。性即同时包有有生与无生。中国人从来研讨人生真理宇宙真理者，要端即在"知性"上。

由性乃生情。无生物既有性，亦必有情。如水流湿，火就燥，可谓即是其情。亦因情而见性。若从此推广言之，亦可谓万物同是一天，同是一自然，实亦同是一生命。亦可谓同是一性情。不必定要说从无生命中酝酿出生命，实只是天与自然之大生命中之有此一变而已。今依语言方便，姑谓由无生命中酝酿出生命，在生命中更见有性情。而人类之钟情乃特富。故人所贵在能自知此情。否则饥求食，渴求饮，为了此情，却妨碍伤损了其他一切之情。知有此“我”，不知我外尚有千万亿兆之我。知此一“时”，不知此时外尚有千万亿兆之时。知有此身某部分片刻之小生命，乃不知宇宙之广大无垠悠久无疆中之大生命。中国人研讨人生，在此处，极端注重。

如夷齐居首阳山，采薇而食，终于饿死，岂不违背了自然生理。然孔子称之曰“仁”。因夷齐乃寄情在人类万古之大生命上。认为武王革纣命，只寄情于当前之一时，而可有损于此后之万世。其间事理判断之得失是非，此暂不论。而夷齐当年这一番心情；则获得了孔子之同情，而以“仁人”称之。

采薇饿死，是夷齐当年之生活。义不食周粟而隐于首阳，则是夷齐当年之行为。中国人传统观念，行为远重于生活。若不明人生之性情，不从人生大处深处远处体会，而仅知我身片刻之小生命者则颇难与言。即如孔子，饭疏食、饮水；颜渊一箪食，一瓢饮，在生活上讲，则仅维生命而止。但孔颜乐处，永为千年后人追慕。此等乐处，不从生活来，乃从性情行为来。又如子路、冉有、公西华言志，皆在事业上，独曾点“浴沂风雩咏而归”一番心情，得孔子欣赏。正为中国人重视人生之性情，乃能使人生走上艺术文学的路上去。

五

西方哲学有宇宙论人生论之分别，中国传统思想则可谓更重“性情论”。把性情开放到大生命去则是“善”，把性情拘闭在小生命里则成“恶”。如子弟之孝弟谨信爱亲，皆是其性情，但已把小生命逐步推扩到大生命中去。行有余力，则以学文，则是必在其心情上、行为上，感触到我身以外的大生命，有此修养，乃可进而透入社会历史，人类大群文化体系中去接触证验此大生命。由此乃有学问。若认学问是一事业，则此事业必从行为性情中展演而出。在其幼年时，必先有孝与弟、谨与信、爱与亲的一番心灵生活，即是有了此一番行为，乃可进而透入文章学问的事业去。否则若不经幼年这一番心灵生活即行为，而径求进入学问的事业中去，则此种学问与事业决然是功利的，易于为了事业而损伤到人生，是要不得的。

人生应由生活展演出行为，乃由行为展演出事业。行为乃是人生之中心柱石。近代人乃亟亟要由生活中径自展演出事业来，又只由事业来照顾其生活。一若由生活展出事业，由事业回到生活，人生之能事已尽，而不知生活与事业间，尚有作为其中心柱石之“行为”一项。如此则使全部人生，将终归于倒塌，撑持不起。近代人生大病即在此。而中国文化传统中之人生观，则主要正在寄放此全部人生之中心柱石在人的行为上。

人类一切行为，本于其性情。由其行为与性情而判定其人之品德。“品德”有高下大小之别，因此人生不得平等。天生万物，同本一天，本属平等。如陶瓷制成碗碟瓶罐，形体虽别，取材则一。中国古人分天地万物为金、木、水、火、土五行，或动或静，或有生或无生，其背后原料则一。中国古人称此同一原料曰“气”。惟其同气，所以同理。相生相克，皆有一定。若使五行有各别之本质与各别之来源，其体既别，即不能有相通相合之种种现象，要之，在万物之上，将不能同有一天。就生物言，由微生物到人类，其间种种差别，其背后之生命体则同。不得谓人类有另一种生命，与其他生命有不同。其不同处，只拘碍在各生物之形体上。同此生，即同此天。故庄子曰：“唯虫能虫。唯虫能天。”道家只主回归于天，即回归于此大自然，万物不论有生无生，既同是此天，同是此大自然。故只回归于己，即已是回归于天与大自然了，更不烦别有追求与作为。然如此，则不免要把万物各自封闭在其各自之形体内，而更不顾及万物在其各别之天与自然之上，乃另有其开通解放之更上的一面。

六

人生之不同于万物之生者，人有一灵明知觉之“心”。此心之灵明知觉，乃知其生命不须亦不应拘碍封闭在一形体之内，乃求从此形体开通解放，使一己之小生命，可以旁通会合于一己形体之外之大生命。如此的意想与追求，像是违背了天与自然，其实是反更合于天与自然。此一意想，此一境界，乃非拘碍于形体之内之其他生命所知，故曰“人为万物之灵”。今借用庄子语，当曰“唯人能人，唯人能天”。然此亦仍是一理想，就历史上人类言，几百万年以来，并不人人能此，只有某一时某几个少数人能之。此少数人，中国古人称之曰“圣人”。圣即“通”也。此下有贤人、君子、士、庶人，种种品德上之分别。其分别，亦只在其生命之大小上。生命大小，则分别在其心之灵明知觉上。

孟子曰：“有一乡之士，一国之士，天下之士。”以时间论，可谓有一世之士、百世之士、千万世之士，亦分别在其“心”。中国人对此理想之第一项教育则曰“孝”，方其幼小时，其心已能知孝，则子女生命不期而与父母生命相通会合，其生命即已扩大。人在幼稚时，不仅无事业可言，并亦不能有其一己独立之生活，但已可有其一己独立之行为。此种行为，即一本其天赋之性情，而自发之于心。孟子曰：“大人者，不失其赤子之心者也。”老子曰：“载营魄，抱一，能无离乎。专气致柔，能婴儿乎。”婴儿赤子，即从大生命中初流出的一个新的小生命，但还未生长成熟。此婴儿赤子，乃从天与自然初步走进人文界，对人文界中之一切，彼尚一无所有，只保有天与自然之一团元气，但将来人文界中之一切，已为此一团元气所涵有。此婴儿赤子乃在天与自然与人文界之紧相衔接处，正即司马迁所谓之“天人之际”。老子尊天蔑人，要人谨守此婴儿界限，勿再向前。切莫自作主张，只抱此一团元气勿离，庶免人文演进违背了天与自然而走上绝路。故老子又曰：“生而不有，为而不恃，功成而不居。”在老子意想中，不有、不恃、不居不仅不要人生有行为与事业，抑且不要有人生，只一任此婴儿开始有新生命时那一团和气，让其自然。是老子在人生三阶层中，似乎主保持了生活一阶层。此生活，则应是自然生活。自老子思想演进而有神仙思想，神仙犹是人，只摆脱了人生一切行为与事业而长保其生以遨游于天地间。其实神仙已自有其行为与事业，决不能只保持其生命而拒绝其与生命俱来之一切行为事业，则已违背了天与自然了。

佛教东来，主张较道家为彻底，根本不要生命，亦复不要天与自然，只主张回到彼所理想之“涅槃”境界去。故释氏教人认父母未生以前面目，那时尚未有此婴儿，尚未有此新的小生命开始，尚未有我，尚未有知，何来有人有天有自然。则佛家于人生三阶层，乃主彻底取消，彻底否认。并天与人而不存在，岂不较老子主张远更彻底。但僧伽们信守此主张，却又引生出僧伽们的种种行为事业来。可见老与佛，同样有人生，同样有此人生中之生活行为与事业之三阶层，不能彻底取消否认。同样已是上了路，只所走道途有不同而已。

七

儒家主张积极态度，大踏步在此人生大道上向前，由赤子而走上大人阶段。所谓大人，不指年岁言，乃指其“品德”言，其中自可包有种种行为与事业，只要不违离那新的小生命开始前那从所由来的大生命，只要人文不违离了天与自然，则尽可有此人文中的小生命之意义与价值之存在。

杜甫诗，“在山泉水清，出山泉水浊”。老子意想中之婴儿，是生命大流中一股在山清泉。只不让它出山去，一出山便会浊。佛家意想中之父母未生以前，则尚未有此泉，更不论清浊了，故曰“不思善不思恶”，是那时面目。儒家则主张让此一股泉流出山去，但不要它变成了浊泉，那须另要一番工夫，于是由人的生活中生出许多行为事业来，主要在不失其赤子之心，在善推其所为。使出山泉与在山泉一样清而不浊。此始成为孟子意想中之“大人”。司马迁所谓“通天人之际”，要在此处通，使在山出山两个境界通。使此泉只清不浊。即《中庸》所谓“赞天地之化育，以与天地参”。因天地自然只在山，人文行为与人文事业，则出了山，而仍要保持此泉之清，使其尽出山而不浊。此一泉即是生命大流。在中国传统文化中，儒家主张终于得势，但老释两家，在让人认识此泉在山之清，在让人认识此生命大流之本所从来处，亦在中国传统文化中，有其相当之作用。

《大学》言修身、齐家、治国、平天下，其本乃从格物、致知、诚意、正心来。亦是由在山而出山，把小生命透进大生命中去。其最先第一步上路处则曰孝。《孝经》曰："夫孝，德之本也，教之所由生也。"又曰："天地之性人为贵，人之行，莫大于孝，孝莫大于严父，严父莫大于配天，则周公其人也。"普通人所严事者，即是他自己。此即近代人所谓之个人主义。不知自己只是一小生命，自己的小生命之外尚有大生命，为自己小生命所由来。此一具体事实之最易指明者，即在父母身上。父母生子女，此为天与自然。由尊严其父母之一番心情再推扩，便由小生命进入大生命。故曰"严父莫大于配天"。在其生命进程中，由小而大，更进而达于以人合天。由人类之文化进展，而达于与天与大自然之相通合一，其间自有许多事业，故以周公为之作例证。《老子》书亦言配天，而以不争之德用人之力得之，亦与儒家义无大殊。

《孝经》又曰："不爱其亲而爱他人者，谓之悖德。不敬其亲而敬他人者，谓之悖礼。"人类相处，相互间断不能无爱敬心。由小生命转入大生命，亦端赖此爱敬心。但爱敬心必从其最亲之父母始。只要此爱敬心昭著呈露，并不会专一拘碍封闭在父母身上。若此爱敬心仅拘碍封闭在父母身上，则只是小孝，不成大孝。中国古人教孝，乃期其由小生命进入大生命而达于"天人合一"之境。故《孝经》又曰："夫孝，天之经也，地之义也，民之行也。天地之经，而民是则之，则天之明，因地之利，以顺天下。"只有大生命乃是天经地义，人生惟当以小生命顺大生命。若居家为逆子，则除却功利打算外，将无往而不逆。试问区区小生命，又何从来逆此天与自然之大生命。

可见中国古人教孝，其背后有甚深义理，会通性情与品德为一，又会通人生行为与事业为一，又会通天与大自然与人生文化而为一。近代人乃以中国人教孝为封建宗法社会之渣滓遗存，不读中国书，而徒以另一种眼光看法来作评论，则宜其有此言。

一〇　生活行为与事业

一

人生应分三部分，或三层次，一曰生活，二曰行为，三曰事业。然亦可谓三者还属一体，人类自渔猎而畜牧而耕稼而又产生出工商业，岂不生活在是，行为与事业亦在是。但如此言之，则人类一切活动，全为维持生活，只在生活一层次上，与其他生物复何不同。孟子曰“人之异于禽兽者几希”，即指此言。且人生以百年为限断，一旦死去，全部落了空。故世界各大宗教，都不重视此现世人生，而各于死后别寻归宿。在未死前这一段生活，则若认为无任何意义价值之可言，是固然乎，抑不然乎！

天地万物，从无生中酝酿出有生，此为自然一大变。又自低级微生物逐步演进而产生出人类。此又是自然一大变，达尔文《物种原始》已言此极详。但达尔文书中之人类，亦仅属于原始自然人而止。人类自有语言、文字、历史、文化之演进，迄今亦至少当在一万年以上，复由自然人演化出文化人，此更是自然一大变。原始自然人，只知自然营生，此固与其他生物无异。但文化人则于自然营生外，别有其生命之理想与寄托，此乃人类生命中一大变，由自然生命演化出人文生命，此则为达尔文所未暇详究。

今说生活、行为、事业三者一体，此可指自然生命言。若论人文生命。则此三者显有分别，显有层次。人类自知群居，营生已复不难，于是有超乎生活一层次以上之行为，即是说不为营生而有之行为。如婴孩堕地呱呱一声哭，此绝不为了营谋维持其生活，此一哭，当为此婴孩初降临到新天地来之一种惊讶心情之表现。此即是婴孩所表现之一种行为。稍后又能笑，婴孩之笑，亦绝不为营谋维持其生活之一手段，一策略，而乃是其对人生之一种和悦心情之表现。若论婴孩生活，自有其家人代为营谋，而婴孩在其生命一开始，即已有多种行为表现，此始为人类生命与其他动物生命之大不同所在。

《论语》孔子曰："弟子入则孝，出则弟，谨而信，泛爱众而亲仁。"此在幼年青年时期，其自身生活，亦尚赖其家人父母兄姐之代为营谋，孝弟谨信爱亲，则属其行为。生活在求温饱，行为则在自身温饱外别有意义存在。行为之上又有事业，如修身、齐家、治国、平天下，此皆属事业，皆由行为中展演而出。我上言之生活、行为、事业之三层次，大旨如此。

二

但在各不同之人文社会中，亦可演出种种差别来。农业社会春耕夏耘秋收冬藏，家家如是，年年如是，各拥百亩之田，各有鸡豚狗彘之畜，桑麻之植，生活大体相似。故农村中人，于生活事务上少有分别，却用心来分别人的行为。谁家父母慈，谁家子女孝。人伦大义，乃易在农业社会中展出。

都市工商业人观念便不同。玉工生活必胜于石工；金珠贸易之所得必胜于布帛。事业上之差别，易于直接影响其生活，又其生活亦必依赖于事业。于是在都市工商人心理，每易把生活与事业看成一片，而行为转若不关重要。中西双方文化差异，其主要分歧点，亦可由此说入。

中国人向来看重行为尤过于事业，三不朽以“立德”为先，立功、立言次之。行为有共同性，人人可能，亦时时可能。而事业多具特殊性，未必人人可能，时时可能。但事业必本于行为。坏行为产生不出好事业，好行为可大可久，而好事业亦有时地限制。时过境迁，则事业亦随之而变。大舜之孝属行为，可以供时时地地人人所共同效法。大禹治水属事业，造福人类固极大，但洪水平了，治水事业亦该停了。周武王伐纣救民是事业，伯夷叔齐扣马而谏，又采薇饿死首阳山，是行为。但后人崇颂伯夷叔齐，乃更胜过了崇颂周武王。“生王之头，不如死士之垄”。柳下惠之平日行为，永受后人崇重，却胜过了当前为侯为王之事业。

此是中国文化精神一大传统。秦始皇统一全中国，开创中国历史上前古未有之大事业，但受后人唾骂。同时有“商山四皓”，姓名不详，事业无征，但为后人想慕推重。东汉光武帝光复汉室，政绩斐然。而严光在钱塘江山岩水滩上行钓，后人称道，亦驾光武之上。

郭林宗家世贫贱，仅一太学生，而名震京师。归乡里，送之河上者车数千辆。仅河南尹李膺得与同舟而济，众望之如神仙。茅容耕于野，避雨树下，危坐愈恭，林宗行见奇之，请寓宿。茅容且杀鸡为馔供母，自与林宗草蔬同饭，林宗起拜，因劝令学。孟敏在太原市上荷甑堕地，不顾而行。林宗见问其意，曰：“甑已破，视何益。”林宗亦劝使学。茅、孟皆成中国历史人物，然无事业可言。中国人传统重行为，重日常人生之琐微小节，而事业功业转在其次，并有不屑一顾者。

班固《汉书》作《古今人表》，三国时刘劭作《人物志》，南朝宋代有刘义庆作《世说新语》，梁刘孝标为之注。此诸书，皆从行为上衡评人物。人类生命中展演出历史文化，此事必该有一主宰，历史文化之主宰仍在人。知人乃可论世。而徒就事业着眼，则往往不足以知人。有此一世之人，乃有此一世之事，而求知人，则必在其“行为”上，不在其生活与事业上。

中国后世有“年谱”一新体。此即以编年为其一人之历史，乃中国史学一进步。人生自幼至老，为变实多，惟其生命传统则不变。维持其生命者有生活，然生活人兽所同，无足贵，人生之所贵在其行为，又由行为中展演出事业。行为是“体”，事业是“用”。如刀斩割，必知磨砺以须，善刀而藏。窳庖月更刀，良庖岁更刀，果一意斩割，则转伤刀体。其人有资格被他人编年谱，此人必有事业可言。然年谱所详自幼至老，转以其日常人生之行为为主。

三

人类历史，亦有生命持续，世代变，而此生命主体则不变。孟子言有“名世”之人，即其人能代表此生命主体之持续者，古代人文演进尚浅，则仅能以政治元首名世，如尧、舜、禹、汤是也，逮人文日进，政治元首已不足以名世。如春秋时齐桓晋文，其在政治上之所建树，固是一时无匹。然名世人物则必属孔子。下逮战国，梁惠王、齐威王继起。齐桓、晋文之事业，已成过去。烟消云散，不再存留。但历史生命之持续，文化传统之绵延，则战国亦无可大有别异于春秋。故战国名世，亦必转归如孟子其人。

战国以下，秦始皇、汉武帝、唐太宗，功业煊赫一世，然求可以名世者，西汉当推董仲舒，东汉如郑康成，隋初如文中子王通。即如唐开元、天宝之大变，唐玄宗郭子仪皆不足以名世，惟杜甫庶堪当此选。杜甫仅一诗人，但其一生经历，乃尽在诗中。而又关心世运，当代之历史事变，亦于其诗中可以窥见。故杜诗见称为“诗史”。亦可谓其人关心历史生命、历史精神，而使人与史乃沆瀣一气，故欲求唐开元天宝时之历史真实生命，求之他人，不如求之杜甫。杜甫一人之生命，即其“时代生命”，而流露在诗。非其诗之可垂，乃其人之可重。后人就杜甫诗分年编排，作为《年谱》，杜甫其人乃跃然纸上。读其诗，固多日常小节，然如婴孩之一啼一笑，转可代表其生命精神。及其长大成人，奔走名利，驰驱事业，乃转可与其生命无关。诸葛亮有言：“苟全性命于乱世，不求闻达于诸侯。”虽诸葛此后有事业表现，然诸葛之事业，亦如杜甫之诗，皆从其自己生命中流露而出。诸葛同时有管宁，则并诗而无之。然数三国人物，则管宁尤当在诸葛之上。何者？如诸葛、如管、如杜，其能“全性命”则一。能全性命，即是人生第一大学问、大事业。而独管宁，除其日常行为可约略考见以外，声光暗然，绝无表现。三国时代之有管宁，正如孔门之有颜渊，舍之则藏，一若其人与世不相关，乃而其人亦备见于史籍，后人亦与杜甫、诸葛亮同为之作年谱，此征中国古人史心之深，使人可以超过事业而窥见生命之深处。不知近代人之震于事业而昧于生命之常有一番错觉存其心中，则一世终不免于乱，而人亦无以自全其性命也。

四

近代国人慕尚西化，欣羡功利，重事业乃远重于行为。不仅政治经济，即文学艺术，亦皆以事业视之，而生命则转置度外。春秋时，鲁公父文伯母告其子曰：“民劳则思，思即善心生。逸则淫，淫则忘善，忘善则恶心生。沃土之民不材，逸也。瘠土之民莫不向义，劳也。”此正代表农村文化中人之所言。工商民族，以劳作为手段，而其生活则必流于淫乐。有事业、有生活、而无行为。“但问耕耘，不问收获”，此乃农村人言，因收获即在耕耘中。都市工商人，岂能仅问工作，不问报酬，因报酬别在工作外，其间有大异。而一得报酬，生活即趋于奢淫，是又安望其思而生善心乎！

五

西方人重事业，其来甚古。埃及金字塔，即一好例证。即如亚力山大征服全希腊，希腊文化遂告消沉。近代西方，遥慕希腊文化，然亦崇仰亚力山大。又如近代法国革命，而拿破仑恢复帝制，此下法兰西仍归民主，而拿破仑凯旋门依然为巴黎全市中心，群相瞻仰不稍衰，就于西方历史而求其名世人物，则惟亚力山大、凯撒、拿破仑诸人，依稀近之。然皆足以名一世，不足以名百世。世代转移，则人物换新。前人事业，尽成陈迹。后人继起，不相衔接。西方史有希腊、有罗马、有中古时期、有现代，其历史生命，乃成前仆后起，亦复四分五裂，乃若无一共同大生命之持续，于是乃不得不以耶稣为历史纪元。然耶稣既非西方人，彼又明言，上帝之事由彼管，人世间事由凯撒管。凯撒哪真管得人世间事，则西方人世间事，实际上成为没人管。故一方既言多数民主，一方又争个人自由。

但人文演进，断断缺不了人物之重要性。即就四百年来之“新大陆”言，苟非有华盛顿、林肯其人，又何来有今日之美国。惟华盛顿、林肯，乃庶有当于孟子所谓名世人物之选。彼等乃亦于事业之外有行为，从人类大生命中有其自己之小生命，即从其自己之小生命中来更益完成人类之大生命。若论今天美国人的生活，则确已远超过华盛顿、林肯时代，近人乃误认为是人生一进步。然使此下更无如华盛顿、林肯其人之继起，则此等进步，是否能长有持续，实亦大成问题。

近人每夸言自然科学，然如自然科学中之生物学乃承达尔文“进化论”来，大率以自然生命为其研究之对象。以人类与类人猿乃至如洋白鼠等作比较研究，此皆仅属于自然生理。即如研究人类心理，亦如其研究自然生理，极少能触及人文方面，会通社会现象，乃及历史传统，上下古今，小己大群，作综合之研究。当知此与研究自然科目之途径与方法乃截然两途，其有不同。甚至乃欲包括政治、经济、社会各项，亦效自然科学作研究，仍不啻仅视人类为一自然生物。又复将哲学、历史、艺术、文学等，亦欲尽纳入自然科学之范畴中作研究。于是人类自渔猎、畜牧、耕稼、工商各时代之种种变化，乃可归纳之曰自石器时代以至原子能时代。要之在近代人心目中，几若人生不外生活与事业两项，而不知尚有“行为”一项，当求其能超越乎生活，而并须从行为中展演出事业之一重要意义之存在。

其间首当分辨者，人生中有“自然生命”与“人文生命”

之不同。最易见者，在人生之幼小期与老年期。幼小期尚不能自力营生，老年期应能从自力营生中退出。人生有此两期，乃与其他自然生物不同。亦即自然人生与人文人生之不同。人类文化，正求于自然营生外别有其理想与意义。此惟于幼小期可加以教育而使之得修养。于老年期则更可得证验而使之有归宿。若使幼无养，老无归，则此人生绝不能谓其符理想而具意义。生命当贯通其人之一生，由幼到老，只是此一生，虽在此两期中，不能有事业，然亦各有其日常人生，即各有其行为。当人文演进尚浅，未达理想境界，则必缩短人生幼小期，使尽速加进自然营生之行列。又必缩短人生老年期，使在自然营生中迄于疲惫不可再挣扎而止。其在中年，亦惟一务于营生，既无少年修养可回忆，亦无老年归宿可期望。

六

中国人看人生则不然。特重少年教养及老年归宿，更胜过其中年之事业活跃期，而近代人观念又不同。少年即为营生谋业作准备，晚年惟为安排一笔养老退休金，使得苟延其自然生命而止。自然科学日发达，物质供给日充盈，而人生愈收紧、愈缩短，汲汲皇皇，即在中年数十寒暑，而又若更无回翔从容之余地。所谓进步，则尽在物上，不在日常人生上，不在人文行为上。

中国人论行为，必分“道义”与“功利”之两途，道义生于共通之“公”，功利起于个别之“私”。人之小生命，由大生命中来，亦向大生命中去。有家庭生命，则当知“孝弟”。有社会生命，则当知“忠信”。孝弟忠信存乎内，斯为天赋之德性。其行乎外，则为人伦之道义。其本乎此而流出为一切之事业，则有格、致、诚、正以至于修、齐、治、平，皆不从小己个人物质生活上作打算。故曰“正德、利用、厚生”。“正德”乃各人生命内在事，皆在行为上见，“利用”乃向外取之物，成为事业。兼此两者，乃以厚生。然亦以厚大群人生，与人文人生，不指个别小己之自然物质人生言。近代自然科学，则惟务利用，不求正德。重功利，忽道义。故惟于自然生活上有贡献，而于人文人生，则反见其日削日薄，而不见所底止。

七

今再就人生中生活、行为与事业之三层次而证之以历史进程。庖羲、神农，尚在自然营生以饱以暖之时代，期于人人能有其生活而止。自尧、舜至于文王、周公，则已进入群体人文以富以教之时代。政治经济事业，乃接踵迭起。更进至于孔子，乃使人人能投入文化人生，各得尽其孝弟忠信，以使人文大生命日进无疆，而日常人生乃能日臻于文学艺术化之最高境界。故自人类大生命言，无羲、农则无尧、舜、文、周，无尧、舜、文、周，则不能有孔子。人类大生命，亦应有此三阶段之层累演进。故在中国历史上，乃有一辈辈名世人物之先后出现，而使中国历史可大又可久。若言近代自然科学之种种发明，其实乃只是在羲农时代之历史阶段中有推进。及其有了华盛顿、林肯，乃始进入尧、舜、文、周阶段。惜乎西方史上乃缺乏了一个孔子。惟孔子，乃能没入人类大生命中，获得人生之共通处，其日常行为，乃若为人人之所能企及，而终于卓然特出，为人人之所不可企及。正为孔子所重，乃在行为，不在事业，孔子事业即没入融化于孔子之行为中，故若为人人所可学，而又最见其不可学。

然就人生言，应有此生活与行为与事业之三阶段，此即西方人亦莫能自外，故虽震于事业，昧于生命，并事业与生活而一并视之，乃不知行为在人生中所占地位之重要，而西方人生中，要亦自有其行为。惟在中西双方之人生行为上，则有其甚大不同之点，此则当分别详论，非此篇所欲及。

（一九七五年十月二十四日《中华日报》副刊）

第三编

一　中国文化之潜力与新生

什么是文化？简单的说来可以分为两点：

一、文化就是人的生活。人的生活大同小异，衣食住行虽有差别，但均同属于文化，此就物质生活言。就精神方面而论，信仰、宗教、爱好、文学与艺术等，也一样属于文化。

二、文化也可说就是民族的生命。如我们是中国人，就是中国民族，因为我们的生活方式差不多，而且古今如此。所以民族文化可以说就是民族生命，没有文化就没有生命。

谈到生命，就要联想到生命的力量。生命力量有强弱，以个人论，活到七十八十，就是生命力强，寿短或多病便是生命力弱。世界各民族的文化，生命力最强者为中国文化。埃及、巴比伦、希腊、罗马的都成古代文化，今已不存在。英法与我相较，如我的明、清两代。美国、意大利则为清朝乾、嘉年代。他们好像十余、二十余岁的青年，中国则如八十、九十的老年人，而仍能与强壮的青年相竞赛于今日之时代，此老年人自可称为了不起。

讲到文化的力量，可说有两种：其一乃表现于外者，另一为潜藏在内者。中国文化是潜藏在内的。就人的生命言，人会有疾病，有疾病则须请医诊断，医生对病人体质诊断，皆认体质强者可以抵抗疾病，弱者不能。一个民族生命力的判断也要请医生，判断民族生命的医生就是历史。中国历史上曾经历过若干次重大疾病，五胡南北朝、晚唐五代、元、清及近代帝国主义等。在这些时期，中国民族患了重病，政治腐败，社会动乱。可是经过一两百年，中国仍旧是中国，中国文化始终是中国文化。以抗日战争言，我们在科学、经济上都远不如日本，但是八年抗战，中国仍然存在。中国所以能抗日，乃中国文化的潜力使然。一般人但认为是祖宗积德。表现于外的力量也许是很大，但一遭打击生了病，便一无办法。如埃及金字塔是埃及古代文化的表现，仅供人观看，实在是他们的祖宗未积德。

中国古代文化可说是尧舜的文化，便是孝与让的文化。“孝”“让”是一种最高的道德力量，平时虽不定看得到，在国家多难危急之秋便自然表现出来。

以上所论是中国文化的潜力。以下要讨论中国文化的新生。

经过魏晋南北朝而有唐，是为新生；又经过五代十国而有宋，又是新生；再经元朝到明，又是新生；更经满清二百余年，及西方帝国主义侵略至于民国，又是新生；降至今日，复逢共产帝国主义，但是今后当然还会有新生。为什么我们信仰我国文化会新生呢？因有中国文化伟大的潜力在其后。

晚近西方有一种文化悲观论流行于德、英、法、美。在第一次世界大战后，德国有一个中学教员斯宾格勒写了一本书《西方的没落》，西方人都公认此书为了不起的著作。他认为文化一如人的生命，有生、老、病、死。在历史上，埃及、巴比伦、希腊、罗马的文化已死去，所有的文化亦皆有一死。也有人认为中国文化已死，有人说中国文化在秦时已死去，唐朝的文化是另一种。这种论调是以西方观点来看中国，因西方文化是表现于外的，但中国文化是潜藏在内的。以经济为例，西方人会使钱，以是形成资本主义；中国人有钱却收藏起来不用。因为中国人重积，所谓“厚积薄发”。

但是近代中国文化之病何在呢？政治腐败，智识分子浅薄。近代中国之病在此。中国老百姓却是世界第一等的良民，他们没有病。智识分子，生逢乱世，洁身自好求退隐，与下层社会相结合，文化将由是而新生。西方人的病与中国不同，西方人不知有退隐，其病在下层。哥伦布发现美洲大陆，而当日之西、葡帝国已不复存在，其病正在社会。

西方社会讲“富”与“强”，中国社会讲“足”与“安”。西方讲富而不足，讲强而不安。中国讲安足在人心，知足自心安。富与强表现于外，足与安在人心，知足心安乃生自信。

在中国历史上，文化有了病，智识分子走的路有两条：一是向上或向下走，另一条是自中心向四面走。南北朝时，中国智识分子，向南则渡江，朝东北则至辽东，往西北则至西凉。他日复归中原，文化新生开始。又如在南唐五代，智识分子向长江走，及至宋初，再复归中原，文化又告新生。今日中国智识分子，也一样不得不度流亡生活，流亡来美国，或世界其他各地，将来当然要重返故国。也许是上帝安排，英国占领香港一百年，日本占领台湾五十年，但是今天我们中国人可以到香港，到台湾。流亡在香港、台湾的中国人，在南洋的星加坡、马来亚、印度尼西亚、菲律滨等地方的华侨，毛泽东固然没奈何，杀不到；来到美洲新大陆的华侨自然更不必说了。现在流亡海外的三四千万中国人，都可以说是中国豪杰之士，在美国的更是福星高照，因此当然应对中国文化负起一部分责任来。

前些天我曾看到一本小书，名称是《近代历史哲学》。这是一本选集，是选译英、法、美、德等历史家的著作。这一辈历史家，都是斯宾格勒以后的文化悲观论者，他们一致都认为西方文化已无出路。但我是一个文化乐观论者，我信仰中国文化一定再新生，譬如一株树开花结果，果实落到地上成为新种子，自然又会成长为树木。诸位流亡海外，重要的是对中国文化要抱持信心。没有信心就没有希望，就无法生活。但仅有信心犹不足，还须得做两种工作。

第一种工作是向外学习别人。今天我们谈文化新生，并非要关门拒绝别人的文化，惟有学习人之所长，始有助于我文化之新生。第二种工作是向内向下教人。一百年来我国智识分子中一部分犯了学人皮毛，而又忘却自己教人责任的毛病。以是，在我们不得不向人学习，而学习外人之时，应勿忘本，勿忘教下层社会的人民，一改过去若干智识分子的毛病。如果智识分子能做到向人学习、向内向下教导时，中国文化自然会新生。

（一九六〇年八月六日美旧金山讲演，《少年中国晨报》八月八日刊载。）

二　孔教之伟大

大家知道，在全世界人类历史上，出现了四个大教主，释迦牟尼、耶稣、穆罕默德和中国的孔子。从他们的降生时间论，耶稣与穆罕默德降生较迟，到今尚不满两千年；而释迦和孔子则降生在两千五百年以前。尤其是孔子，在两千年前，中国秦、汉时代，已有两千万以上的中国人信奉他。到今天，有超过四亿五千万的中国人信奉他。因此我们可以说，这四大教主中，信奉孔子教义的，时间特别长，人数也特别多。我们也可说孔子教义对世界人类的贡献也特别大。

释迦、耶稣与穆罕默德三人，都是所谓宗教主。宗教必然带有一种不容忍性，因此信奉耶教的民族，同时便不再能信回教；信奉回教的民族，也同时不能再信奉耶教。耶、回两教远从创始以来直到现在不断有冲突。

佛教创始在印度，但自印度婆罗门教复兴，佛教即衰微，乃至不再存在了。

只有中国，是一个信奉孔子教义的社会，但在东汉时，印度佛教传入，即在中国社会盛大流行。就以后的历史说，佛教是中国的，不再是印度的。

中国从唐以后，回教也流行了。明清以来，耶教又流行了。直到今天耶、释、回三教，同时流行在中国。

我们虽说信教自由，但在全世界民族间，只有中国，因其是一个信奉孔子教义的社会，耶、释、回三教也可同时存在、同时流行。这是孔子教义的伟大处。

再换一方面说，耶、释、回三教，都有他们特殊的传教士，又有他们特设的礼拜堂，并有他们种种特定的崇拜的礼节和仪式。只有孔子教义，不要特殊的传教徒，也不要特设的礼拜堂，又不要一切特定的崇拜礼节和仪式；但孔子教义一样能深入人心，和广泛的宣扬。这又是孔子教义之另一伟大处。

再换一方面说，耶、释、回三教主要都是讲人死以后的事，教人如何进天堂，如何得涅槃；独有孔子教义只重在生前教人如何做人，如何做成一理想的人，教人如何处世，如何做成一理想的社会和理想的世界。因此我们说：耶、释、回三教是出世的，而孔子教义则是入世的。

因此耶、释、回三教在社会上，都需要他们一种特殊的地位。佛教入中国，即有“沙门不拜王者”的理论，这是说，做了和尚，便不须依照世俗礼节来拜敬帝王。而在欧洲中古时期，罗马教皇的地位，远超过一切贵族之上。直到今天，罗马教廷依然还在，依然有它超国际的地位。由于各宗教均需要在社会上有一种特殊的地位，因而也需要一种特殊的组织。只有信奉孔子教义的，在社会上不需要特殊的地位，孔子教义只教人在社会上做一普通的平常人，因而孔子教义也不需要一个特殊的组织。但孔子教义，终于和耶、释、回三教同样普遍地流行，永久地存在。这是孔子教义之又一伟大处。

我们再说到孔子的家世。孔子远祖是殷代的帝王，到西周时代，是宋国的贵族，又后迁到鲁国，出生孔子。因此孔子出生以前，已有一千年以上的家谱，绵延不断，在中国历史上明白可考。至于孔子以后，直到今天，传了两千五百年，共七十七代，孔子一家的家谱，依然是绵延不断，明白可考。

全世界各民族，只有我们中国的大圣人孔子一家，绵延了三千五百年以上，而且是明白可考的，那不是人类社会中的一个奇迹吗？也只有在中国社会里，可以寻出这样一个三千五百年绵延不绝的家庭，这是中国社会特别伟大之一点，也即是孔子教义之又一伟大处。

再换一方面说，孔子教义因其是入世的，所以他注重在教人如何修身、齐家、治国、平天下；因而孔子的教义，同时像是个人主义的，又像是家族主义的，又像是国家主义的，而同时又像是世界主义的。信奉孔子的教义，可以教我们做成一理想的个人，同时有一个理想的家庭，又同时有一个理想的国家，又同时有一个理想的世界。孔子的教义是从教人做大圣大贤，达到世界大同与天下太平的境界。我们若做成大圣大贤，等于生前即到了天堂。我们若到达世界大同和天下太平，等于人类社会即是一个极乐世界。因此孔子教义，是把释迦、耶稣和穆罕默德三人所想望于吾们之死后的，即在吾们生前到达了。这是孔子教义之又一伟大处。

孔子教义之伟大，一层一层的说下去，一时也说不尽。但孔子教义是极平常的，人人信奉，人人可做到。只是教人如何做一个人，做一个理想的平常人，这是孔子教义最伟大所在。我们既生为中国人，长成在信奉孔子教义的中国社会里，我们应该负一个宣扬孔子教义于世界的大责任。

（一九五四年九月二十四日中央广播公司孔子诞辰特别播讲节目，刊载于二十五日《中央日报》。）

三　儒学与师道

一

我今天以同一文化传统，同一职业背景，而来为大家提出此一题。

中华文化传统，最主要的中心是“儒学”。

儒学最主要的中心，乃是学“为人之道”。

唐韩愈《师说》谓：“师者，所以传道授业而解惑。”

授业解惑，固亦师道所宜尽，但其最主要中心，则为传此学为人之道。

学为人之道而达于最高境界者称“圣人”。

圣人为百世师。

孔子则称为“至圣先师”。

凡学儒学，其主要目标，即在学为人，学为圣贤，而其道即是师道。

孔子学不厌、教不倦，教学相长，学此道同时亦即可以为人师。

故中国历史上每一大儒，则无不是大师。

二

我曾有一次与日本某教授讨论到中国文化对日之影响。

某教授告诉我，日本人风俗，父母骂其子女，常有“汝不算是人”之语。此语举世各民族皆无，独中国有之，此即是日本所受中国文化之影响。

我谓即小可以见大，此语中正涵有极深极大之意义。

中国人说人，即见“天下一家、人类平等”之义。如称中国人、日本人、欧美人、非洲人、马来人等，人则总是人，其间更无区别。

但人类虽属平等，而人之中则自有等级可分。最高是圣人，最低则不算人。

中国古人说：“人为万物之灵。”因其能受教育，能有修养，能从文化传统中陶冶，能知为人之道。

孟子说：“人之异于禽兽者几希。”

可知一自然人，则与禽兽生物，仅有几希之分别。

孟子又说：“无恻隐之心，非人也。无羞恶、辞让、是非之心，非人也。”

后代中国人，乃有“不为圣贤，便为禽兽”之说。此乃中国文化中有特殊意义之一项大理论。

中国父母骂其子女不算是人，即从此一大理论。

因有此一理论，遂见出师道之重要。

三

师道之重要，即在传授此道，解释发挥此项大理论，教人实践此为人之道。最低限度，不要沦为不算人。

中国古人又说：“经师易得，人师难求。”

中国古经籍，主要所讲，本即是此项大理论，即讲究此为人之道，凡修、齐、治、平皆属之。

但仅能讲授经籍，能口说，不能躬行，此只得称“经师”。须能以身作则，由自身来实践，来代表此项大理论，即此项为人之道者，始得称“人师”。

人师是师道之最高标准。

人师能以身作则，能行不言之教，此即所谓“师表”或“师范”。

为人师表，这是一了不起的人。

四

近代中国，儒学衰微，此一文化传统中之特有精神与其特有理论，日见消失，几至不复存在。

做教师只是一职业，谋些薪水来活命养家。而且薪水收入较其他职业为微薄，故为教师则常见为是穷窘、寒酸的。

其所传授与人者，亦只是些有关各项职业上之知识与技能，不复再教人以为人之道。

但各项职业之后面，则仍然有人存在。

既为人，即必然有其为人之道。

如从事政治，政治是其职业，但从事此项职业者，其起码条件必须是一人。

从事工商业，其起码条件，也应是一人。

从事教育工作，其起码条件，即教师本身也该是一人。

此项理论，本极浅显。

所谓是一人者，即指其能知为人之道，能守为人之道言。

若从事政治，只懂做官，不懂做人，则其政事必乱。

从事工商业，只知经营业务，不知为人之道，则其工商业亦必败。

从事教育，身为人师，其自身并不知亦不守为人之道，试问向彼受教者，何从而能知能守此为人之道？如此则必教坏了向彼受教之子弟与青年。

五

今天人类社会，问题愈趋于复杂与纷乱。其主要原因，即在大家不讲究为人之道。

若要讲究为人之道，则同此人类，即应同此道。

无古今、无中外，既是同此人，同此道，则人类文化，应可成为一大传统、大合协。中国古人所谓“道一风同”，此社会自能上轨道，世界自能转趋和平大同之一境。

其主要责任，则应由为师者来担任。

试问，此一责任何等重大！

故中国古人又说“尊师重道”，又说“师严而道尊”。

此道即是上面所说的为人之道。

为人师则应与此道能合一不分。为师者即是此道之活榜样。故重此道则必尊其师。其师获得有尊严，其道才始得有尊严。

今天的社会，许多人不知有此道，因此也不要求为师者来任此道。我们当教师的，也多不知有此道，因此也更不想由我自身来任此道。

如是则教师一项职业，终至成为穷无所至，不得已而勉强为之的一职业。

为世界人类着想，为我们教师自身着想，此风非变不可。

请由我们当教师业中之少数有志者能起来提倡，一振起之。

一面请由我们自己努力于此为人之道，一面将此理论随分宣扬。

否则师道将更为扫地，而人类斯文亦将随之而扫地。

此乃今天世界人类一共同的大问题，而在我们一向以儒学为文化传统中心的，似乎更应奋发来求尽此责任。

（一九六五年吉隆坡教师协会讲演，刊载于一九六六年九月《人生杂志》三十一卷五期。）

四　东方人的责任

今天的世界，是一个骚乱的世界，又是一个变动的世界。

世界处处在骚乱，世界处处在变动。

究竟此种骚乱与变动，将走向何处去，谁也不知道。

今天的世界，已变成了今天不知明天。这不是说得太过分，实在世界已有此趋势。

所以，我们生在今天的世界里，应懂得两个大道理：

一是“自救之道”。

又一是“救人之道”。

不能自救，如何能救人？所以第一先该懂得自救，其次才能救人。

其实一切都得自救，所谓救人，也不过把自救之道教他，让他也能自救。

今天的世界，主要有两种人，一是东方人，一是西方人。

今天不仅东方人要自救，西方人也要自救。

东方人不懂得自救，谁也救不了东方人。西方人不懂得自救，谁也救不得西方人。

东方人西方人不懂得自救，不但救不了东方人与西方人，而且会牵连毁灭其他人。

为何要把东方人和西方人分开来说？因东西双方历史不同，文化不同，人的个性也不同。

东西双方，各有长处，也各有短处。

譬如赛跑运动，东方人长于长距离跑，西方人长于短距离跑。

如中国有五千多年历史，韩国有三千年历史，日本有二千年历史，所以说东方人长于长跑。

法国、英国的历史，不到一千年，美国只有二百年到四百年，苏俄不到一百年。

在短时期中看，好像他们胜过了东方；但从长时期看，实在是东方胜过了西方。

短距离跑和长距离跑不同，其事易知。但为何东方人长于长距离跑，西方人长于短距离跑，其中道理却很难讲。

我现在再举一件比较容易讲的来加以说明。

东方人比较看重“做人”更重于“做事”，西方人则比较看重“做事”更重于“做人”。

当然人必需做事，事必需由人来做。两者不能严格做一个分别。

但在东方人看来，没有做过大事业的，也可是一好人，而且可以算是一个上上等的好人。

做了大事业，并不算得是一好人，或许是一坏人，而且可以算是一个下下等的最坏的人。

今天中国大陆有所谓“批孔扬秦”的运动。

孔子只是一个教育家，并没有做什么惊天动地的大事业，但中国尊之为第一位的大圣人，两千五百年来为中国人所共同崇奉。

秦始皇帝并吞六国，统一天下，为中国历史上第一个最伟大的大皇帝，但此下的中国人并不看重他，而且算他是个极坏的坏人。

又如富人与穷人，由中国人看来都一样。富人中也有好人，也有坏人；穷人中也有坏人，也有好人。

做人要争一个好坏，不在乎争一个贫富。

今天中国大陆上的共产主义，称穷人为“无产阶级”，称富人为“资产阶级”。好像无产阶级都是好，资产阶级都是坏。

这把东方人道理来讲，万万讲不通。

所以若照东方人道理，世界上将不会有帝国主义与资本主义之出现。

帝国主义与资本主义，可以在短时期中凭他们的富强来欺侮压迫人；这是在短距离跑可以胜人；但其事不可久。

东方人不着重这一套，只求大家都做一好人，不争强、不争富。在短时期中或许会吃亏，但长时期中，只有东方人这一套，可大可久，可赢得一趟长距离赛跑之胜利。

再换言之，西方人比较看重“功利”，东方人比较看重“道义”，这是东西双方文化上一大区别。

今天我们东方人自救之道，首先便该重新振兴起我们一向所看重的道义。

如此，不仅可以自救，同时也可救人。

若我们自己蔑弃了自己东方人的道义，专来模仿学习西方人的那一套功利，争富争强，势必更增加骚乱，其事不可久。

不仅不能救人，并亦不能自救。世界人类长此骚动下去，恐怕将会同归于尽。这将真会如耶稣预言的世界末日将会降临！

（一九七四年十月二十日《中央日报》）

五　中国文化新生与云南

一

近代文化论者，莫不谓人类文化，亦不脱生、老、病、死之四境。然独于中国文化绵历四千载，迄今未见衰歇，则无说以处。窃谓兹事体大，决非可以一端论定，然有一事较浅显而可资解说者，则为中国之地理。

法人瑞克西（Reclus）有言：“历史者，乃自时间上言地学。地理者，乃自地域上言史学。”此言实寓至理。故治史而不知地理，则得其半，失其半，最多亦为一偏之见，决无当于全体也。中国土地与欧洲一洲约略相等。然欧洲始终未臻一统，故治西史者，无意中即已连带注意及其地域之划分。如论欧洲文化，先自希腊，次及罗马。中世纪以来，渐次自南部拉丁诸国，如西、如法，逐次北进，及于中部条顿诸族，荷兰、英伦、德意志诸邦。最近则东渐及于斯拉夫族，尤如新兴之苏联是也。其全欧文化之演进，显随地域而转移。若单就一地域论，则不仅爱琴文化早已灭绝，即地中海文化，亦自十四、五世纪以还，不复有旺进之生命。而北方东部如俄，中部如日耳曼，西部如英伦，其在中世纪以前，岂非一蛮荒之区乎？故欧洲文化者，仅乃一总词，其间各区域文化力量与其生命之生老病死，则彰彰与人以共见。

今返视中国，则骤若不然。中国自古为一统大国，故治史者，亦常以一浑全整体视之，因遂忽略其内部各地域之更迭变迁，遂若中国文化始终绵历，无多反复。然苟效治西史者之分别地域而观，则汉、唐以前，中国文化中心在黄河之两岸；宋、明以下，中心南迁而在长江流域；铣近世以来，中国文化之生命动力有益向南迁之迹象，而渐达于珠江流域矣。此乃一种最粗略的说明中国文化移动之大势。然此事一经指出，则人无不晓。诚使中国文化仅限于黄河两岸，则至今岂不亦如西方之希腊、罗马，将仅供后世以凭吊之资而已乎？又焉见所谓历数千载而不歇者？然则中国文化之所以见为生命强、绵历久，而不易衰歇，关于文化本质上之问题，此暂勿论，而中国始终为一统大国，而又不断有新地域之新人文参加活动，常使之有新生气与新力量，此一层实为论中国文化者所极堪注意之事实。

文化与地理之关系，此治人文地理学者，尽能言之，然使忘却历史大趋势，则人文地理之影响亦有不能一概而论者。希腊之气候山海，岂不古今如一？何以在古代则发灿烂之光辉，在后世则未见有大过于人者？英伦三岛之气候山海，亦岂不古今如一？何以在古代则沉郁不彰，在后世则扶摇直上？继今以往，则三岛之黄金时代殆亦将为历史之陈迹矣，此何以故？苟非综观人类历史演变大势，而仅以人文地理学之条件说之，则每见为窒碍而难通。余所谓人类历史演变之大势者，乃指其与人文地理有密切关系者而言，则最要者莫重于交通。交通者，实人类历史影响于地形之一最要事项也。故就各地域分区讨论其文化之演进，则有两观念当平等注重：一曰气候，一曰交通。气候乃先天之宿命，而交通则后天之机运，必会通二者而观，乃可以发见各地域文化演进先后与其盛衰起落之所以然也。

二

若专就气候论，则欧洲文化先兴于希腊、罗马和煦晴朗之区，再向北欧寒冷阴晦之地域演进，此乃文化移动之常态。而中国文化则先兴于北方寒冻阴晦之区，再向南方明朗和煦之地域演进；与欧洲情形适得其反。然若再就交通条件会合论之，则知中国文化之自北而南，亦自有其不得不然之理由。西方古代文化之产生，盖以岛屿港口为基点，而以海面交通为其文化长成之大平面；中国古代文化，则以黄河水系之各支流所灌溉之耕地为其文化产生之基点。此自上游有泾、渭，下至中流之汾、涞、伊、洛，及于下流之漳、卫诸川皆是，而华北平原则为此诸基点相互交通之大平面。故欧洲文化之交通命脉赖诸海，中国文化之交通命脉则赖诸大陆。其时长江流域则尚不适于初期文化新生时代之交通，故江域气候较温暖，而反不得为中国文化之先兴地也。若推此论之，则知近代英伦三岛所以得占欧洲文化之一主要枢纽者，实不在其气候而在其交通。彼之沾后天机运之赐，实远超过其先天之宿命。苟使机运未熟，则如古代之英伦三岛，又谁知其将为天之骄子，如今之地位者？故英伦实先天之宿命不足，而后天之机运有余之一好例也。

今若专就交通条件言，则又有当明辨者。夫环境不宜于僻塞，若僻塞则与外隔绝，此固尽人而知其不利矣。然若地居四冲八达之中心，为交叉之午道，其害亦与僻塞者略相等。大抵地居冲要，常受四围之影响，不易宁定，则其文化必渐衰落。盖冲繁之地，其风嚣而不淳，其气浮而不实，其心散而不凝，其生活易于奢汰，其习俗易于夸诈，至其易受兵燹战斗之祸，则尤为显而易见。故最理想之交通条件，贵能开门即当大道，而闭户又能自守，寓安定于活动之中，备保守于进取之际，此始为最理想之交通条件，亦即最理想之文化条件也。

气候、交通两者条件俱备，斯其地之文化必蒸蒸日上。然日上不已，则人事胜过天然，四围之交通日凑日集，虽非冲道而自成为冲道，虽非中心而自成为中心；故曰"凡路皆通罗马"。至于凡路皆通罗马，而罗马之衰落亦可翘足而待矣。此则后天之机运可恃而不可恃，凡人类文化之不能脱离生老病死之四境，此亦其一大因缘也。

根据上述，一地方之文化，方其臻极盛之境，则势必渐趋于衰落。欲求一国文化之常荣不谢，则先求其疆域之恢宏，为一统之大国。于是某一地区之文化虽由盛而衰，而常有他一地区之新人文、新生气接踵继起。而其继起者仍在其国内，不在其国外，仍不失其本国之传统，则其国之变化始可达于常荣不谢之境。若使欧洲为一统之大国，则希腊、罗马之文化，虽至今存可也。若使中国亦四分五裂如欧洲，则黄河流域洛阳、长安之文化，虽谓其至今必已衰熄无存焉，亦未见其不可也。故曰论文化史者，不可不注意于其地理的条件。

三

今论中国文化此后新生机之所托命，则大率不外两区：一曰东北，一曰西南。然东北气候寒冷，此乃先天宿命之不足，又正当国际势力争衡接触之焦点，其势常不得宁定，此又后天机运之未美。西南以气候言，既较东北为佳，以交通言，此乃国家奥区，为脏腑腹地，与东北之暴露于外者又不同，居其地者，易获安全宁静之感，此尤合于文化滋长之条件。然则中国文化此后新生机之萌茁，盖舍西南莫属，此理虽玄，其实固可具体指述，尽人首肯也。

今分论西南诸省，则四川文化开发特早，与黄河流域之古代文化交通最先，不当与西南其他诸省相提并论。其次湖南、广东、广西三省，虽较四川开发较为落后，然在中国近代文化史上则已先后露其头角。所谓西南诸区，将占中国文化新动力之主要地位者，湖南、两广固已稍透露其消息矣。惟云南、贵州，于西南诸省中，固尤为奥区之奥区，尤为偏隅之偏隅也。

然论云南一省之气候山川、土壤产物、风景形胜，则得天之厚，殆莫伦比。故云南省在中国以往文化地位之不占重要，不在其先天宿命之薄，而在其后天机运之迟。若使云南早得人事之助，交通发展，去其隔塞僻陋之病，则云南人文必将蔚起，其在全国文化水平之比度，必将高出于西南其他诸省之上，此亦无足疑者。今则后天机运已开，国内外交通继此可以逐步发展，云南虽为中国之奥区腹地，而未尝不足以通国际间之呼吸；虽与国际呼吸相通，而又得长保其安全宁静之感，此最为交通上难能可贵之条件。云南既拥有先天特赋之优厚，而后天之机运自今将与之相得而益彰。就此种种言之，云南人文，在最近之将来，宁有不为中国文化新生机、新动力之主要一脉者？不佞以民国二十七年春初来云南，惊其山水之雄丽，爱其气象之清美，接其人物，考其俗尚，默会夫古往今来中西诸邦文化转移之先例，固已心存此意，以为欲迎中国文化新生之机运者，莫如来滇南。兹者大劫已平，昌期方焕，不佞幸得重来，与滇人士再相把臂。爰草此文，预告滇人士，用卜吾言之验否，然亦非二十、五十年不足验吾言也。

（民国三十六年一月十二日《昆明日报》，三十六年四月《五华月刊》第四期。）

六　五十年来中国之时代病

中国有着五千年传统不断的历史与文化，这真是举世莫匹，中国人堪以自傲的。但近五十年来的中国，却只有挫败、屈辱、退婴、不长进。较以并世列强，只有自惭自恧，几使中国人有不敢仰面对人之感。或者因此五十年来中国之不长进，怀疑到中国五千年的传统历史与传统文化，认其不过尔尔，或者根本无何价值，否则何以结局走上近五十年来的现状？但我可以反问，果使中国传统五千年全如此五十年来一般的现状，全只有挫败、屈辱、退婴、不长进，中国早应失其存在，又何来有此五千年的传统？在我简单的看法，传统五千年，是中国人的生命，一切都象征着中国生命之健全与旺盛。最近五十年，则只是生命过程中之一时病状。尽健全、尽旺盛的生命，有时也该有病。病的对治正是生命的挣扎。没有为着五十年的病痛，便要根本埋怨到他五千年的生命本身之理。埋怨生命本身，只有自杀。自杀决非病的对治。为着近五十年来现状，而一口骂倒传统五千年，只是急躁，只是浅见。但我们同样不该仗着传统五千年谩骂现状。一个病人到底是病人，你不该斥责他不好好吃饭，不好好工作，不好好运动与娱乐。幸而那病人没有听你斥责，否则亦便无异自促其死。我们应该仔细一诊他的病征与病源，好让我们对症下药。

甲午之役的中国，早已为蕞尔日本打得一败涂地。可见中国的病况，不自五十年代始，早在五十年前已是病象褛著了。但我却认为近五十年来的中国，有其新的征候，有其特殊的病情，较之五十年前判然不同。五十年来的中国病，让我暂从康有为与清德宗的一番心情说起。康有为开始活跃于近五十年来之中国政治界与中国思想界。他开始一本本匆促地写成他的《波兰瓜分记》与《印度灭亡记》而献之清德宗。清德宗灯下披读，心情激越，至于涕泗横流。于是君臣相应而有当时之所谓新政。据梁启超《戊戌政变记》所载，当时清德宗所颁新政谕旨，在短短不过三个月的时期中，便有一百数十件之多。梁氏誉之为古今中外未始前见之盛事。然而我们从历史的经验看来，亦没有像这样急促忙迫的心理，而可以投大遗艰收旋乾转坤之效者。在当时的康有为，早已唱着“全变”“速变”的口号，以为不如此，中国便将为印度、波兰之续。在当时中国人的心里，中国早已自侪于印度、波兰之列，最多亦不过如土耳其。变法只以救亡，更不敢再有所奢望。清德宗不过是感受此种意见之一人。日暮而途穷，倒行而逆施，戊戌政变以匆促急迫之心情发动，亦以匆促而急迫之心情失败。从此以下的中国，瓜分灭亡，流为一时之口头禅。梁启超特地写了一篇《中国不亡论》，算是鼓励振作了当时不少全国惶惑颓废的心神。迨至“五四”运动的前后，又有所谓“中国不亡，是无天理”的话，在当时居然成为大家首肯认为含有至理的名言。

当“九一八事变”突起，我那时正在国立北京大学教书。“九一八”清晨，北平报纸披露此项消息，正值星期日，学校方面还没有什么举动。翌晨星期一，我从西直门附近坐车到北大红楼上课，一路便见到一队队大学生、中学生与小学生，手里扬着旗帜，口里呼着口号，继续不绝；而沿街壁上也已贴满了种种标语。我叫车夫缓缓徐行，好让我一路听他们的口号和看他们的标语。迨到北大课堂，我的一班学生却照常仍来上课。他们说：今天不用讲什么，愿我对此突起的沈阳事变发表一些意见。我当时便说：“此事正在发端，我同你们一样受着甚深刻的刺激，但我此时却感无话可说。而我所要说的，则是今天一路四十分钟内所听见、看见的一般学生们的口号和标语；这是北平智识青年对此事极自然的心情反应之流露，我禁不住要说几句话。”当时大家便渴望要听我的意见。我说：“我一路所见所闻，北平学生界的口号与标语，最奇怪的，是他们不约而同的一致的情绪与态度。让我挑选一句话作为代表。譬如说：‘宁作刀下鬼，不为亡国奴。’这十个字已足十分代表出我一路所听所看标语与口号之总意见与总态度。我觉得偌大一件事，在北平青年智识界中，其精神上的反应，只是一种消极的、悲凉的、反面的、退一步的情绪与心境；我没看见或听见一些属于积极奋发正面进一步的。换辞言之，我似乎只看见青年们理智的在利害上打算；却没有看见青年们热血的、感情上的奋发。外面是慷慨激昂，里面却是凄凉惨淡。理智不准确，因而情绪也不健全。沈阳是中国的土地，日本何得无端攫取？中国青年似乎不觉其可愤慨或可羞耻，中国青年似乎不认其为一种侮辱与轻蔑，而只认其为一种危险与压迫。这是我们智识青年平日心境与情绪之自然表白。此非小事，实在值得我们深刻的反省。这明白是一个大事件之开始，正有待于我们之出力搏斗。而不料在此事情端倪刚露的时候，便已有一种亡国的阴影浮上了你们的心头。若说你们自心内感并不如此，在你们一定感到，非用此等痛哭流涕极而言之的辞句，非用终极亡国的刺激，将不足以唤起社会鞭策国人求其一致奋发。然而大家试想：若有一个人仅为避免饿死而振作，试问此等振作，前程何在？一个国家仅为避免亡国而奋起，试问此等奋起，其前程又何在？我们现在且就以往中国历史的经验言之，像此沈阳事变般的遭遇，或是更艰险更重大的，在中国已往，早不知经历了若干次。尽多惊风骇浪，无害于中国之屹然长存，何致便痛哭流涕要说亡国将临。万一日本到达一相当阶段而自己停止了，明白表示他并不急急要亡中国；万一而中国人自己感觉到目下的情势尚不到亡国的境地，那时的智识青年是否便心平气和消沉下来呢？”

我的一番话不幸而言中。九一八以后数年间的北方青年，据我所知，到底是消沉了。“七七事变”之后，我追随学校到长沙南岳。在二十六年十二月的一天，在南岳圣经学校的一片草地上，北京大学的学生开了一个北大成立三十九周年的纪念会，同时作为一个送别会，因有好几个学生要出发到前方去，要出发到西北延安去。当时大家的心理，似乎全都在说：首都沦陷了，亡国的恶运，真快要降临到我们的头上了，我们再不能安心留此读书了。我那时禁不住又在这草场上说了一些话。我的意思并不反对青年们决意上前线去从军，只反对他们对国家前途的那种消极悲凉专在反面退一步的看法；我只要解除他们那种急躁的浅见。我说："战事正在展开，国家前途不是就此完了。青年报国有他无限的前程，安心留后方读书，并不是没有意义。若谓国家沦亡迫在眉睫，而茫然上前线去，（'茫然'二字是那日一位同学用的话。）一旦看到国家并不真是沦亡迫在眉睫的时候，那时又不免要自生悔心，自生动摇。我们应该把握住自己，正使国家真个亡了，我们还有我们努力的方向。"

在南京沦陷到武汉沦陷的一段期间，一辈大学青年之情绪紧张，我们与青年长日相处的人，今日一反想，依然如在目前。至少在我心中，是留下了一种极深刻的影像。然而一到武汉沦陷之后，似乎智识青年们的情绪便渐渐变了。大家渐渐看到中国还不至于亡国，而且渐渐的大家认为中国已确有了最后胜利的把握了。但是在此期间，全国智识青年的情绪与心境，却亦未见其活跃，未见其欢忻与鼓舞，未见其对新的将来有所抱负与期待。让我郑重说一句，这几年的中国青年，似乎转而又消沉了。这不是沉着，实在是消沉。本来刺激我们、鞭策我们的只是一些消极、悲凉、反面而退一步的想象，我们并没有积极的、快乐的、正面的、进一步的雄心与热情。现在反面的鞭策与刺激渐渐消失，正面的鼓舞与期待尚未开始，我们的意境自然是只有消沉。

以上的一番话，我并不着意在指摘青年，只求借此指出近五十年来中国的时代病，而把智识青年们作为当前的实例。亡国与饿死，两重阴影，常是压迫在我们的心头。进一步则为出身救国，退一步则为安心找职业谋生。这已是近五十年来病态中国下之标准人物，已是站在中国社会的最前线，值得我们的称扬与礼敬。上面述说的智识青年，便是榜样。没有雄心，没有热情，没有勇气，向积极正面作进一步乐观的盼望；对国家前途只求其不灭亡，不瓜分，不为印度、波兰之续。根本没有想到龙飞鹰扬，称霸称雄。这一个国家自卑的情绪，影响到个人的人生方面，亦按比例的自卑自贱。近五十年来的中国人，无论在政治、学术、军事、工业，一切人生的各方面与各部门，实在够不上说有雄心、有热情。他们亦如对国事般，只求做到适可而止。他们似乎用的自我批评的理智的成分太多了，而自我尊重的情感的成分则太嫌稀薄了。他们并不想做第一等人与第一等事。至少在世界的场围里面，他们是谦让不遑的。救亡与谋生，是这一时代最高的想望。模仿与钞袭，是这一时代最高的理论。从此一种自卑心理上面直塌下去，便招致了中国目前种种的病态。

一个老太太戟手指面的教训他的儿子，说你再不奋发为人，你便只有流为乞丐，转为饿殍。这样的教训，在他儿子的眼前只有漆黑，在他儿子的心头只有冰冷。漆黑与冰冷中间，培养不出光明与热烈。一个人常常惦念到失业与饿死，他到底将不免于失业与饿死，否则也不过仅免于失业与饿死而止。人世间的一切光明与热烈，早已没有他的份。近五十年来之中国，常要惦念到印度灭亡与波兰瓜分；康南海之大声疾呼，与清德宗之涕泗横流，这是五十年来中国病上加病之新征候。这五十年来病上加病的中国，至少可以告诉我们一个真理：抹杀了你自己，便不配再有出路。抹杀了你自己而再求挣扎，全是白费力。抹杀你自己，便只有消极、悲观。从反面退一步着想，全是冰冷与漆黑，没有光明，没有热烈。最后的结果，只有直塌下去，要再确立你自己，便只有转身向你自己的本身找求。这是惟一积极正面可乐观而进步的一条路。幸而数十年的病魔纠缠，到底掩塞不住数千年生命大源之澎湃与洋溢。正在此五十年代病上加病的中国，内部新生命之健康力量早已逐步的好转与前进。孙中山先生倡导的三民主义与辛亥革命，这是一个元气淋漓的，这是唯一的能从积极正面乐观而进一步的方向来指导中国前途的。直到目前的对日抗战，这并不仅仅是一个救亡图存，这是一个寓有甚深革命性的抗战，对于世界场围有其甚深之革命性。这是从三民主义与辛亥革命的内部精神里直接流贯而来，这是从中国传统五千年生命本源里面产生的新力量；这是自我确立，不是自我抹杀。这才是复兴中国一大火种。星星之火可以燎原，久病的中国，漆黑冰冷的中国，快有他的光明与热烈。我们只希望将此火种在每一个中国人的心头燃烧起来。

（民国三十二年四月《思想与时代》二十一期）

七　五十年代中之中国思想界

“中华民国”这五十年，可谓走上了一个历史剧变的时代。不仅中国本身如此，即整个世界同时也走上了一个历史剧变的时代。照理，在此时代中，该激发思想，要求有思想家出现。而不幸这五十年来，在中国，竟无一个思想家可觅。在中国思想史上，这一时期，将来会只留一空白。空白尚好，更不幸的，还涂上了许多污点，有待此后人来洗刷。

所谓思想，最先必能提出问题，次之是经过缜密精详的讨论，然后才得一明确肯定的答案。不论任何一个思想家，该有如此的三阶段。即或只有第一阶段或仅到第二阶段，也可以。而就整个时代言，必有此三阶段之进程。而此五十年来，似乎连第一阶段也还未走上。即是说：究竟我们这时代，问题在哪里？还没有人来提示、来指出，而为此五十年代中人所接受。

好像此五十年来，言论作为，都有着很多剧烈的争论和变动。然而这些只是所谓运动或潮流，风起云涌，不断掩卷着全时代，但亦只是运动与潮流而已。在此运动与潮流之内部，则并无一项思想在领导。率先是几个人之武断偏激的意见与意气，追随之以大群众之盲从与附和。其兴也骤，其衰也忽。只是些历史事变，写不进思想史的章节中去。

首先要提到在此五十年代中之所谓“新文化运动”，大部分只是中国社会在感受外来影响，追随世界潮流，而并没有形成为一个思想问题或思想系统而出现。即如他们所举最大最主要的所谓赛先生与德先生，科学与民主两运动，也只是表示许多人的共同意见、共同态度，凭借着几个标语与口号而宣扬散播开来，始终未能在此方面深入而严肃地转成为一个思想问题而存在着。

在正面则是感受外来影响，追随世界潮流；在反面则是对中国固有文化之唾弃与抨击。如打倒孔家店、线装书扔毛厕里、废置汉字，和全盘西化等。此等也只是标语、口号，全是一种偏激的意见和态度，并不曾转变成为一种严肃的、深细的思想问题来讨论、来争持。在当时，这些只求形成为一个社会运动，所以都凭借着感情和意气来轰动一时视听，希望群众之接纳；而并未诉之于深细严密之思想系统，来剖析其问题之内在性和其向前之深入性。

与新文化运动相辅而前者，有“新文学运动”。新文学运动只为新文化运动作工具。如云“哲学关门，打倒玄学鬼，礼教吃人，只手独打孔家店的老英雄，打倒孔家店，线装书扔毛厕里，德先生赛先生”；这些传诵一时，发生莫大影响的，都不是学术性的，不像是有思想训练、思想修养的人所陈述。他的一套思想，只是取法于《水浒传》、《西游记》，作为容易为大众接受的、浅显而轻薄而又像是新鲜而生动的，可以使人不诉之于理智、不考虑于缜密与精详的思想步骤，而立刻便得了解，而容易赋予同情的，那些不正当的并加以文学渲染的宣传语句。严格说来，那些既不是思想，也算不得是文学。单就文学角度来衡量，还是像鲁迅的《孔乙己》、《阿Q》之类，比较算得是近乎文学的。

消极的、反面的、打倒的宣传与运动，总胜不过积极的、正面的、建设的。轻薄的、俏皮的、尖酸的标语与口号，总胜不过大力的、愤慨的、坚强的。五四新文化运动之后，继之以共产主义运动。正为同样是宣传、是运动，同样是标语、是口号，而后来居上，则亦势有宜然了。

正因这五十年来，努力从事于宣传工作的多了；从事思想工作的，便相形见绌地少。就社会大众言，总是欢迎接受宣传的。一句标语，便是一项真理，浅显明白，易于流传。以多自证，以同自慰，便成定论。思想则有根据来历，有层次曲折，有轻重分寸，有先后步骤，所提出的问题，未必人人遽认为是一问题；所提出的结论，更不易使大家了解此结论中所涵蕴之真义。抑且成为一个思想，往往急切不易得结论，更不易得一项全称肯定的结论。抑既是打倒孔家店、打倒封建社会那一套标语广播到全社会，这些是不需再思想的，而且也并无确切内容的。只要你所不喜欢的，便可分别归入孔家店或封建社会之两大系统之内，而尽你自己的努力去设法打倒。在如此般的所谓学术风气、时代思潮之下，很难有健全而纯正的思想态度，浮现到社会的显明面来。

或说上所指摘固有理，但此五十年来，也有不少埋头在学术界的，不能一笔抹杀了。此话诚然。但不幸此五十年来的学术界，亦有不少，而且可说是占着大多数的，却还是追随结集于此两大系统之宣传标语之下而努力。若我们说一句或许是过分严酷的话，此五十年来之思想家，可说是思而不学的。此五十年来之学术界，则可说是学而不思的。正为此故，乃能沆瀣一气，互相呼应，来形成此五十年代之种种的悲剧与恶果。

关于宣传共产主义方面之所谓学术研究，此不具论。关于宣传新文化运动方面所引出之学术研究，亦可举出一句标语来作为此方面研究工作之中心，此即所谓“以科学方法整理国故”。其实此一标语之内涵，已是一种极狭义的武断。此一标语之言外之义，已经包括有哲学关门、旧文学成死文学，及中国文化历史传统全不如人、亟须全盘西化等意见在内。否则若把此标语稍加改变，说成以科学方法整理中国哲学、以科学方法整理中国文学，及以科学方法整理中国历史文化传统云云，将全成为不通之语。正为此故，若有人试在学术方面来重新阐述中国哲学思想，或宣扬中国文学精义，或发挥中国历史文化传统之意义与价值，在彼辈都可认为是一种落伍不前进的、反动的不科学。因此，在所谓“以科学方法整理国故”之标语之下，最好不触及哲学、文学及历史文化传统，而只分散着当作一堆堆材料来研究。而其研究所得，亦决不能对中国以往的哲学、文学及历史文化传统有积极的、正面的、不该被打倒的拥护态度。

因此，我们不得不认为此五十年来之文化运动及其学术研究，乃沆瀣一气，互为桴鼓者。一方是思而不学，一方是学而不思。在此项所谓思想潮流之下，决开不出真学术。在此项学术风气之下，亦决引不出真思想。

但上所云云，究竟像似太严酷了。我们决不能说此五十年代中，无思想、无学术。惟此种思想与学术，乃被摈于社会之一角落，乃被压于社会之隐暗面。若要说代表此五十年代之思想与学术者，则断断在彼不在此。说不定，过些时，那些宣传标语为人厌弃，下面又重新走上一个真有思想的时代。到那时代，他们重新来叙述这一时代之学术与思想，或许他们会另具眼光，另作批评。在他们那时，或许会提出此五十年代中曾有过哪些哪些的思想来。但此是以后另一时代的事。在我们这五十年代中，要来叙述这代表此五十年代的，则只好说仅有些对群众宣传的标语口号而已。也只好说仅有些对群众所求发动的某些运动而已。若要说代表此五十年代者，定必有一种或一种以上之思想，则只好说代表此五十年代者，只有一种专好发起运动、制造标语的思想了。

（一九六一年《中国一周》五五八期）

八　近五十年中国人心中所流行的一套历史哲学

一

黑格尔的历史哲学，并不是根据人类客观真实的历史而形成其哲学，乃是根据其主观玄想的哲学来歪曲历史，强求证成。他所想象的人类历史发展的最高顶点及其最后阶段，便是日耳曼民族与日耳曼精神。而且在他想象中，这一阶段早已来临。他这一套理想，奋发了德意志，引生了希特勒，招致了近代日耳曼民族之厄运。

马克斯深受黑格尔思想之影响，但马克斯是一位无祖国的犹太人。他对日耳曼民族和日耳曼精神并不感兴趣，因此他的一套历史哲学，即唯物史观与阶级斗争的历史哲学中，所欲证成的人类历史发展的最高顶点及其最后阶段，却为世界性的“无产阶级专政”；而在他想象中，也认为这一阶段早已来临。

全世界无产阶级联合起来夺得政权这一番玄想，不如黑格尔的日耳曼民族与日耳曼精神之易于获得确定之支持与表现。

直要到列宁、史太林苏俄革命完成，才又把马克斯那套哲学加以一番修整，即此种无产阶级崛起之领导责任，落到大斯拉夫民族的肩上。这是黑格尔与马克斯两人的历史哲学各自变质后之合流。

二

最近五十年来之中国，虽没有出过像黑格尔、马克斯般的历史哲学家，但在一般知识分子的脑际，却浮现出一套共同的历史哲学；好像在说，必须打倒中国以前的历史，才能谋中国当前之出路。至于未来的理想呢？这在近五十年来在中国所流行的那一套历史哲学，是和已往历史同样没有地位的。中国知识分子，似乎只想接受别人领导，他们的理想也便即是我们的理想。我们要接受他们的理想，服从他们指导，才该先推翻自己已往的历史。这一套哲学，并不由三十年来的中共所提出；三十年来之中共，只是在此一套哲学中抚育长大。

大家知道，中共今天是在毁灭中国史，改造中国史。但已往的历史是否真能毁灭，真能改造呢？毁灭一民族的已往历史，等于毁灭一个人之已往记忆。若使此人对其自身已往记忆真能毁灭，那非死亡，即是狂易；狂易不治，仍然是死亡。没有历史，便将没有民族。这只能合于马克斯，不能合于列宁、史太林。马克斯承用了黑格尔的那套历史哲学而去掉了他的日耳曼精神，列宁、史太林承用了马克斯的那套历史哲学而又添进了他们的斯拉夫精神。今天的中共，正好承用了列宁、史太林的那套历史哲学而承认了斯拉夫，取消了中国民族。这是不待双方变质的自然合流。

三

取消中国历史，取消中国文化，实是五十年来中国知识界本有的一种模糊想象。若真要做来，便该取消中国民族。今天中共才始正式严刻执行，却因此又激动了中国人之惶惑与反抗。但我们面前并没有第三条路。若要反对中国已往历史已往文化，便不该不反对中国民族精神之存在；若要爱护中国民族精神，历史文化即是民族精神之最真实最具体的表现。

我们爱护历史，并不牵涉到历史之价值问题，只指历史之客观存在而言。我爱真我，我之所以为我，以其有对我已往之记忆。记忆便是一种存在。若说存在决定意识，则正因我有已往记忆存在，才始能有我之意识。我之已往记忆不存在，即无从再有我之意识存在。若我有术能把自己已往记忆任意歪曲涂改，来一新我，则其术必是一种魔术，其人亦必是走上了魔道。

中国此五十年来之知识分子所以极端鄙视中国历史，因为先鄙视了中国文化。若把历史比拟记忆，则文化正犹其人之品格。就目前世界人类学、文化学者之通常意见，则民族与文化间，很难说谁优谁劣，谁得谁失。所以文化学者之研究中心，依然着重其客观真相，而求比较异同；并非在估定价值与批判是非。若必估定价值与批判是非，则各民族自己的本位文化，厥为对此民族最相宜最有价值之文化。正犹如个人间之天赋与个性，实在就其本人论则为最有价值者。决不能专凭某一人之天赋与个性而抹杀其他一切人之存在。如此则必将追随黑格尔，惟有亚瑞安血统与日耳曼精神，才始为天之骄子，应该征服一切而独享其存在之尊严。再不然，则必如马克斯，不认有个性，不认有人格，而一切由经济阶级来决定。再不然，则如列宁、史太林，只有大斯拉夫，始为人类此后新历史之唯一领导者，其他民族只有向其学习与一面倒。

四

此五十年来之中国知识分子，何以对自己文化如此鄙薄？其最后根据，则为中国近百年来在世界地位上之比较的穷与弱。此早已是一种变相的唯物论。务求抹杀自己来模仿他人，则此刻对症下药，列宁、史太林的一套哲学，无怪要风靡一时。

最近五十年来中国人对自己历史之不了解，对自己文化之不信任，宁为一无可否认之事实。又经此几年来中共之彻底扫荡，彻底侮蔑，我们对此愤慨的也该有一反省。对将来之前途，也该有一警惕。中国人究竟该不该知道一些中国史。若该知道，则该使我们知道些什么？现在的中共，只要人知道中国近百年史，不要人知道百年以前史。百年以前史，依他们目前意见，只要你知道黄巢、李闯。我想大陆人民对此哪一不愤慨！然而我们该回头想一想，中国史上除却黄巢、李闯，究竟有哪些人物该先叫中国人人人知道呢？我想提出这一问题，恐怕急切是得不到结论的。目前的中共，只认中国史上两千年来的一切文化是封建社会的文化，所以该推翻、该破坏。但我试问；若此两千年来的中国文化，并非只是所谓封建文化，又是什么一种的文化呢？我们也该有一答案。若我们说，此两千年来的文化，只是一种愚弱贫病的文化，只是一种太监、姨太太、鸦片烟、麻雀牌、缠小脚、扶乩及其相类似的种种之文化，只是相当于西洋中古文艺复兴以前所称黑暗时期的文化；则中共今天的措施，似乎也未可厚非，我们不该愤慨，该反省、该警惕。

若认为中国历史还该知道，中国文化还该了解，这不是一句空话所能济事。我们存心破坏它、侮蔑它，已有五十年的经过了；我们该如何补救，这该是关心中国前途者一值得注意的问题。

（一九五一年七月四日香港《自由人报》）

九　毛泽东的悲剧

人人说中共刻意要全部改造中国史，这是不容怀疑的一件事。马克斯的唯物辩证法，本来是一套变相的形而上学，即就西方历史论，便该全部改造；何况经过列宁、史太林，已把马氏理论，大大改头换面；现在又经中共把这一套所谓马列主义硬装进中国来，试问若不把中国史全部改过，如何说得通？

让我举一个最近所见到的小小的例来说吧！两月前，有一个刚满六岁的小女孩，她跟随她老祖母由无锡到香港。我在她小书包内，发现了她在国民小学所读的两册教科书，一本是《国语》第五册，一本是《常识》第五册，这都是小学三年上期所用的书。那本《国语》，讲述到古今中外五个人物，共占了八课。第一课是毛泽东，那不用说了。随后有朱德和陶行知，那是现代的三人物。接着的是该轮到历史人物了。那便是李闯王，一连三课。最后两课是列宁和谒列宁墓。再说到那本《常识》教科书，那更有系统了。说到中国史的，最先是陈涉、吴广，其次是黄巢，再次是李闯王与张献忠，一连四课。

我们常说："一部二十四史，从何说起？"却想不到真个会从李闯王说起。从新文化运动以来，我们常说"要对已往旧历史重新估定价值"，却想不到陈、吴、黄、李一流，现在是中国史上最先值得有教育价值的历史人物。中国四千年的历史人物典型，是从陈胜到李自成；中国全部历史的文化意义，便是他们所谓的"农民革命"。今天的中共政权，便是承接这一传统，从陈胜、黄巢、李闯、张献忠而到毛泽东、朱德。这是这一政权内心清算最坦白的自我检讨之真实供状。试问这一个东方的大革命，若使要期求成功，如何不要把中国历史从头改造？但我们试再问，若使中国历史不可能从头改造，这一政权，又如何能站得住？

现在的大陆处处在努力清算、坦白、搞通思想。但活人的思想可以清算，可以迫他坦白，可以威胁他搞通；困难的是死去的人，你何法再清算他，叫他坦白，逼他搞通呢？更困难的，是死人和活人的边界划不清，头绪割不断。马列主义讲历史，主张发展到后一段便来否定前一段。但实际上，历史永远成为历史，无可否定。你若要站在某阶段来否定已往的历史，无异是让已往的历史来否定你的现阶段。史太林似乎懂得这一点，所以他依然要回到大斯拉夫主义，依然要提出苏俄伟大的民族英雄大彼得，依然要承继帝俄时代一向的向外侵略精神，依然要收复他们在东方损失的既得权益，而逼出雅尔塔协议；一切的一切，仍沿着帝俄历史路线而前进。毛泽东究竟不能承当马、恩、列、史的直接继承人，中国人的血统究竟不是大斯拉夫的血统；但毛泽东究竟也还和史太林一般，不能全部否定了中国人的已往历史而一笔不提，他一时还不能直从马、恩、列、史一线下来创出一部未来的新的中国史，那是还需要无限悠久的时间的；于是他不得不还提到中国的旧历史，于是不得不在中国的旧历史里寻出陈涉、吴广、黄巢、张献忠、李闯王来作他的历史传统，来奠定他在中国历史传统里的应有地位。让我们平心而论，李闯王是究竟抵不过列宁的。中国大陆这一代的小孩们，他们在中国已往历史人物里，只知道一个李闯王；在全世界历史人物里，只知道一个列宁；那中国人天经地义应该跟着苏维埃，应该永远做他们的卫星国，而毛泽东应该做史太林的义子儿皇帝，也就无可有争辩的余地了。

在共产极权之下，是不许有思想自由的。思想由智识而来，没有智识，自然不会有思想。只许你有一种智识，自然你也不会有那一种智识以外的另一种思想。因此要不许你有思想自由，必做到不许你有智识自由，才是彻底。人人知道共产极权赖借铁幕而存在，但这一铁幕，不仅是政治的，更主要是文化的、智识的。放进了智识的铁幕，自然同时也就是放进了思想与政治的铁幕。此刻中国大陆六岁上下的小孩子，他们对中国历史，只知道一个李闯王，充其量是李闯王同时还有张献忠，以前还有陈涉、吴广与黄巢。他们对世界历史，只知道一个列宁，充其量是列宁以下有史太林，列宁以前有马克斯。要把中国人从张献忠、李闯王发展进步到列宁、史太林，那才是毛泽东、朱德对中国民族、中国文化最伟大的抱负与贡献！

若使历史可以否定，死人可以清算，毛泽东的伟大理想，也许有成功之一日。无奈史太林不作此想，今天不在否定大斯拉夫与清算帝俄历史，而又不许毛泽东不否定中华民族，与不清算中国史；那才是毛泽东的悲剧。

他的悲剧的前影，便是他刻意从中国历史里提出来的陈涉、吴广、黄巢、张献忠与李闯王。似乎毛泽东在此上，也许有先见之明吧！

（一九五〇年十二月《中国一周》三十四期）

此文写在二十几年前。直到今天，毛泽东还在清算孔子，清算宋江，要把一部中国史彻底清算。我在二十几年前写的这篇旧文，实在仍感有一读之意义。一九七九年附志。

一〇　中国共产党和中国史

中国共产党很早便有一个伟愿，他们想把中国史从头改写，把中国史里一应人物及其作为全依照他们的见解，来重新批判其中的是非功罪。他们在延安时，早已着手来写他们的新中国史。一到他们掌握到全国政权，他们对此事更不放松，更加着紧。首先是对全国各级学校里的教科书，尤其是历史教科书，都得通体改造。而担任那些课程的教师们，也得认真学习，把他们从前的一些知识和见解痛快洗涤，彻底翻新。这是他们绝大的一个计划，绝重要的一番抱负，决不是可以等闲看过，儿戏视之的。

不错，中国史应该从头改写，中国历史上一应人物作为的是非功罪，应该重新批判，重新估量。你若真个搞通了马、恩、列、史、毛一套的思想，你若真个懂得一面倒，你自然也了解他们来改写中国历史的用心和其重大的涵义。我试本着他们的立场，来和你稍微谈一些中国史，谈一些中国史上人物作为之是非功罪。我想中国史上第一个值得我们推尊颂扬的大皇帝，首先应该轮到秦始皇。因为秦始皇懂得用政治来统制思想，他能焚书坑儒。但秦始皇依然不够伟大，因为秦始皇目空一切，他还不懂得向外国皇帝靠拢学习，他还不懂得一面倒；他想关起大门，做中国的大皇帝；这是秦始皇之不够伟大处。

中国史上第二个值得我们推尊颂扬的大皇帝，我想应该轮到石敬瑭。石敬瑭才始了解到一面倒的建国方略，他能拜耶律阿保机为亲爸爸，他能在耶律阿保机马前下跪，接受“儿皇帝”的宝号。但石敬瑭也复依然不够伟大。何以故？石敬瑭本身是一个外国佬，他以外国佬的身份在中国做皇帝，来尊奉另一个外国皇帝作他的干父亲，作他后台的保镖者，这是他不够伟大之第一点。若使石敬瑭本身是一个中国人，而肯拜认外国父皇称子称臣，那才是更伟大的象征。第二点，石敬瑭之不够伟大，在于石敬瑭仅知一面倒，而不懂得思想统制。秦始皇伟大在这一边，而石敬瑭则伟大在那一边。他们各只能伟大到一偏一侧上。

中国史上第三第四个值得我们推尊颂扬的大皇帝，我想应该轮到黄巢和李自成。他们是农民革命的倡导者，他们开始懂得清算斗争，由恐怖大屠杀、大流血的场面下获登皇帝之宝座；这是他们俩较秦始皇、石敬瑭之伟大处。但他们俩仍还不够伟大。何以故？他们俩似乎全不懂得思想统制，又不懂得一面倒。这且不说。他们俩只能在未登宝座以前来屠杀千万亿兆的人民大众，他们俩来不及在既登宝座以后来饿死千万亿兆的人民大众；这该是他们俩的终身憾事，这也是他们俩之不够伟大处。

现在临到中国史之新页了。中国出现了一个毛泽东，他将集秦始皇、石敬瑭、黄巢、李自成之大成。他将兼有他们之伟大而再超越。他开始以黄巢、李自成的姿态出场，恐怖、大屠杀、大流血、清算斗争，而获登宝座；接着是二十世纪新型的焚书坑儒，无所不极地用他的政权来钳制思想，摧残教育；再接着是他的新经济政策，国外封锁，国内敲剥，第一年便是八百万乃至八千万的劳苦人民大众在大饥荒的边缘挣扎而牺牲。他负起改写中国史的重任。以往的秦始皇、石敬瑭、黄巢、李自成，在已往的中国史上，全是些失败者。或及身而败，或身死即败。他将不再是一个失败者，他将在唯物历史哲学的辩证的必然理论下而成功。以往的秦始皇、石敬瑭、黄巢、李自成，全是些被咒骂者。他将不再被咒骂，而开始被歌颂。在一面倒在人民民主专政的重压下而被歌颂。由他的被歌颂而歌颂到秦始皇、石敬瑭、黄巢、李自成。由他的成功，而秦始皇、石敬瑭、黄巢、李自成，在旧历史里翻身。秦始皇、石敬瑭、黄巢、李自成虽在已往中国旧历史里失败了，在当前改写的中国新历史里，却同样地成功了。明白言之，秦始皇、石敬瑭、黄巢、李自成之成功，并不是他们自身之成功。秦始皇、石敬瑭、黄巢、李自成之被歌颂，并不是他们自身之被歌颂。他们全将由于今天负起改写中国新历史者毛泽东之成功而成功，毛泽东之被歌颂而被歌颂。他们之伟大全将由毛泽东之伟大而伟大。再明白言之，中国旧历史之改写，也全将由毛泽东之伟大、之成功、之被歌颂而改写。

你若问：毛泽东何以能如此般伟大，如此般成功而被歌颂，如此般由其一手而轻轻便能改写了中国传统五千年的旧历史？你若提出如上的问题，我请你先去搞通马、恩、列、史一套的思想，我请你去学习苏维埃的革命史。我明白告诉你，毛泽东实也仍不够伟大。他是依照着马、恩、列、史的一套思想而伟大。毛泽东实也并未能成功，并未在被歌颂。成功而被歌颂的，只是马、恩、列、史的一套思想与人物。毛泽东也不能来改写中国史，改写中国史的只是马、恩、列、史以及苏维埃。在毛泽东的伟大之成功与被歌颂的将来，也不会有新的中国史出现，能出现的只是一部翻版的俄国史。改写中国史的工作，只是把俄国史来涂灭了旧的中国史；旧的中国史涂灭了，再把新的翻版的俄国史来冒牌伪装顶替而勉强呼之曰新中国史。然而在毛泽东手里，若果真能完成这一番奇怪的工作，也就够得伟大，够得成功，够得被歌颂的了。

不过历史究竟是一种客观的存在，它有它的力量，有它的作用。我们只能说：由中国五千年来的历史，形成了今天中国四亿五千万国民的心理。中国共产党凭其一时的幻想，要来扭转歪曲中国当前四亿五千万国民的心理，那不是一件轻易随便的事。若要凭中国共产党一时的幻想来从头改造中国旧历史，那岂止是愚公移山，精卫填海！然而无论如何，毛泽东已经成为中国史上的一个人物，他将与秦始皇、石敬瑭、黄巢、李自成一体写进中国史，他将由中国史来批判、来衡量其作为的是非功罪。这一层，毛泽东和中国共产党似乎也懂得。因此他们不得不先下手为强，趁他们及身得意的时候来赶紧改写中国史。这无异在告诉我们，一部中国史已经在无形中用一种重重的压力压在他们的心头，使他们不得不如此干。这里便是中国共产党和毛泽东的前途的一片绝望的悲哀。

让我告诉他一个极平常极浅易的道理：你尽可向活人清算，你尽可向活人斗争；但你千万不要清算到死人身上，向死人去斗争。活人向死人清算，向死人斗争，是绝不会成功的。现在的中国共产党已经清算到中国以往五千年来的死人群中去，已经在向中国五千年来的无量数的死人作斗争；那可白日见鬼，有力无使处，非至大祸临头，是决不会有别的下场的。

一一　中国共产党与万里长城

我常说中国共产党虽说信仰的是“唯物史观”，但他们比较起国民党来，更能多注意在精神的心理的方面。他们似乎能了解精神的心理的力量远超在物质力量之上。因此他们能不顾一切外面物质条件，悍然向他们内心所想望的一个目标而趋赴。他们可以放松在物质方面对他们的妨碍，但在精神方面思想观念方面，却绝不通融，绝不懈弛，他们肯无微不至地用心来克服来解消外面对他们的一切内心方面的敌对和武装。法新社、美联社旧金山十九日电，转述北京中共广播，报告他们最近正在拆除万里长城，这是很好的可以作为我上述观点之一个证明。

远从战国时代起，秦、赵、魏、燕四国，各自为防御他们北方蛮族之侵入而修筑的边城，到秦始皇帝统一六国，再把它连接添修，遂有中国历史上有名的所谓“万里长城”。此后两汉、北魏、隋唐直到明代，历有兴缮。万里长城在中国历史里的国防价值上，是古今无匹的。只有清代，他们本是长城外的异族，踏进长城来，占领了中国，那时内外蒙古，也做了满清忠顺的外藩，因此满清政府，比较没有注意到长城之兴修。到晚清道光年间，龚自珍漫游居庸关，看见关防年久失修，不为朝野所注意，他还曾为此写了一篇文章，隐隐地发露了他的一腔幽忧与无限感慨。民国“九一八”以后，从山海关到居庸关的一段，还曾在中国国防史上尽了它最近的一些责任。总而言之，中国自先秦以来，至今两千几百年中间，对这长城只有不断兴缮，最多是任其颓毁，却没有立意来拆除的，有之，是今天的中国共产党。中国共产党只就此一件事而论，便是中国历史上破天荒的一番大革命，直是惊天动地，值得大书而特书的。

据中国共产党自己的广播：说长城堪被认为建筑材料的无尽资源，他们拆除长城所得的材料，首批已运抵北平天津充建设之用。粗看，中国共产党拆除长城，是为他们利用长城砖石来充其庞大城市建设的一种唯物的打算，但我想这恐不那么简单。若专在物质经济上划算，拆卸运输所化的工力，和所得的一批砖瓦，两相抵消，是没有多大利益的。我想共产党这一伟业，依然是他们一贯的作风，他们拆除长城，是存心作为对中国全国人民实施一门精神教育与心理革命的深微而刻至的课程用的。

中国共产党的立国精神，是主张一面倒的，他们一面倒的目标，正是在古长城之外面。万里长城是中国历史中国民族精神一个最伟大最有力的象征，象征着中国民族爱护邦土，爱护自己传统文化，累积几千年，不断地屹立在中国的国防在线，是用中国民族自古相传的千万亿兆的血肉来堆垛来凝固的一条民族界线。中国共产党今日所首先要拆除的，便是这一条民族防线，便是这一条文化防线，便是这一条精神防线。所以毫不留情，毫不客气地要请中国那条万里长城的一块块砖石，都进集中营，要它们学习毛泽东思想，要清算它们两千几百年来的顽固落伍的民族观念，要它们卸除精神武装，要它们坦白，要它们一面倒，倒向新中国的主子无产阶级的祖国的怀抱里去。万里长城却是一份祖传遗产，是一份中国民族精神上的无上产业，是中国历史传统里最具体的一个结晶品。保留万里长城，无异是保留中国史，无异是保留中国民族之精神武装，无异是保留中国民族之文化遗产，要学习毛泽东思想，这些绝对不该保留。这是中国共产党向中国民族中国历史正面树起革命大旗的唯心的作风下必然应有的一番举措。

只有共产党才知道，万里长城一块块的砖石，都是中国老百姓们一颗颗爱邦土爱民族的心的表示，才有这一块块的砖石输送到边塞去，而堆垛起来。现在是再要中国老百姓们一块块把它们拆卸，把它们输送回来，从拆除长城来拆除中国老百姓们历古相传的那颗爱邦土爱民族的心，来转向到毛泽东思想，来破除国防，来一面倒向无产阶级的祖国，来向世界其他爱邦土，爱民族传统，爱历史文化的人们再清算，再斗争。所以说，这是中国共产党对中国民族的一课严正而深刻的教育。唯心主义的精神教育。

从前南朝宋代，杀了一个边防宿将檀道济。檀道济临死愤慨地说："你们在自坏长城。"不错，照目前中国共产党的理论和用心来说，凡属中国现在的檀道济们全该杀。不过杀来不用刀，不见血，只要使檀道济也进人民大学，学习马列主义，学习毛泽东思想，使檀道济也坦白，也回身一面倒，而现在的万里长城却必须坏，万里长城不坏，收容不尽那么多的檀道济。万里长城拆除了，檀道济自然绝迹，这一门精神课题，中国共产党是深切了解的。现在局促海岛的台湾"国民政府"，却相反地正在想从海上重新建筑起一道长城来。他们单注意在军舰和飞机的数字上，他们单注意在美援上，我一向说他们是地道的"唯物"主义者之忠实信徒。我劝他们也来虚心学习毛泽东思想，不要误认毛泽东思想是真个唯物的。我劝他们也分些精力趁此机会旁听中国共产党的这一门寓意深远的新课程。若台湾"国民政府"也能懂得中国共产党为何要在此百忙中来开始从事于拆除万里长城的艰巨工程，则他们自然也会懂得如何地开始来建筑新长城的下手处了。

我为万里长城回念中国史，回念中国人的民族精神，回念中国传统文化精神防线之坚强与悠久。我为中国共产党之拆除万里长城，赞叹毛泽东思想之"唯心"主义的深刻与周到。我为中国共产党拆除万里长城，又回念到台湾"国民政府"一队队飞机一批批军舰之无能的脆弱。我为中国历古相传的万里长城之一块块被拆除的砖石，又不禁回念到中国五千年来庞大建国史上的无尽之资源。

（一九五〇年香港《华侨日报》三月二十三日专论，四月《民主评论》第二十期转载。）

一二　极权政治与自由教育

人类所以需要有教育，不仅为的是传授智识与训练技能，更要的，该是为的真理之探讨。而探讨真理，则绝对必须容许思想之自由。

人类探讨真理所经历的路程，那是极曲折，极艰辛，又极漫长，而似乎必然将无止境的再向前。已往人类对于宇宙人生一切真理之逐步发现，都由于历久积累与不断改进，而始有今日之成就。但我们依然相信，人类前途，有其继续演进的永久的将来。我们决不会承认，目前人类，已把握到宇宙人生的一切真理。同时，我们也不会承认，目前人类已然获得了关于宇宙人生的若干真理，乃是某一时期某一人之独特智慧之成果，而可无待于人类长时期多方面的智慧之共同参加其工作。而且我们也决不会承认，目前为我们所共同认为是真理的，再不会经后代人之改进或变动。

因此，如何来鼓励和指导后一代的青年们，继续探讨宇宙人生一切真理，这是人类教育上一项至高无上的使命。

就教育论，一项真理，必将首先得承认，即是人类后一代的智慧能力，决不会一定不如前一代。换言之，当前受教育的青年们，他们的智慧能力，在其将来之所能成就，决不会一定不如对之施教育的成年们。中国最大教育家孔子早说过："后生可畏，焉知来者之不如今？"唐代韩愈的《师说》里也曾说："弟子不必不如师，师不必贤于弟子。"这本是一项浅近易明的真理。而此项真理，实为主持教育事业者最先应该承认的。若我们对此一项真理不承认，则人类将来，将不会再有所进步，而教育仅为人类保持一现状。而且这一现状，决然会随着一代一代逐步堕落与降退。这决不是人类文化历史演进的真相，也决不是人类教育的理想与意义。

根据上述，所以人类教育，必该是民主的，又必该是自由的。

何以说人类教育必该是民主的？这因人类直到今天，对于宇宙人生各项真理，就其已发现者言，其间尚有许多的异见。在我们，实不能确切决定谁获得了真理之正面，谁获得了真理之全部。而且我们又不能确切决定今后的人类，直到无穷将来，再不能对我们今天所认为是真理的，有所改进与变动。因此，我们在教育上，传授真理，也只能如传授知识般，只好把我们今天所自认为真理的，乃至与我们抱相异见的，同样当作一项知识来传授。我们该让向我们来受教的青年们知道，所谓的一切真理，还有待于今后继续的探讨，还待于他们的智慧与能力之参加工作。这即是教育上的一种民主精神。

何以说人类教育必该是自由的？因真理必然是自明的。无论我们确切认为是一项不疑的真理，但若要求别人之承认，便得静待此项真理在其人之内心发生一番自明的现象。因此，我们要把我们所自认的真理，当作一项知识来传授，我们又得传授我们自己如何明白得这一番真理的经过。如是则传授知识也等于是训练技能般，该把我们如何获得此项真理之方法与由来，同样传授人。而最后，则只有静待别人受教者之内心自明来接受。故传授知识与训练技能两项教育工作，其最高综合，仍归宿到探讨真理的一项目。

直到今天，人类还不能违反上述的这项教育真理。而不幸，竟有几许掌握极权政治老不放手的野心家，居然敢于公然来违反；这即是今天在苏俄与中共统治下的所谓教育了。

他们好像说，人类一切真理，只有给马克斯一人发现了。在马克斯以前，谁也不曾发现得真理。换言之，在马克斯以前，人类文化历史上一切所说的真理，全非真理。然则马克斯又如何独自突然地发现了真理呢？这且暂不论。他们又好像说，从马克斯以后，一切人类直到无穷将来，将再不能出一个等于马克斯的人，更不论是超于马克斯的人。因此他们也不许有一个人的思想异于马克斯。人类真理则只有马克斯一家，人类思想则只有依照着马克斯那么想。因此一切教育，有关于探讨真理这一项，则只有归宗到马克斯。

若在某一人的脑子里，藏有一些异于马克斯的思想，他们便用一套洗脑方法把你那一套异于马克斯的思想先洗涤干净，再把马克斯思想来灌输。

若在那一人的脑子里，洗又洗不净，灌又灌不透，那一人便是一个反动者，那是对马克斯思想的反动，那一人便没有再在此世界生存的权利。那是一种不民主而无自由的极权的教育。

但我们禁不住要问，马克斯同样是一个人，他的那套思想，又是如何而来的呢？马克斯学哲学，必曾读过黑格尔的书，为何我们再不读黑格尔？马克斯学经济，必曾读过亚当司密斯的书，为何我们不许读亚当司密斯？马克斯必曾读过耶稣《圣经》，为何我们再不许读耶稣的《圣经》？马克斯必曾学过异于马克斯的，而再来他自己的一套；为何我们再不许也学些异于马克斯，而也有我们自己的一套呢？

而且人类中间出生了一个马克斯，便抹杀了在他以前的一切人，这且不说了。又须抹杀在他以后的一切人，直到人类的无穷将来，我们都无端地断定了，此后人类再不能另生一个胜过于马克斯的人，而且也不能再生一个相等于马克斯的人。试问这项断定，是不是真理？而且我们纵然崇拜马克斯，若果遍读马克斯的书，在马克斯本人，实在并没有明白主张过这真理。然则又是谁在主张这真理呢？

史太林和毛泽东，似乎在主张这真理。那么，在马克斯以后，岂不还有人在继续发现马克斯本人当时所未经发现的真理吗？既如此，史太林、毛泽东，也同样是个人，他们能在马克斯以后，发现马克斯本人当时所未经发现的新真理，为何其他别人便绝对地不能呢？

若使我们承认了，在马克斯之后，还有人能继续发现马克斯当时所未经发现的真理；则我们的教育，还该再回到民主和自由的路上去。

教育事业的对象是青年，必得尊重青年，才算尊重了教育。青年为何该尊重？因青年代表着人类之下一代。我们必得信仰，人类之下一代，可能胜过于人类之上一代。我们至少该希望，人类之下一代，可能不低劣于人类之这一代。至少能相等于人类之这一代。如是而教育事业才始有其意义与价值。如此则我们又要问：纵然我们是崇拜马克斯，信仰马克斯，而我们凭何真理来压低我们的下一代，即来向我们受教的青年们，硬认为在其中，绝对没有一人该异于马克斯，能胜过马克斯，而必须让他们经受那种洗脑的教育呢？而且我们又得问：马克斯在当时，因于他主张了一番和他以前及和他同时人所不同的思想和理论，而我们今天，在崇拜他，信仰他，尊之若圣人；但又为何不许我们这一代的青年，也如马克斯当时一般，来探讨他们内心自发所认为的真理；而必然只许他们尊奉马克斯，否则便是反动，连他们在这一时代要求生存的权利而都该剥夺呢？

让我们再退一步讲，人类真理只有此一家，即是马克斯所主张的。但时代是不同了，马克斯生存的时代已过去，我们生存在和马克斯不同的时代，如是则马克斯的思想至少总该有一番新发挥，一番新解释。但人同样是个人，谁该来发挥、解释这不同时代的马克斯真理，而具体应用到这一时代呢？所不幸的，在苏俄以前只是列宁和史太林，现在该轮到马林可夫了！而在中国大陆，则只是毛泽东。我们且再问：列、史、马、毛几位和别人之间的不同，究竟在哪里呢？岂不是因于他们掌握了一个政权吗？但政权不即代表了真理。一个政权的领袖，不即是真理的发现者，也不即是真理的判定者。若把政权代替了真理，真理可当政权之奴役，那便是我们所谓的极权。在极权政治之下，是不许有真理，也不许有教育的。在极权政治之下的所谓真理与教育，只是掌握此种极权政治者所运使的一种骗人的工具；而一般受教育的青年们，则命定为运使此种工具所必然应有的牺牲。

人生真理中，有时也得有牺牲。但我们必该强调下面这一点，即只该由于其人之自动，即出于他之自愿而牺牲。不该单凭任何一方之自认为真理，而强对方作牺牲。即或多数方面认为是真理，也不该强少数方面作牺牲。根据人类文化历史悠长的演进，探讨真理，是何等地曲折而艰辛的一条漫长的路程；尽有时，多数方面未必是，少数方面未必非。而且真理必该是自明的，因此谁也不该凭他所谓的真理来逼迫不认此真理者作牺牲。若凭真理逼人作牺牲，那他所凭的真理，早变成了强权。逼人作牺牲尚不该，而况是骗人作牺牲呢？极权政治是逼人作牺牲的大凶手。极权政治下的教育，则是一个诳人的大骗局。

为多数牺牲少数，若果出于少数人之自愿与自动，这还是可认许的。但人生真理中，绝无为着目前现实而牺牲将来的真理。真理探讨，在人生工作上，是一无穷的；试问将来哪能自动自愿的为目前作牺牲呢？青年则代表着下一代，代表着将来。若我们专对目前现实的利害打算上，认为是真理了，我们硬想把这项真理，十足灌输给青年，甚至把青年的头脑，也装进铁幕中；不仅把人的思想封闭进铁幕，连人的见闻视听也封闭进铁幕，不许他们接触到在我们所认为是真理以外的一切探讨真理的思想和言论，又不许他们有自由思想和自由选择之余地，更不希望他们有自由创见与自由怀疑之可能。把代表着下一代的青年们所应有的自由探讨真理的热忱和勇气打消了，把他们所能有的自由探讨真理的智慧和聪明窒塞了。如是则真理将成为一死局。人类直到无穷的将来，只要依照这样的一种教育法，将使此后人类永远不会再发见新真理。只要是违反了自由主义的教育，其结果必然会如此，必然会扼杀了真理的生命。真理扼杀，则人类将永远无前途，那不是为了目前而牺牲将来吗？然而我们的目前是短暂的，人生决不能片刻停止在目前，有将来才始有目前之存在。因此，牺牲将来来照顾目前，决不能成为人生一真理。

而且不许有自由思想的教育，在其立场上，早已抹杀了受教育者的尊严。他们绝不为受教育者留一或许能超出于其所受教者之余地。人类因于出了一个圣哲如马克斯，而永远把真理的再发见斩绝了。如是般的教育，辗转相受，只有一代不如一代地后退。人类的将来若果是无穷的，试问这样一种的教育，是否也会随人类之无穷而无穷呢？若果这样的教育，真能随人类之无穷而持续，试问那时的人类，将会堕落到怎样一个情状呢？而这一类的问题，则为当前的极权主义者所绝对不顾虑。

因此我们说，扼杀了青年的自由思想，即是扼杀了下一代的人生探讨真理的道路；扼杀了下一代探讨真理的道路，即是扼杀了下一代的人生；而这一代的人生便成为短命，将无前途可言，亦即无存在可言。

然而，青年们的内心，则永远是纯洁的。青年对真理的向往，则永远是热忱而具有勇气的。青年们若得为真理而努力，他们是永远慷慨，永远无所顾忌的。目前青年们所面对的现实，不容掩饰，有许多的混乱、错误，甚至是黑暗与罪恶。人类距离到达全部真理的光明境界，还是如此其遥远。而不幸竟来了一批出卖廉价真理的伪善者、狂热者。在他们认为，宇宙人生一切真理，已全给一位圣者无遗漏地指出了；而且是独特无二，只此一家，已包揽了宇宙人生一切最高而无误的真理。虽经那位圣哲之发现，却还待于后人之证实；为要证实该项真理之必然是真理，必然是独特无二、包揽无遗的真理，则有需于我们之努力与牺牲。青年们经不起这批伪善者与狂热者之麻醉与煽惑，尽有勇往直前来为这个圣洁的任务作牺牲、供驱遣的。这正是人类青年之可爱处，而也正是这些伪善者与狂热者之罪大恶极处。

说到这里，我们得回就自由教育一面再说几句话。本来为人类继续探讨真理，是教育最大的宗旨。惟其探讨真理，是如此般一条曲折而艰辛而漫长的路程，因此不得不尽量提倡自由思想，把这项工作，直放远到人类无穷之将来。又不幸而在自由主义的教育之下，有些人，则把探讨真理的最大宗旨，其先或许为的是慎审，而终于搁置一旁，而忽略了，遗忘了；陷于目光短浅，专注意在传授智识与训练技能的两个项目上；如是则不免成为专为职业功利智识技能而教育。这样的教育，实在经不起伪善者与狂热者之敌对与挑战，而况还有一套极权政治在后面作全力的支持与胁逼。这真是当前人类文化一绝大的危机。然而我们在教育上，还是不能放弃自由的精神。人类探讨真理的路程，尽曲折，尽艰辛，尽是漫长无止境，我们还得尽我们的耐心与坚忍，来挽回此狂潮。这真是当前站在自由教育阵在线的人，一个艰巨而决不该逃避的大责任。

我们该知道，当前所面对着的是一个人类探讨真理的态度和路向的大斗争。离开了探讨真理，一切智识传授和技能训练，将无法在此项斗争中获胜利。而在我们手里，此刻还没有一个十分无疑问的绝对共信的真理；而一切混乱错误黑暗罪恶，正又在四围迫促着我们，非向探讨真理的路程上急速迈进不可。否则那些伪善者、狂热者，将依然有他们一套的引诱与煽惑，依然不断来向我们挑战。纵然说他们的那一套，决然非真理；而在他们口里，确是高呼着真理；而在他们心里，也有些人是真认为是真理的。我们若不能在真理上有真探讨，仅在传授智识与训练技能上认为已尽了教育之事，则将会供给那批掌握极权政治的野心家们以不断的大批牺牲品，来自愿供献上他们的神台，来作扼杀人类下一代走向真理道路的血祭。这真是当前关系人类文化进展前途一个大问题。我们不得不诚恳希望站在自由教育阵线方面的教育家们，来更深刻地注意这问题。

（一九五四年十一月《今日世界》八十一期）

一三　历史与时代

一

历史是永恒的，时代是刹那的。由刹那积成永恒，在永恒中包涵了刹那。

历史是一个“常”，时代是一个“变”。由积变中见有常，在历史的常之中包涵了各时代之变。历史由积变而成，若时代终有不变，则不见有历史。然历史也不仅有变，若仅有变而变中更无一不变之常，亦不见有历史。故历史有变亦有常，有常亦有变。常与变同时而俱存，一相而两显。而史学则为一种“由变见常、由常识变”之学，单看历史中某一个时代之变，不仅不见常，亦不见有变，所见只是一现实。现实固无不变，若专就其变处看，则时代短暂成刹那，而现实恍惚成幻灭。故专凭历史中某一时代之变，将无法认识历史之常。惟有在积各时代之变而形成的历史之常的中间，却可以叫人明了各时代之变之内在意义乃及其所以然。

因此我们该从历史来了解时代，不该从时代来估量历史。

让我们具体地说：若你单凭最近四十年来中国时代之变，你决无从判断四千年来之中国历史。但你在四千年来中国历史之不断演变中，却可帮助你了解最近四十年的新中国。

同样的理由，你不该单凭一百年或两百年来的世界演变来推测从头的世界史，但你可从整部的世界史之不断演变中来更明了最近一百年或两百年的新时代。

二

何以说不该凭时代来估量历史呢？

无变不成历史，治史学者首贵识有变。然变的因素则极复杂、极错综，从多方面错综复杂的相互关系中引生出各时代种种之变。变之来临，因其极复杂、极错综，由多方面的关系所促成，遂不易为囿于某一时代之某一方面、某一角度之短暂与褊狭的理解所把捉，于是遂只有求助于史学。

历史由积变而成，在此积变中自成条贯，自有系统。此种积变中之条贯与系统，用近代人术语说，当即称之为“文化”。文化乃超时代而存在者。时代是现实的，而超时代者则是精神的。精神并不能脱离现实而存在，但亦不为现实所拘缚。精神乃贯串于现实之中，包络于现实之外，超越于各时代现实之不断之变之上，深浸于各时代现实之不断之变之里，而见其有一种条贯与系统。无以名之，姑名之曰“精神”。此一时代之现实，可以大异于前一时代之现实；而此一时代之精神，则仍将无以大异于前一时代之精神。故现实乃刹那性者，而精神则是永恒性者。凡属历史必具有某种精神之存在。

由于历史精神之潜存力量，而始有历史上时代精神之出现。由于有新的时代精神，而始有历史上真的时代之变。由于积累各时代之变之内在精神之自有其条贯与系统，而我们指称之为是文化。

我们该从历史来认识此种文化精神之内在潜力。一切时代之变，其背后则必有此种文化精神之内在潜力在操纵，在主宰。

三

斯宾诺莎说："人类应以永恒的目光来观察过去之世变。"此言诚是。然试问此永恒目光，何由得之？斯宾诺莎乃一泛神论者。彼之所谓永恒，殆归属于上帝，于神。吾侪之所谓永恒，则将归属于人类，归属于人类之历史与文化。

吾侪当转换斯宾诺莎的口气的语法，我侪当谓："人类应从过去世变中来寻求、来获得其永恒的眼光。"

永恒是一种真理，永恒是一种精神，永恒亦是一种力量。此种真理与精神与力量，引生出种种时代之变；而此种真理与精神与力量，则不源于上帝与神，而源于人类历史所积累形成之文化潜力。

时代变了，时代的现实变了，历史将随而变，但已往的历史则不可变。由必不可变的已往历史，进入必不可不变的时代现实，而于是有新时代、有新历史、有新精神、有新力量。

若仅有一不可不变之时代现实，而更无一不可变的历史精神，则人生将只有刹那，不复有永恒。刹那刹那变灭，将只见为虚幻，不见为真实；只见有转化，不见有生长；只见有命运，不见有人生。

人生脱离不了命运，但命运不就是人生。因命运变幻无常，而人生则始终一贯。

命运积累不成为历史。必于命运中投进生命之努力，而始有历史。所谓历史精神者，即由此一贯的生命力量投进不断变幻的命运中而造成。

因此，历史是奋斗的，历史是前进的。然若昧却历史的潜存力量，忽视了历史的传统精神，即历史积变中的条贯与系统，则时代现实永远是一个变；将不见有奋斗，不见有前进，不见有力量，不见有永恒。此种变则必然是刹那的、是幻灭的。至多则是一种自然的变，而不是人类历史之变。

四

小孩新生，他只知有现实，不知有历史。堕瓦击头，放声大哭，成为他当前莫大的刺激与打击。年事日长，经验日增，历史的认识亦渐增强，对于堕瓦击头一类偶然意外的事变，将决不如幼年时之易受激动。他自知如何来应付。

婴孩的生命，局限于一分一秒之现实刺激。少年生命是逐步增长了，他将以日计，不复以分秒计。一日之得失忧乐，超越了他从前一分一秒之得失忧乐。成年人以年计。在历史文化中生活的人，将以时代计。一百年几十年的得失忧乐，代替了他以前一年一日一分一秒之得失忧乐。

没有历史文化意识的人生，是婴孩的人生，是未成年的人生。他的得失忧乐将限于当前，限于现实；他将永远为命运所支配。在急剧转变的时代中，他将无法获得其奋斗向前所应有之潜力。此种潜力，则必于历史文化之陶冶中获取。

五

在历史上有所谓革命的大时代。但一切革命，全都是凭借历史潜存力量来革时代现实之命，全都是凭借历史永恒真理来革时代环境之命；断没有凭借时代现实转回头来可以革历史文化的潜存力量与永恒真理之命者。只有永恒可以转变刹那，刹那转变不过永恒。离去永恒之刹那，则是幻灭。离去历史的时代，亦同样是幻灭。

时代现实在长时期的历史转变中，只是一刹那。不要把我们的心灵局限于当前刹那之感受中，我们该从历史的永恒中汲取我们的信心与勇气。当前的不调和，有待我们来解决。当前的坑堑，有待我们来跨越。当前的祸难，有待我们来克服。我们在历史上的任务，是把刹那消融到永恒中去。刹那融进永恒，才有此刹那之存在；否则刹那只是刹那，只是幻灭而已。时代须融进入历史，始有此时代之存在；否则时代只是时代，时代亦只是幻灭而已。

你千万莫谓凭借当前的时代，可以推翻已往的历史。人人有一个当时的时代，若时代可以推翻历史，已往的历史，早经推翻，不待到我们的一时代。

每一时代，只能延续历史，在历史的不断进程中，继续加入创新与完成的工作。对已往历史模糊与轻蔑的时代，那必是一黑暗悲凉的时代。刻意要对已往历史革命的时代，那必是一狂妄与痛苦的时代。

革命的真对象是时代，不是历史。革命的真力量，从历史文化的潜存传统来，不从时代当前违反历史的短暂现实中来。那是历史真理，亦是革命真理。

六

因此，时代革命是真革命，历史力量是真力量。只有运用真力量，才能完成真革命。

对历史革命，是一种不可能的伪革命；限于某一时代的力量，是一种短暂而不可恃的假力量；运用不可恃的假力量，来求完成一种不可能的伪革命，将见其无往而不败。

唯物辩证法，着眼当前现实，来否定历史传统；如此则历史将不因时代而持续，历史将转为时代所否定。

时代否定了历史，将成为一种短命的时代。刹那否定了永恒，将成为一种无意义的刹那。否定以前，即无异幻灭了现在。否定复否定，幻灭复幻灭，积不出一永恒来。

历史的永恒中，可以包含革命与否定。把历史作为革命对象，把历史当作否定的前阶段，将连革命与否定亦不存在。

一切存在者始得是历史，一切存在必得在历史中存在，始是真存在。

历史无可否定，唯物辩证法的历史观，却是一部否定又否定的历史观。此乃刹那幻灭的历史观。

故否定历史，决然是假革命，而非真革命。

我们应该有勇气来接受对时代革命之真要求，但我们不该接受对历史革命的伪观念。

（一九五〇年十二月十七日《新生报》）

一四　历史会重演吗

历史会重演吗？这是近代人常爱提起的一问题。从粗浅的一面看，历史是人造的，新人换旧人，这一代的人，早不是前一代的人；而且这一刻的我，也早不是前一刻的我；人的生命一去不留，再不复返，历史哪能重演？秦始皇死了，再不会有一个秦始皇；汉武帝死了，再不会出一个汉武帝。

但我们若从深处细处看，历史是永存不灭的。譬如是前一时期的生命，依然保留在后一时期的生命中，有它影响与作用。生命虽是一去不返，但同时又是永存不灭。我们必得同时把握此两种意义，才能明了得历史的真相。

试举台湾为例。日本人占据台湾经过了五十年之久，台湾重归祖国；日本人占据台湾，已变成历史陈迹了。但若不明白日本人五十年占据台湾的历史，亦将不会明白今天台湾之现况。今天的台湾，有许多是日本人占据台湾五十年来历史的陈迹。例如房屋建筑、道路交通、农田水利、工矿实业、教育措施、社会风俗、人情习惯、观念思想，处处是日本人占据五十年来的历史，同时即是今天台湾的现况。可见历史即是现实，现实即是历史。不懂得历史，将不懂得现实。不懂得现实，亦将不懂得历史。

再举一浅例。天天看报纸，每一条新闻，都是最近当前的现况，但同时也就有已往的历史，这两者不可划开。试把你所知道的一切已往历史全部忘却，譬如是一位火星中的旅客，初次漫游到这地球来；纵能认识新闻纸上的每一个字，纵能了解新闻纸上每一句的文法条例，亦将完全不明白那些新闻是在讲什么；所讲的内容，究竟有什么意义。

同此设想，你若在清晨醒来，生命依然活着，记忆却全部遗忘了，你将不认识你的父母、妻室、子女，将不知道这是你的家庭，连你的名字也忘了；已往的一切全不记忆，你将不知你自己究竟是一个什么。走出大门，将不知道在如何一个社会中，将不懂得什么是你的国家，什么是你的世界。换言之，你将不懂得什么是你的生命。

我们若懂得这一个道理，可见历史便是生命，生命便是历史。失去已往历史的知识便是失去了现实当前生命的知识。生命好像天天往新的路上跑，永远向前；但生命却是挟带着旧的一切而新生，挟带着一些过去而向未来。若把旧的一切全抛了，那是死灭，死灭并不就是新。若把过去一切全抹杀了，那是虚无，虚无并不就是新。把历史一笔勾销，即无异把生命斩截了，哪里能勾销了历史而希望得一个新生命之理？

日本人把台湾回交中国，便把他们五十年来占据台湾的历史同时也全移交与中国了。中国人接收台湾，便把日本人五十年来占据台湾的历史也全部接收了。不接收这一段历史，无法接收台湾；要接收台湾，便得把它已往历史全部接收。惟其历史永存不灭，所以历史才不可能重演。若我们能把日本人占据台湾五十年来的历史拒绝承认，一笔勾销了，我们自可重演前清光绪乙未年《马关条约》割让台湾以前之旧历史；但那岂不是笑话？岂不是梦呓？

可怜我们这一代的中国人，连这一些浅显易明的道理也胡涂了。只想向新，便把旧的全丢了。只想向前，恨不得把已往的一刀两断。我们要担当复兴中国，要把中国创造成一个崭新的新中国，却先把中国旧历史全忘了。譬如你想刻意把你创造出一个新生命，便先决心把你的旧生命从全部意识中驱逐净尽；那非变白痴，非变疯狂，又能变成个什么呢？

今天的中国人，知道中国已往历史的太少了。一个家庭中，无端跑来许多生客，男的女的，老的小的，一堆堆，七嘴八舌；他们全无历史关系，却想组织新家庭，那是断不可能的事。即使临时勉强组织成，也决非理想幸福的家庭。这是人人易知的。现在是好好一个家庭，父母不承认子女，子女不承认父母，丈夫不承认妻子，妻子不承认丈夫，把已往家庭历史全推翻；那是一个白痴集团，一个疯狂集团，决不可能成为一个理想幸福的新家庭。

家如此，国更如此。难道在人人脑中把国家旧历史毁灭，把国家旧历史改换，便能随心所欲创造出一个新国家吗？

新国家一定从旧历史中产生，正如新生命一定从旧记忆中建立一般。你必须了解得现在，才能希望到将来。但你求了解现在，千万不该忽略了过去。否则这一代早已不是前一代，历史又断不会重演，死人早都死了，我们好好活着的人，来理会已往几十百年死人的事干什么？岂不是历史知识该从人类知识中连根拔去么？

一五　物与心与历史

只要在人文圈子之内的，一切由“心”决定了“物”，不可能由“物”来决定“心”。

让我举几个浅显的例：如衣服，若使人无求温暖心、求轻软心、求华丽庄严雅观心，天地间纵有麻、丝、棉、毛，也不会有衣服。衣服之质料、式样、颜色，一切由人心之欲望、智慧、趣味，改造自然物而来。

又如建筑，若使人无求安居心、无求舒适心、无宗教心、无艺术心，天地间纵有泥土、木石，也不会有房屋。房屋由人心而创出，房屋必求能副人心之所欲。人心决定了建筑，建筑不能决定人心，泥土木石更不能。

举目田野，山川林树，美哉乎自然。然试设想，洪荒以来，便有此自然否？此一切自然，均经人心陶冶，均受文化支配，均为人心所决定。若使人心无欲望、无智慧、无趣味，一任自然，则自然全将改观。

如上所述，心决定了物，非物决定了心。而此所谓心，亦非刹那现前之心。刹那现前之心，如禽兽、如婴孩、如草昧浑沌，虽有心，但决定不了物。能决定物的心，乃历史心、乃文化心，乃人心之经过长久时期所积累演进而成之心。今日之人之心，乃由禽兽、婴孩、草昧浑沌，经阅长时期历史文化之陶冶之演进。其所欲望，已非禽兽婴孩时之欲望。其智慧，其趣味，亦非草昧浑沌中人之智慧与趣味。

人心境界愈高，人心能力愈大，其控制决定物的程度亦愈深。此之谓“文化”。文化史是一部人心演进史。抹杀人心，将无历史，无文化。马克斯唯物史观，谓物质决定了一切，生产工具决定了一切。石刀石斧亦由人心而决定，电气原子能亦由人心而创出。唯物不能有历史，唯物不能成文化。

一百年前的马克斯，蛰居伦敦一小屋中，他所注意研讨的，是当时的工厂法，是当时工厂出品之市场价格与工人劳力之关系。在经济学上，自成其一偏之见；若论人类文化演进之大原则、大条理，则马氏所见实未为允。

马克斯的唯物辩证法导源于黑格尔的唯心辩证法，黑格尔又导源于康德，康德哲学则从西方中古时期之神学演出。宗教神学，举世一切创造自上帝，回归到上帝。世界末日审判，则人类历史全部否定。宗教已抹杀了人心，故有文艺复兴由灵返肉。但人类之肉体心，若不经历史文化之陶冶之演进，则依然是禽兽、婴孩、草昧浑沌，刹那现前心。

近代西方心理学，其对象正为禽兽、婴孩、草昧浑沌、刹那现前心，故以生理阐心理，以物理探心理，以禽兽婴孩心之发展比较来讲人类心理，而忽略了人类由历史文化所演出的悠久高尚的心境界与心能力。把一切高尚悠久归诸上帝，以偏克偏，由灵返肉，却不料转落到唯物的路子上。

唯灵的是神学，唯物的是科学；只有唯史、唯人文的，才能坐落在人心上，成为真正的“心学”。

近代西方行为派的心理学，主从人的行为来看心，路途较准。但人的行为，也不该单由当身肉体看，也不该单由刹那现前看，当从一切历史文物之演进上看。如上举衣服、建筑、自然林野风景，全是人之行为，人之心境界与心能力之表现。若从此看人心，始可见到人类之历史心与文化心。

历史心与文化心，中国人向来称之曰“性”。这是中国传统文化中所特有的看法，也是中国传统文化中所特有之创见。共产主义违反人性，更重要的是它违反了人类的历史心与文化心。

西方人根据上帝，根据宗教神学来反对马克斯。中国人应该根据人性，根据历史文化来反对马克斯。中国人讲人性的正宗是孟子“性善论”。是世界唯一独有的中国文化结晶，是世界唯一独有的为中国人所发明的人文真理。

天地之大德曰生，人生之最高真理曰“仁”曰“爱”。了解得仁与爱，始是了解得人之历史心与文化心，始是了解得人性，始是了解得中国传统文化之真精神。由此来看马克斯的唯物史观与阶级斗争，真是如土委地，谍然而解了。

（一九五一年一月《中国一周》三十六期）

一六　自然人生与历史人生

人生可以分着两大部分，一部分是“自然人生”，另一部分则是“历史人生”。

“自然人生”，指六尺之躯，百年之生命言，亦可说是“物质的人生”。这一人生最真实，但同时亦最虚幻。饿，真实感到饿。饱，真实感到饱。痛，真实感到痛。痒，真实感到痒。所以说最真实。但饿可以变成饱，一时饱了，前时的饿全消失，全不存在了。有了后一时的饱，便没有了前一时的饿。若说后一时的饱是真实的，前一时的饿便变成不真实，变成虚幻。而且后一时的饱，还是要变，变成又后一时之饿。若使又后一时之饿是真实，那前一时之饱又变成不真实。自然人生永远在变，变到最后，逃不了一死。死了，一切完了，一切不真实，一切虚幻，一切感不到。生前的饿与饱，痛与痒，种种好像是真实的，死了全不真实，全成虚幻。人生一切平等，平等在有一死。大家一样是死。种种差别全成无差别，种种得失全成无得失，种种苦乐全成无苦乐。种种计较全成无计较。

人生譬如做梦，不可捉摸，不可认真。醒了，全完了。人生譬如演戏，袍笏登场，锣鼓喧天，有贵有贱，有歌有哭。戏完了，锣鼓停了，袍笏卸了，贵贱歌哭全不是那回事。若使是上帝创造人类，为何把人如此作弄，如此调遣？我们实在忍不住过这样的人生，于是有所谓“真理的人生”在人心中浮现。这一种真理的人生，便是“宗教的人生”。宗教人生之最大真理，认定真实人生不在生前，而在死后。但死后早已非人，早已无生，把真实人生移到死后去，这是宗教真理。宗教真理，似乎既不自然，又不真实。它所想象而追望的，在非人界，在无生界。我们是要尘世的人生，不要这非人的无生的天国。

人生逃不了自然，但终于跳出了自然，那便是“历史的人生”。自然人生免不了变灭，会全成虚幻；只有保留在历史上的那一部分人生，不再变灭，才是真实不虚，才是最真理的人生。

人死了，一切完了，还有什么保留在历史上的呢？我们再进一步问，什么才叫做历史呢？难道文字记载，便算得历史吗？若是文字记载便算得历史，难道人的生命可以在文字记载中保留吗？难道人能在文字记载中生活吗？这显然不是。文字记载并不是历史，历史是人事之本身，文字记载只记载了那些人事。人死了，人事并不死，依然存在。只因人事存在，所以有历史。

什么叫做人事呢？我问你，此刻在做些什么事？你不能说我在做饱的事或饿的事。饱与饿只是自然，非人事。你也不能说你在做生或做死。当知生与死，也只是自然，非人事。活并非你在做，正如死并非由你做一般。饱并非你在做，正如饿并非由你做一般。非你做的事，和你不相干。我问你此刻在做些什么事，你告诉我在吃饭。那对了，吃才始是人事。人非吃不饱，非吃不活，但饱与活不是你的事，吃才是你的事。禽兽动物也懂吃，但只不自觉；人之吃是自觉的，有计划的。这一种自觉与计划，才始是精神之开始，才始是文化之开始，也才始是历史之开始。

神农与后稷，才始当得是历史人物了。他自觉地在想吃，他有计划地在谋如何吃。他生前做了些事，死了，他的自然人生完了，但他的事业并没死，并没完。自觉地想吃，有计划地谋算如何吃，这些事，只要有人类，会永远存在；永远有人在自觉地想吃，有计划地谋算如何吃。人类的历史，也可说是一部自觉地想吃、有计划地谋算如何吃的历史。历史不灭，这一部分的人生便不灭。只有不灭的，才是真实的。若使神农、后稷再生，他看见人人尽在自觉地想吃，人人尽在有计划地谋算如何吃，神农、后稷必然快慰地想或说：你们此刻在想的与做的，正如我当年所想与所做。那岂不是你们此刻活着，正如我活着一般吗？你与我的自然人生、物质人生是变了，但你与我的精神人生、文化人生则并未变。

吃是人生一大事，但并非人生唯一一大事。吃了能饱，能活，但饱了仍必饿，活着仍必死，到头仍必一场空。人生第二大事在传宗接代。趁未死前，生下新人，我死了，他可继续活下。雌雄交配，禽兽动物也懂得，但禽兽动物仍是不自觉地在做那些事，到人类始能自觉地做，有计划地做。于是有男女之爱，有婚姻之礼，有夫妇的制度，有父母子女的关系，于是遂有了家庭组织。家庭组织是文化人生，是精神人生，并非自然物质人生。若专为自然物质人生打算，有雌雄交配已够了，何必画蛇添足，在男女交媾之外增添上一段爱情，形成一番礼节与一套制度呢？当知雌雄交合是自然，非人事。男女相爱继之以夫妇好合，才是人事，是精神文化的开始。

伏羲与周公，因此也做了历史人物。因他们做了人生一大事，在自觉地讲爱，有计划地讲礼。此后的人生，永远要自觉地讲爱，有计划地讲礼。若使伏羲、周公复生，他看见后世人，都在组织家庭，都在认真像样地做夫妇做父母，伏羲、周公自必很快慰地想与说：你们想做的，正是当年我所想做；你们活着，正如我活着一般。伏羲、周公的自然人生物质人生是完了，但伏羲与周公的精神人生与文化人生依然存在。

《孟子》说："食色性也。"《礼记》上说："饮食男女，人之大欲存焉。"但吃与男女，属自然，算不得人事。从吃上产生出种种智与为，从男女配合上产生出种种爱与礼，从耕稼畜牧上产生出种种劳动与作业，在夫妇婚配上产生出种种组织与制度。人类文化，人类历史，全从此两大欲、两大自然上产出。人类的精神生活，也全从此两大根苗上培植。孔子生平，只讲得一个道理，即仁与智交融、仁与礼相协的道理。教你如何吃得饱，教你如何男女配合得满足无憾，教大家如何活，教大家如何在死以前赶快叫新人来替你活。孟子便把孔子这番道理再细发挥，再大扩充。若使孔子复生，看见孟子在想在说，孔子必大快慰；他必想与说：你活着正如我活着一般。我的自然的身体是死了，我的人文的精神依然存在。存在在哪里？存在在人世间，存在在人事上，此即存在在历史上。此即孔子、孟子的历史生命，所以孔子、孟子也变成了历史人物。

人类文化，愈演愈进步，人类精神，愈后愈发皇，人类的历史，也愈变愈复杂；但推本穷源，只从这几个大本源上来。我们说到这里，更将一说真的自然人生与假的自然人生之分别，以及真的历史人生与假的历史人生之分别。

自然人生须与历史人生相配合，才是真的自然人生。若自然人生接不上历史人生，那只是一种假的自然人生，那只是禽生与兽生，还是自然，但说不上是人生。因人生必然是历史的。换言之，必然是事业的。饿与饱，生与死，此是自然，但非事业；是禽兽，但非人生。

如何说有真的历史人生与假的历史人生呢？从前东晋时桓温有一句话，他说："大丈夫不能流芳百世，亦当遗臭万年。"他好像认为只要名字记载上历史，无论是香或臭，总是历史人物了。那是他的错误。当知只有流芳，才是真的历史人物，遗臭的算不得是历史人物，只是假的历史人物。何以呢？我在上文已说过，事业不灭，才是历史生命。被发扬被继续的是历史，被打倒被推翻的不是历史，只是在历史上的一点黑影。历史是生命的，是继续向前的。不能继续向前便不是生命，便不是历史。若是历史上只是些不能继续向前的事，那便是无生命的历史，便是假历史。假历史终必消失，终必成为无历史。

桓温在东晋时，起先有志北伐，想要恢复中原，复兴华夏；换言之，他想流芳百世。若他一意这样做，无论事业成败，他永远是一历史人物。他后来所志不遂，便改变态度，想篡位，想自己当皇帝；换言之，他是在想遗臭万年了。他这一想法，无论没有成，纵成了，他依然算不得是一历史人物。让我举近代史作例。孙中山先生是真的历史人物，因他具有历史的生命。何以说他具有历史的生命呢？因以后人还得继续孙先生的想法与做法。这便是他的生命已变成了历史的生命。至于袁世凯便不是一个真的历史人物了，他的想法与做法，后人不仅不继续，而且还要打倒推翻它。他的生命，不能成为历史的生命，他即非真的历史人物了，若使他的生命也成了历史生命，那历史也将会短命，甚至无生命，所以袁世凯决非历史人物。同样道理，岳飞是历史人物，秦桧算不得历史人物。单单名字记载上历史，不就是历史人物呀！

把名字记载上历史，并非即具有历史生命，即便当不得真的历史人物。反过来说，有很多人，他确具有历史生命，只没把他名字记载上历史，但他依然还是一历史人物。明白得、信仰得这一个道理的人，才是具有文化生命、精神生命的人。若一个民族中，抱有这种信仰，具有这种智识的人多，便是这一民族之文化精神发展到最高度；而他们的历史，在那时，必然是十分灿烂光明；而他们的人生，在那时，也必然是十分庄严快乐。

我们把握到这一个道理，才能来读历史，才能来讲人生。

（一九五〇年十二月《政工通讯》）

一七　历史问题与社会问题

一

一切人事问题，有些应该用社会问题的眼光来看，有些则应该用历史问题的立场来看，这两种看法不同。近代的西方，他们的历史时间比较浅，他们的智慧，比较更多注意在自然方面；因此，他们对种种人事问题的看法，会把历史问题和社会问题时时混淆了。

即如最近，美国在第二次大战时期，有一两百万人，想逃避兵役。某大学的教授们，化了五年时期来研究此问题，他们运用调查分析统计种种方法，想把此问题研究出一答案。若用我们东方学者的意见来说，此是一个历史问题，而他们误当作社会问题来研究；这是不易获得深切而恰当的答案的。

又如最近，美国社会，屡次发生了幼童杀害家长和亲属的事件。那些事件，却只能说是社会问题；若误认作历史问题看，便会引出甚大的误解。

二

远言之，在马克斯当时，他侨寓伦敦，写他的《资本论》。那明明是一个社会问题，但马克斯把它误认作是历史问题了，于是才大胆提出他的“唯物史观”和“阶级斗争”的理论来。他太重视了他那时这一项的社会现象，他想把此暂时呈现的一番现象，来扩大说明全人类历史之全进程；那自然会错误的。

在马克斯当时所目击心痛的那一项现象，其实则只是一个社会问题。社会问题有社会问题的解决法。从马克斯揭示出这一问题以后，在英国、在德国、在美国，在发现此问题的各地，都能先后陆续想出许多解决办法来。可见这是一社会现象，并非历史大趋。而马克斯自己，却把此误解了。

列宁运用马克斯主义来创建苏维埃。列宁的长处，正在他能针对他当时的社会现象，运用种种精密而切实的手段来对付。他把社会当作一间科学实验室，他的种种政治活动，竟像是一位科学家，关闭在实验室里做不断的试验。他一时的试验，不能说他无成功。但他误认为他当时解决了一些社会问题，便是解决了人类的历史问题。

马列主义的信徒，常自夸说他们是科学方法的。他们的大错误，在把社会问题作历史问题看。流弊所及，只重手段，抹杀人性，不把人当人，只当作是机械。他们只用心在如何发动运用此机械，来求他们所希冀的、可能表现的效能。他们也解决了一些在他们当前的社会问题，但他们不晓得他们已违背了整个人类的历史大趋。

近几十年来的中国学者，在无意中，感染了西方那一套误解，也时时把社会问题和历史问题相混淆。即如民初的“新文化运动”，在当时，他们所列举的一些社会现象，那是真实的；他们大声疾呼，求改革，求打倒，在当时，何尝没有一些摧陷廓清之功。但他们同样有一大错误，他们也误把社会问题当作历史问题看。因此，他们才大胆提出“打倒孔家店”、“线装书扔毛厕里”、“废止汉字”、“彻底改造中国文化”、“全盘西化”，种种的口号。只为新文化运动所犯的毛病，正和共产主义者马列信徒的毛病，一色一样，同是把社会问题和历史问题混淆在一起。因此，一辈人，极易从新文化运动转移到信仰共产主义那边去。

三

社会问题和历史问题，有其相通处，但也有其相别处。若把社会问题误认为是历史问题，此其贻祸之大，在前举两例便可见了。但若把历史问题误认作社会问题，一样有大毛病。历史问题之背后，却是一个“人性”问题。人性要向哪一方向走，便成了整个人类之历史大趋。这一大趋之总过程与其总成绩，便是人类的文化。这一大趋是无可违逆的。只因人事太复杂，种种时代、种种环境，会把此人性暂时隐蔽起，而引生出种种反常的现象，和种种反常的问题来。此种种现象与问题，均有待我们之解决，而人类也自能有种种方法来解决它；但有一大前提，即是莫违逆了人类之历史大趋。此项解决，才算是真解决。否则，解决了当前问题，会引生出许多更大更困难的问题来。

而且，若误解人性，把一时的社会现象，认为是人类历史大趋了，则如幼童枪杀家长，岂不是荀子性恶论的上好真凭实证吗？而阶级斗争，得奉为人道中之天经地义，张献忠、李自成之徒，也无怪今天中国大陆的共产主义信徒，要推尊他们为人类历史进程中之先知先觉了。

四

但反过来说，若把历史大趋，认为只是些社会现象之更端延续，如此，则将认为人性可以惟心所欲地另塑造，文化只是人类应付一些现实问题的技巧之累积；历史一幕一幕地展开，恰是社会之一幕一幕地转变，人类可以有方法地由控制社会而创造新历史；人类可以一意向前，而已往历史，则如昙花一现，对现实社会更无牵制与影响。这一项人类野心，却仍将把人类历史引入歧途，招致无限的祸害。

马克斯把一时的社会问题误作为人类全部历史问题看，列宁则是根据了此种理论来改造社会，进而想改造世界，改写人类此下的新历史。

近代人类文化的大病痛，在乎人文科学追不上自然科学而脱节了。若我们把历史学来作基本的人文科学看，则社会学正是人文科学里面实际应用的一部门。我们将从历史学的根据，来寻究出人性问题、文化问题，而开示出它的许多基本问题和基本性质来。因此，历史学将是原理原则的、规律的、道义的，而社会学则只限于当前各项问题之实际应用上，始终将是功利的、方法的、随宜应付的。

当代英国史学家汤恩比，似乎他也只认为人类历史仅是一些社会现象之继续，因此他不免把人类文化都归纳到环境刺激与各种的因应态度上。如是来看历史，无怪他面对着当前的一些牵涉到文化历史的大问题，仍将感到无轨辙可循；则只有使他乞灵于宗教信仰，来领导人回头走上那一条陈旧而微茫的道路，来作人类向前，渡过此难关的唯一指针了。

（一九五六年十月《香港时报》）

一八　从西方大学教育来看西方文化

诸位先生：今天我本要讲的题目是：“对西方文化及其大学教育之观感”。我想这个题目太大，不好讲；所以改讲：“从西方大学教育来看西方文化”。

我们在讨论文化问题时，应具两种心理上的条件：一是“平等”，一是“客观”。我们对于一切文化皆应有平等观与如实观。我们应知世界上各种存在着之文化必各有其价值，不然如何得以存在？我们第一步应懂得承认它应有的价值，第二步是来认识它，其价值何在？究竟是一些什么价值？此方为我们应有之态度。

任何一文化有长处，亦必有短处。在我们求认识讨论某一文化时，首应认识其长处，不必多注意或挑剔其短处。世界各文化当互将长处调融发挥，如此方可有一新文化出现。即使要批评某一文化之短处，亦应自其长处去批评。例如：批评一音乐家，应自音乐上去批评，不应批评他不善于运动。其次两种文化相较，必有异同；我们应注意其相异处，不必太注意其相同处。

我们研究或讨论文化问题，应具此二条件，然后方能希望有新文化出现。不应主观地认为人家的不好，自己的才好；但是反过来像我们五四时代之认为人家都好，自己都不好；或如今天共产党彻底奉行马、列主义，认为其他一切全不好；则皆欠通之至。

我今天特别侧重讲西方的大学，并由之来看西方文化。

讲到西方大学，我们不得不承认西方大学之伟大。此可分两点来讲：一是其历史之长，一是其规模之大。

像美国的耶鲁与哈佛，英国的剑桥与牛津，它们的历史皆较其国家政府为长。美国耶鲁大学建校已有二百六十余年，哈佛更超过了三百年，但美国开国却尚未及二百年。英国之牛津、剑桥，则在西方中古时期即已建立。此乃我们应注意之第一点。

第二点是西方大学规模之大。如上举四大学皆以其学校为中心，而成一"大学城"。其大学本身即成为一很像样的城市了，此外乃附带于此大学而存在者。这种情形在我们社会上不容易看到。此亦可算为欧、美大学之特点。

如此历史悠久、规模宏大之大学校，却都是私立的；在他们背后，并无政府或公家在支持。他们开始时，仅是少数几个人，附带着少数学生，那是小规模的一个小团体。此少数创办人，亦并不是有名的伟大人物，只是抱有某些理想的一些普通人。先是成立了一个个不同的"学院"（College），后来才合并在一起，称做“大学”。University 一字之本义，即是将一切合成为一个。此等大学在开始时是私人的，后来可称为团体的，乃是私与私间相结合而成为一集团。西方大学开始都是私立的，是社会中一社团。而此一社团，其事业可维持下来一二百年，甚至五六百年。不仅不破败，抑且更进展。这是一件了不得的事。此种社团，其活动维持较诸国家政府尤为久远。国家政府变了，而大学仍然继续存在。此种情形，只要我们一读英、美国家历史即可知。这一点，我们平时不注意，只看到如此一个像样的大学，却不问其如何地来的。

其次我们应知者，厥为西方大学开始时乃是宗教的。略读西洋史的人，皆可知此一事实。中古时西方之修道院、礼拜堂与大学，乃三个性质极相近的。西方人之所谓“教育”，乃从教堂中分出。英国牛津、剑桥，每一学院即有一礼拜堂，礼拜堂是此学院之中心，附近四周围着许多建筑。直至今日，仍保留着他们几百年前的古旧原貌，并无多大变化。我最近至牛津时，校方因英女皇要来参观，而其校舍建筑石砌的墙壁皆因年久表面已呈剥蚀状，他们乃始将其石墙外面之风化层加以刮磨，重加粉饰。牛津、剑桥中人，每以其所保有历史悠久之古老建筑为荣。现牛津城设了一汽车厂，遂将此大学城一半变为工业城，牛津教授们觉得甚为讨厌。又在增建新学院时，校方有两派意见争论着：一派坚持保存古貌，一派主张参用新式，彼此争持不下。美国耶鲁大学之建筑，亦都是中古式的。其新建筑尚未到一百年，但亦模仿古老式样。西方人看重古老气氛与其旧的传统，特别在大学中表现尤显。

我在哈佛时，居住在该校之贵宾室。那是一个二层楼、八间房之小型建筑。他们说：此屋极有历史价值。贵宾签名簿上，极多世界上著名人物。此建筑最近曾依原样，从街道那边迁到街道这边，耗资甚巨，而仍完全保留其古朴的式样，毫无改变。若使拆旧建新，至少可省一半经费，且可更是摩登好看些。在西方，人们甚注意历史传统，至少在大学方面是如此；但中国今日则只知新的有价值，旧的全不要；正可成一极端对比。美国大学中尊重历史传统，又可于下述一事看出：哈佛为了遵守学校原来规定，至今不准男女同校；乃于大学内另办一女校，以变通办法来收纳女生。此种情形亦可谓是甚可笑的。我们应知西方大学，乃自宗教开始，故于大学传统上，有其宗教精神。其后方渐发展成为今日之大学。近代中国大学自开始时即与西方大学不同，故无法讲历史传统。

西方大学，第一有其悠久的历史，第二由私人自由结合而来。由于后者，故欧、美大学皆保有一自由传统。一自由之集团，不依附于政府，不依附于社会任何一部门，乃独立于政府及社会各社团之外，而自成一社团。

另一方面，西方大学，是极重职业的。读西方教育史，可知西方大学在初期时最要有：神学、哲学、法学、医学等科。前二者可在教堂中服役，后二者可以走出教堂作谋生用。青年们进入大学时，先有一宗教信仰；走出大学后，又有一专门职业；职业则必将是专门化的。“教授”的英文是 professor，是指专家的、职业性的，亦是一信仰的。为一信仰发言，或宣誓、决定，亦名为 profession。故西方接受大学教育之青年，乃是一有信仰、有职业者。关于此信仰与职业之知识与技能之传授人，即称为 professor。一般青年人跟从聚居，遂成为 College，后遂逐渐合并成为一大学。自此处，吾人亦可了解西方文化之某种特点所在。

西方大学中，因其规模宏大，至使一人进入大学，乃至无法了解此一整个的大学。某一人骤然走进大学，其首先注意者，厥为此大学之建筑；其次所看到者，乃其里面之设备。如规模宏大之图书馆、博物馆、科学馆、实验室、体育馆等。凡此种种，皆极像样。观其学校之建筑与设备，便可知此一事业决非能于一短时期内建成。但诸位须知，彼等仅是一集团，集团中人常在变换，而此事业却不断在进步。无一人能完全懂得此学校，但此学校各院科系俱全，能不断在各方面发展。此决非一人之事，亦非一人之计划可成；此一事业乃属于一团体，而此一团体之历史则绵延久远，乃出人想象之外。

我们可再看西方大学之规模，各个学院、学系之分张与配合。自其建筑、设备、规模观之，皆极复杂，何以能合成一大学？则我们非进而研究其组织不可。若无一健全之组织，即不可能有此分张发展之成绩。

西方人喜讲法律、制度。我们应知制度是死的，要尊重、遵守此制度，此制度方可发生效力。故在制度之背后，我们必要讲及其精神。我对西方大学之看法，乃是从其建筑、设备、规模来研究其组织，又将其组织与其历史配合起来而寻求其精神。我认为如此乃了解西方大学代表西方文化之所在。

在西方人或自认为极平常，但自我们视之，则见为不平常；反过来说，亦有中国人自己认为是极平常者，而在西方人眼中则认为不平常。我们研究文化，该从此等处着眼。我现在来讲他们的精神。前面已说过，今天西方大学从历史渊源言，是由一种“宗教精神”与“自由组合”与“职业训练”三者配合而来。最先是私人的，私人结合成为集团，集团更扩大成为事业。此事业乃由集团所推动而主持，而此一集团乃创始自几百年前，并可延续至几百年后。今日其集团中人，已非昔日之人，集团亦成为一抽象名词。私人在此一事业集团中，地位微乎其微，每一人乃是属于此一集团、事业者。此是私人参加了此一事业，而决非此事业是我的或我们的。

我在耶鲁领受其名誉学位时，一美国友人某教授，大声对我说：“你今天是耶鲁的人了。”此在美国乃极普通一句话。然此话涵义，正见“我是此事业的，而事业不是我的”。

许多人讲文化，都说中国文化向内，西方文化向外。此处所说彼等所看重者，乃在其事业，而决不在某一私人。亦可说是向外的。

在美国，工人阶级每月可得工资四百至五百美金；大学教授可得八百至一千美金，仅多一倍。中国抗战前，在北平的一个大学教授，四百银元一个月；用一仆人月薪不过四元，相差几一百倍。这亦可解释为：中国社会有尊师重道的精神。美国大学中任何发展，尽先皆在建筑、设备上，而决不用来增加教授们之薪金。此一精神，亦可说是他们看重事业不看重人。

我们又说西方人是个人主义者，但亦可说西方人主要是在其事业、集团中服从，而自尽其职责。此亦是一种个人主义。

西方人在学业中之地位，亦正如其在事业中。每一教授所治之学则只是学海中之一滴。各人只埋头在各人的一门专门知识上，故每一教授在其大学全体之事业与学业之分张展开之大组织中，真是微乎其微，各人只自尽各职。此亦可谓是一种个人主义。

西方大学对于整个政府或整个国家，有时似乎并不很关心。而学校对于每一教授们之言行，亦多认为是私人行动，与学校无关。此仍然是一种西方精神。中国留学西方的虽多，然上面所指出的西方精神方面，似乎未能学到。

今日英、美大学最大之变，乃在其自宗教变而向科学。理工科方面贡献日大，而宗教精神则日见淡薄。于此情形下，科学日益专门化。但对于人文学科方面言，我认为在西方大学中颇为吃亏。如文学、史学、哲学等，都是不能太严格区分的，愈分愈狭，则所得愈浅。昔梁任公尝提倡“窄而深”之研究。其实人文学科窄了决不能深。自然科学，愈分而愈精；人文科学不同。自然科学是前人之成绩，可学而接受之，而更自此向前；文学、史学、哲学，以及绘画、音乐、雕刻诸艺术，都不能说通晓了前人的，接受了以前成绩，再前进。人文学科只求能懂得，慢慢地吸收、消化、汇通，却并不能继涨增高。进入大学学人文学科的学生，最理想是懂得前人的，却并不能定要他再进一步，超过前人的。物质世界可以日新月异，精神世界则否。西方大学将人文学科与自然学科等量并视，是会出毛病的。

尤其是进入研究院读博士学位，必须写论文。而此项论文，必求其有新贡献。此一观念，实不妥当。自然科学可以常有新发现，人文学不然。既是分门别类太狭了，又要求新发现，在钻牛角尖之下所得的发现弊病实大，对社会会毫无帮助。

最近美国有一团体曾广泛调查了五十个大学的学生，来做一关于他们所有世界地理常识之测验，答案用百分比来统计。结果发现了今天的美国大学生，连美国五十个州都弄不清。他们对世界地理简直可说毫无所知，非仅对东方，即对西方亦然。此见大学中各科系皆专门化了，便易造成普通常识之缺乏。在美国民主政治之下，而其最高知识分子，常识日见低落，可谓危险之至。

又有一关于美国学生英文程度之测验，结果亦发现有逐年低落之现象。此因美国大学中并无一普遍加深语文训练之课程，故其一般的英文水平亦日渐下降。此种不注重通才、只注重专家的大学教育，结果造成了许多没有一般性常识的青年，以及没有高瞻远瞩眼光的领袖人才。此乃西方大学之短处。然此种短处何以不在西方社会中显现其严重性？此乃由于西方社会赖有四柱支持，即：宗教、法律、科学、民主政治。一个青年在学校中随便学一点专门知识，进入社会后，另有一轨道，让他们依从。在学校中尽可自由，一进入社会即有此四大柱子在范围着。至于所谓领导社会前进的领袖人才，美国大学似乎是漠不关心的。只待他们在进入社会后自己表现。

诸位应注意，在我们则并无如西方社会中之宗教、科学、法律与民主政治那四大柱。西方大学教育，乃由西方历史在西方社会中产出，来教育其本国青年者。今天中国青年至美国后，多能发现美国缺点而大肆批评。此种情形，与前不同了。不仅中国人如此，其他所谓落后国家之青年也如此，或许他们对美国之批评比中国青年更甚。此辈青年返国后，他们所学得的专门精细的科学，或许无施用之处；而在人文学科方面，也多不能适用于他本国的真实问题上。此乃大堪注意的事。

倘使诸位到外国读人文学科，最好先在国内多读几年书。先有了一个自己的根柢，到国外始知别择。今天在美国几间著名大学中，欲一去便得全部奖学金是不容易的。中国留学生去美国，每借暑期几个月假日来做工，以补助其日常生活费用之不足。我认为若将在美国暑期之辛劳工作精神与其所耗时间，能在国内发愤读书，所得成绩也绝不会定差于到美国去留学。另一方面，我希望准备出国之中国青年，应懂得到外国该学些什么？我在美国时，曾遇见许多新亚学生，他们多请我劝告在香港的同学们，切勿急于想出国。这意见是很对的。

由于西方大学教育本非为中国社会而设，故昔日中国留学生返国后，多肆意批评中国社会。但今天中国留学生在美国长期居留了，又多批评美国。且中国人在美国，还多聚居在一起，生活上虽然改头换面，实际上还是中国那一套。此乃由于中西双方文化不同，美国文化之长处未必都能配得上中国的情势。

至于我们是否应有一理想的教育环境来培养自己的青年，这是一个我们值得研究的问题。

前几年我到日本去，日本友人曾告诉我：他们的贫穷子弟多喜研究科学，盖于离校后可谋一职业；至家庭富有者，便可多学文学、史学、哲学等。在中国适相反，一般的中国青年都对人文学科提不起兴趣。这事大可注意。我以为倘有兴趣学人文学科，与其赴美国，倒不如往西方人文科学肇始处之欧洲英、法、德诸国。不过亦有一位欧洲老留学生对我表示：中国学生素来自由散漫，应该令其赴美国学习他们的紧张生活，来西欧便连这一点希望也没有了。总之，只要自己能学，即到任何一国皆可，在本国亦何尝不可。若自己不能学，一味依赖他人教，则西方大学并非专为适合教导中国青年。固然西方文化长处甚多，但短处亦不少。

在日本，青年出国的较少，且在国外所得之学位，日本政府亦不予承认，非重行考试不可。此亦一可资模仿之点。

诸位若有欲出国留学而机会不许可者，应先学习在国外留学生之工作勇气与刻苦精神。有此一勇气与精神，何处不可找工作？何处不可求学问？至学人文学科者，则更不妨在国内好好地多读几年书，那一样可以充实自己的。

（一九六〇年十二月十一日香港大专公社学术讲演，新亚书院《生活双周刊》三卷十二期。）

一九　文化复兴中之家庭问题

近年来“总统”提出“文化复兴”一大题目，这真是我们国家民族的百年大计。但要一不成为口号化，二不成为法令化，三不成为形式化，此须我们全国上下来分层共同负责。“总统”既已揭示了此一大方针，尤应是我们中层党政文教各界，对此方针该作深入的研究，才能领导全社会切实遵行，蔚成风气。

所谓研究，应分两方面。一是有关各项学术思想的，一是有关各项现实具体问题的。此两项，不可严格分开，但可分别注意。我今天，只就现实具体问题方面，选择一项与人人有密切相关的家庭问题，来略述私见，请在座诸位先生之指教。

犹忆十六年前，我初次去美国。飞机第一站到夏威夷，耶鲁大学的雅礼协会请了当地一位教会中学的校长来飞机场迎接。他为我们夫妇安排了一所旅馆。我们每日，只在旅馆进晨餐，外出后必至夜始归。在晨餐时，隔座有一位美国老太太，对我们似很注意，因餐厅中只我们夫妇是中国人。但我们和那老太太，几个早晨没有交谈。有一晚，那中学校长夫妇请客，我们又遇见了那老太太，乃知她是这校长的母亲。席间和我们谈了许多话。她说，她和她儿子分别了已六七年，此次特地从纽约来看她儿子。我们夫妇席后先回旅馆，适有一友人在楼下客厅相候。坐谈少顷，门外车声，那校长扶着他老母进来，在客厅旁电梯口拥抱相吻，那老母即独自进入电梯上楼去。

我们看此情形，甚觉惊奇。一是那校长并不送他老母上楼，一是那媳妇独留在门外车中，并不陪送她婆婆进旅馆。翌晨，在早餐时，那老太太便来和我们长谈；知我们快离开夏威夷，她说，她儿子还要请她到家中吃顿饭，她须待此后始离去。我们又很奇怪，老母远道而来，她儿子为何不请她住家中。老母来已多日，为何她儿子还未请她到家吃饭。在我心中，深切感觉到中西家庭之相异。

耶鲁大学一毕业生，在新亚教英文课两年。在我去耶鲁时，他亦回了美国，任康桥一某教会牧师之职。我和他很熟，常问他有关他的家庭事。他说：他父亲是油漆商，他祖父系美国一大富翁，现在单独在南部一安老院中，请一护士陪伴。他亦能独立，祖孙三代，分居三处，经济上亦互不相关。我说：将来你祖父辞世，你们父子，应可分得一大笔遗产。他摇头说不然。大概祖父身后遗产，会全归其护士所有。我们父子，也从来不想到此事。我问他："此刻是复活节假期，你为何不回家看父母。"他说：他极少回家，偶一回去，也只宿一两宵即走。我又问："从前我们在中国大陆时，提倡迟婚，大家必举美国为例。现在你们美国青年男女，似乎都急着要成婚，和今天我们中国风气适相反。我知道你也急想成婚，究为何故？”他说：“我们婚后回家，父母便当客人相待。若未婚回家，依然是一子女，怪不好意思。”

我因此想到，西方人重视人人能独立，即在家庭亦然。犹忆民国二十六年前在北京，一冬天的早晨，去至北海公园，见有三四位美国年轻太太结伴溜冰。她们各带有子女，都只三四岁，在冰上跌倒了爬起，爬起了又跌倒，但母亲们全不理会，只尽情自己在冰上溜，有时溜到很远处。待她们兴尽，才各自提挈小孩上岸。这亦是她们在培养小孩们的独立精神。

我在电影上知道，美国的婴儿，从其摇篮生活起，即和父母隔离，独住一室。父母子女，从不在同室中睡，更不论同床睡。我曾住华盛顿几天，租一私家寓所，每晨看到许多派报童子；据房东太太告诉我，那些派报的，全都是国会参、众两院议员们的儿子。那时是暑假。房东太太说：即在开学后，他们也可在上学前清晨跑街派报，赚一些私房外快。

美国的父母们，既如此般培养子女独立，子女长大了，也自会尊重其父母之独立。父母不曾怜悯其子女之幼小而减低了他们培养子女独立精神之用心，子女也不会怜悯父母老病而转变其尊重父母独立精神之维持。美国家庭，在其文化传统之整个体系中，自有其意义与作用存在；我们不能用东方人眼光来看西方人家庭。

但西方人似乎很有兴趣来求了解我们东方人家庭。有好几次在宴会席上，旁坐遇到年龄相仿佛的男女，虽属初次相识，他们每喜对中国家庭问长问短。我又听人说：梅兰芳去美国演戏，戏中情节和其道白唱辞，都先译成英文发给观众。梅兰芳在台上演《打渔杀家》中萧恩之女儿，对萧恩说：“爸爸如何吩咐，女儿自当遵从。”台下美国老太太们，点头称赞，我们有如此般的女儿，那是何等幸福呀！她们之欣赏梅兰芳，却更欣赏在此等处。

现在回到我们本国自己的家庭。似乎人人皆知，不烦多说，但我们必该说的，在此民国六十几年来，我们的家庭，正在逐渐变，而且愈变愈剧。我们来台后的二十几年间，似乎变得更快了。此刻只举一端言之。目前我们为父母的，似乎更不奢望子女要听从父母的意见。一片独立平等自由的呼声，子女在家中，似乎已跃居了宾位。童蒙初启，进入幼儿园，“小朋友、请、好不好”的声浪，灌耳已熟；回到家中，自叫父母难于侍奉。各家有女佣，彼亦人家之女，也叫主人难于使唤。我家有一肄业中学的工读生，有一次，内人说了她几句。她说：我错了。但你这些话，有损我的自尊心。现在的年轻人，是都知自尊的了。

犹忆我幼时，不仅对父母，即对兄姐，必多陪敬意。在前清时，小学教科书中，有“孔融让梨”等的故事。那时我们也知和哥哥姐姐争多论少为可耻。现在似乎是相反了，只有兄姐让弟妹，很少弟妹让兄姐。于一律该平等的条件下遇有不平等，只该幼小占上风，长大占下风。

现在的父母们，似乎也不想望子女养老那件事。但在子女未成年前，为子女的求学上进，似乎总愿不遗余力，无止境地帮助，直到子女出国留学获得最高学位为止。我初到香港，有一次和一澳洲人谈话，我说："你们地旷人稀，亟待开发；此刻中国大陆难民大批来港，你们为何多方限制入境？"他说："你们中国人，初来是一苦力劳工，但稍后他们儿子可成一大学博士，我们不得不防。"在西方，哪有贫苦人家那样培植子女上学的。

但父母之恩虽厚，子女之报却薄。在国外成学获职，也有不寄老父母赡养金的，也有父母丧亡竟不回国奔丧的。此亦是中西文化一大冲突。我在亲朋中所确切知道和辗转听到的就不少，惜乎没有人来作详细调查。但即使逐户登门调查，为父母的也还是隐讳不肯直说。但涉及父母遗产，为子女的丝毫也不肯放松，甚至兄弟姐妹间引起了甚大争执。

文化必得成为一整体。若要保留一部分自己的，取法一部分外来的，此非有大智慧人之深切研究不可。今再说到"复兴文化"，今天我们的家庭，单举父母子女关系一节言，此是现实具体问题，我们该得有研究。今天要复兴文化，要尊孔，孔子是最重仁道的。《论语》首篇第二章，孔子弟子有子便说："孝弟也者，其为仁之本欤？"但今天，我们该如何般来提倡孝弟和仁道？孔门儒家，又是否不讲独立自由和平等？若使也讲到，又是如何讲法？又和孝弟仁道，是否有冲突？此就牵涉到学术思想的问题上去。学术思想的研究，和具体现实问题分不开。今天要叫小学老师在学校中教孝教弟，他们应该如何般教法？只在文字言说上讲古人道理，此所谓老生常谈，恐终于事无补。

而且小学教师们，何尝不是为人父母，为人兄姐，何尝不想要他们的子女弟妹们孝弟；但现在都让步了，以为时代潮流如此，无可违逆。口是心非的教学生，哪会生作用。但若真要西化，也该对摇篮中婴儿即培植其独立精神，也要为自己衰老后独立预留余地。而且慈孝友恭，也是相对的。父母太过慈了，会相形见得子女之不孝。兄姊太过友了，会相形见得弟妹之不恭。在家不孝不弟，出门独立自由，此问题不仅在幼年子女与老年父母之相互关系上，而在一辈社会中坚分子成年人如何做人的问题上；家庭变，整个社会亦必随而变，此事关系不小。

以上所谈的家庭，只就父母子女一伦而言，更要的还有夫妇一伦。须待有了夫妇，才始有家庭。西方夫妇婚配，仍是男女双方各自站在独立平等自由的立场上，仍是站在男女恋爱的立场上。但中国的夫妇一伦，主要不在事先之恋爱，而在事后之和合。其实不仅夫妇一伦重和合，父母子女兄姐弟妹整个家庭，都要和合。整个社会人群相处，依然仍要和合。西方文化尊尚独立自由平等，但应该要求能走向于和合；东方文化尊尚和合，但亦该能保持和合双方之独立平等与自由；此才合乎人生之大道。

目下的西方，男女关系，已臻总崩溃之阶段。由此向前，家庭社会种种关系都会随而变。变向何处，连他们自己也不知。我们岂能老跟在他们后面。盲人骑瞎马，夜半临深池，这不纯是一种杞人忧天。曲突徙薪总比焦头烂额好。我们今天要说复兴文化，总该有新研究，才能有新领导，而开出新风气。若尽在无研究无领导之下，而不断开出新风气，总会是危险胜过了想望，终是要不得。

（一九七四年十月十五日台湾《新生报》）

二〇　母亲节说母爱母教

全世界各地的人类社会，没有不知道有母亲的，尤其是中国，因于其传统文化之熏陶，对于母亲更所重视。这究为什么道理呢？因若不知有母亲，人类便不成其为人类，和其他动物鸟兽相差无几了！人类之所以得成其为人类，人类之所以有社会之团结，有历史之绵延，有文化之创造与进步，其主要原因，则胥在其知有母亲。

母亲对于人类社会之大贡献，第一曰“母爱”，第二曰“母教”。若使人类没有爱，人类决不能团结；若使人类没有教，人类决不能进步。人类生存之意义与价值，主要便在知爱和有教；而爱与教之最伟大最真切者，则为母爱与母教。

母爱是人类爱中之最自然者，又是人类爱中之最真挚、最伟大者。“母”便是代表着一个“爱”，凡为母亲的，没有不爱其子女。母与爱是一体不分的，只要是母亲，便有那一份爱；只要是子女，便会获得那一份爱。从他没有出生以前，他早已得那一份爱。人一出生，赤裸裸什么也没有，但他早有了那一份爱；那一份爱，无条件地给与了他，不论他将来或夭或寿、或贤或愚、或孝或不肖，总是尽先给与了他那一份爱；连他在睡梦中，那一份爱仍是紧绕着他，他是无时无刻不沉浸在那一份爱之中而生长而成熟。人由爱中生，由爱中长，由爱中成。惟其如此，所以只要他是人，他总应该懂有爱。惟其人都懂有爱，所以才会有人类。最先那一份爱，便是母爱了。

母爱是自然的，也可说是生命的，爱便是为母者的生命。人世间只有母爱，是把全生命来爱的，为母者把她的全生命来爱其子女。她的那一份爱，便成为了她的全生命，她把她全生命融化为那一份爱，无条件、无间断、无时无刻地来爱她的子女。更没有人能学得为母之爱来爱人。若你要学那为母之爱来爱人，无论如何，总是不真切，因此也总是不伟大。你若要找寻人世间最真切最伟大的那一份爱，只有向自己母亲身边去找！

母亲的全人格，便是那一个爱。为母的把她全生命全人格来爱其子女，无形中，无意中，便已是把她的全生命人格来教其子女了。中国古训，有所谓“胎教”；一个人，在其未出生以前，早已在他的胎胞中，受了他母亲的教育了。在心理方面，在生理方面，由于母爱之真切与伟大，而母教亦就同样地真切而伟大了。人在婴孩期，在幼稚期，最需要母爱之护育，也便最受母教之影响。人到能离开家门，走进社会，母爱与母教，已经养育他成为一人了。人世间其他一切爱，一切教，都开始在他成了人之后而给与；在其未受到人世间任何爱与任何教之前，便只有母爱与母教，使人真成其为人。

因此人世间任何一个伟大的人，必有一位伟大的母亲。没有真伟大的母亲，不会有真伟大的子女。因此，真伟大的人，必会纪念他的母亲。其实只要他是个人，他便会纪念到他的母亲的。只是他愈伟大，便愈会纪念他母亲，便愈会自己知道他自己母亲之伟大。母亲之最伟大处，是要她子女纪念着而才见其为伟大的。若子女不知纪念他们的母亲，为母亲的也不再有什么其他的伟大表现了。这因母亲之伟大，只伟大在母爱与母教上。母教与母爱之伟大，主要便落在身受此爱与教之子女们身上。若子女不知纪念他们的母亲，那母亲便更无伟大表现暴露了。

但做母亲的，还是无条件地把那一份爱与教尽先给与他的子女了。母亲之真实伟大处便在这上面。

人生究竟有何意义呢？你若懂得纪念你的母亲，你便会懂得人生意义了。人生究竟有何价值呢？你若懂得纪念你母亲，你便会懂得人生价值了。若你还不懂得纪念你母亲，请问你和其他鸟兽动物有何分别呢？如此般的你，又哪配来追求和讨论人生的意义和价值呢？

今天又是一年一度的母亲节。让我们知有爱、受过教育人，大家都来纪念我们的母亲。让我们宣扬母亲之伟大，提倡大家都来纪念大家的母亲。让我们在此纪念母亲节而来宣扬母爱与母教，那是人类之所以成为人类，人类社会、人类历史、人类文化，都因此而开始，也因此而上进，那是一个总源所在。母亲呀！母亲呀！我永远地在纪念你。

二一　论当前国人之忧患意识

一

人生是该保持一乐观态度的。至少孔子教人是如此。孔子赞颜渊说："人不堪其忧，回也不改其乐，贤哉回也。"孔子之自称亦曰："乐亦在其中矣。"可见孔子常教人以乐，不教人以忧。若论当时孔、颜两人之生活实况，孔子则饭疏食，饮水，曲肱而枕之；颜渊则一箪食，一瓢饮，居陋巷。其现实生活实况有如此，而犹能不改其乐，则人生不该有不乐宜可知。

人生所乐何在？周濂溪教二程寻孔颜乐处。今据《论》《孟》约略论之，人生乐处贵能自立，能顶天立地站起来做一人。孔子十有五而志于学，三十而立，四十而不惑。此则"学而时习之，不亦悦乎？有朋自远方来，不亦乐乎？"乐即乐在其能立能达。又能己立而立人，己达而达人，如是而已。若论及己以外事，则非己一人所能主。孔子五十而知天命，即在能自立后，乃知有此境界，有天有命，事不专在一己。孔子曰："道之不行，我知之矣。”孔子为鲁司寇，不得意而去，遂周游列国十四年而返。其不得行道于天下，非不知。然而孔子七十而从心所欲不逾矩。能从心所欲，岂非大乐事。然而仍在其己身之内。当时如鲁哀公、季孙氏，岂能一如孔子心之所欲。是则不逾矩，即不越及其身外。孔子曰：“人不知而不愠，不亦君子乎！”则孔子乃乐以终身。其赞颜渊，亦在孔子老而返鲁之后。则孔子之乐以终身，即《论语》此两条而知矣！中国人常称“乐天知命”，“安分守己”，亦即据《论语》此两条来。

宋代大儒范仲淹，自为秀才时，即以天下为己任。“先天下之忧而忧，后天下之乐而乐”，是仲淹终身当惟有忧，更无乐，岂不与孔子之教有所背？其实大不然。仲淹幼孤，其母不能养活他，逼而改嫁。仲淹寄身山寺中，断齑画粥，其生活艰困有如此。然而仲淹不以为忧，故能立己成学，而忧及他人。及其贵，犹能不改其乐。故其两子，仅得一长袍，长兄穿之出，幼弟即留在家；幼弟穿之出，长兄即留在家。则其一家之现实生活，实当与仲淹为秀才时无大相异。惟其能安于此，乐于此，故能忧天下之忧，为一代之大贤。使仲淹于其现实生活不安不乐，则忧患先在己，无暇及他人矣！

仲淹尝派其次子赴江南收租，遇故人石曼卿，遭三丧，困居旅途中，其子即捐其所收以为救济。归以告，仲淹不之责，又倍加称赏。仲淹又创立“义庄制度”，以救济范、朱两族之鳏寡孤独穷苦而无告者。此制度乃一千年来普遍流行于中国之全社会。要之，仲淹惟能于其一己一家之现实生活能安能乐，乃始能忧患及于他人。至于仲淹之政治业绩不能大行其道于当世，则亦如孔子。在仲淹亦惟有乐天知命，安分守己而止。

孔子又曰："足食足兵，民信之矣。"其弟子问："必不得已而去，于此三者何先？"孔子曰："去兵。"又问："必不得已而去，于此二者何先？"孔子曰："去食。自古皆有死，民无信不立。"此乃为一国政治领袖主持行政大道言，亦不能无不得已之时，甚至去其食陷民于饿死，然不当去"信"。人之能自立，贵能有自信。人之能相安，贵能有互信。虽千万人之死生，有不足动其心者，而只务于能信。信其道，信其德，信于天，信于命，则斯能信及人，亦能信于人，而无不安不乐之存在矣。

二

以上乃中国文化大传统人道大本所在。据今而言，赤祸滔天，政府播迁来台。回顾三十余年前政局之动荡，民生之凋疲，此亦兵不足，食不足，几乎若无一日之可安矣。然而三十余年来，乃有今日，使非上下共有一"信"，则乌克臻此？是孔子之言，诚不虚矣。今就当前论，政局日形安定，生活日见充裕，此非一可安可乐之境乎！孔子曰："不义而富且贵，于我如浮云。"天上浮云，往来不定，无可把捉。今日之富，可来有他日之贫；今日之贵，可来有他日之贱。故贫贱非可忧，而富贵亦非可求。守道义而富贵，我守吾之道义，而傥来之富贵，则非我所能守。既非能守，亦何可求？使居贫贱而不安不乐，但求富贵，则忧患只在己，而不及人；只在当前，而不及将来。斯则终其身将在忧患中，而亦一无道义之可言矣。

故惟心存安乐，乃能生其忧患。其所忧患，则不在己而在人，亦不在当前而在将来。而一己之当前，则惟道义之可安可乐。至圣如孔子姑不论，大贤如颜渊、范仲淹亦莫不如是。颜渊终贫且贱，仲淹则既富又贵。然富贵之于仲淹，则亦如天上之浮云。仲淹之所安乐者不在此，其所忧患亦不在此矣。

今日吾国人亦非无忧患，大陆十亿同胞，至今仍陷困阨中，此诚吾人所当引为忧患者。以吾台、澎、金、马四海岛，一千八百万人，一旦重履大陆，如何得使吾大陆十亿同胞同享一安和乐利之生活，此须有一大道，可守可行。而吾侪今日，亦未能遽明此大道，此则诚为可忧可患。而非此心安乐，亦何从忧患及此？苟使我心只忧患在己，不安不乐，则非急功而近利，即好高而骛远。无道义之可守，乃将不胜其忧患矣！

如今国人竞言经济不景气，此乃全世界事，非我一国之事，岂能遽望其景气之来临。退一步思之，当我三十余年前，经济之景气又如何？退可守斯进可战，岂不回顾三十年而即可得。则此心安乐，无多忧患。而所忧患，惟在道义。道义则可安可乐，斯忧患即在安乐中，而安乐中亦不害其有忧患，而岂舍安乐以务于忧患之求哉！

晚清曾涤生《原才篇》有云："风俗之厚薄奚自乎？自乎一二人之心之所向而已。"风俗厚，则人才自出；风俗薄，则人才自灭。所谓厚者，即在其安乐中而不忘有忧患。安乐在己，而能对人忧患，此见其风俗之厚矣。风俗之薄，则在其各自忧患以求富贵，而他人之安乐，则不在其忧患中。此风俗之薄可见矣，而又何人才之望。

居今日言，亦惟此一二人之心之是求。春秋之末有颜渊，北宋中叶有范仲淹，此皆所谓一二人之心，而移风易俗，使中国文化传统绵延悠久达于五千年。求之史籍，如颜渊范仲淹者，亦世有其人矣，今岂独无其人？彼人也，我亦人也，有为者亦若是。是则贵在人之有自信，能自信而自立，得继颜、范而起，此其人亦自有所安乐。而台、澎、金、马四海岛一千八百万人，以及大陆十亿同胞，亦将胥赖以安乐。故惟国人能于吾国家民族传统文化有自信，则亦安乐之所在矣。

三

兹再论及最近百年来之国史，国父孙中山先生之“辛亥革命”建国，以及其退居沪上，所创撰之民族、民权、民生“三民主义”，苟非承继吾国家民族五千年一线绵延之文化大传统，则何来有此民权？苟非有此代表吾民族传统之民权，则又何来此民生？先总统蒋公北伐完成一统，对日抗战，保全国土，以及播迁来台，一遵三民主义，以图复兴，而又有“文化复兴运动”之号召，此亦所谓“一二人之心之所向”，以形成此百年历史之大业者。孙、蒋二公，得踞政治高位，其他同心同德，追随辅翼此二公以共创此大业者，在朝在野，有名无名，大有其人，则更仆而难数。前有袁世凯，后有毛泽东，居心之薄，已与国人以共见，此亦一二人之心之所向，而使吾国家民族几于历劫而难复。然而北洋军阀已迄今无踪影，而今日大陆十亿同胞亦已无一日之可安，则吾国家民族五千年来之生命大统，何继何承，或传或绝，岂不明白昭张，岂不如在目前，不待再有晓示而可知？虽曰西力东渐，国难方殷，而吾国人之当何所安何所乐，则亦不须再有指辨而可知矣。

四

孟子曰："生于忧患，死于安乐。"凡吾国家民族五千年来生齿日繁，疆土日廓，以安以乐，以有今日，则莫不由其知所忧患生。而凡吾先圣先贤，其能昭示吾国人以当所忧患而共享此安乐者，亦莫不自忧患生。即如上举，上自孔、颜，下迄范仲淹三人岂不皆生忧患中，又岂不常抱此忧患，以立以达，以完成其安乐之生命。化忧患为安乐，即安乐以忧患。安乐之与忧患，既已融于一心，化为一体。此非由少数一二人之深心体会，即难期多数千万人之骤喻骤晓。此所谓"尧舜性之，汤武反之"。"以先知觉后知，以先觉觉后觉"。而能抱此忧患者，则常在少数。而共享此安乐者，则必普及于多数。孟子谓"天之将降大任于斯人"，固非谓天之降此大任于全民也。

"先总统"蒋公初来台，即以"毋忘在莒"四字昭示国人。方齐之全国临于崩溃覆亡之际，而犹有一莒之存在。当时在莒者，其为安乐，其当忧患？则其先后分际之所在，亦有非尽在莒者之所能辨。今日吾台、澎、金、马四海岛一千八百万国人，其何以安之乐之，又何以忧之患之？此则仍有待于一二人之心之所向。此正吾国家民族五千年一线相承之文化大传统一主要精旨之所在。此则有待于善体国家民族之文化大传统之大贤君子之出身担当。所谓先天下之忧而忧，后天下之乐而乐者，此即以天下为己任之大贤君子，瞻之在前，忽焉在后，为吾全国人日夜所企望。天佑中国，已在吾前，亦在吾后，吾国家民族五千年之大传统，必将不负此望。民无信不立，立即立在吾此信。夫子岂欺我哉！

孔子又曰："贫而乐，富而好礼。"今日吾国人已不得谓之贫，尊贤敬圣，此又吾国人大礼之所在。则吾国人今日当前之所当忧患者，惟在其不能安，不能乐，不知有尊有敬，以共为一安分守己之公民。窃愿以此意，与吾台、澎、金、马一千八百万国人共勉之。

（一九八三年二月十八日《中央日报》,《中央月刊》十五卷四期。）

二二　漫谈改革社会风气

一

“风气”二字是一旧观念，旧名词，为中国人向所重视。近代国人竞尚西化，好言潮流。“潮流”二字是一新观念，新名词，为中国古书中所未有。此两名词同指一种社会力量，有转移性，变动不居。惟潮流乃指外来力量，具冲击性、扫荡性；不易违逆、不易反抗，惟有追随，与之俱往。而风气则生自内部，具温和性，而更具生命性，自发自主，能自有其一番内在精神，不受外力所转移。然则吾今日中国社会，如何能适应外来潮流，而不随以俱去，犹能善保其生命内力，与固有的独立精神，使风气潮流得相与引生而长。实为当前最宜看重之一要点。

中国古人言风气，请举孔子为例。《论语》孔子曰：“君子之德风，小人之德草。草，上之风，必偃。”孔子生在两千五百年前封建社会尚未崩溃之时，其言“君子”指在上贵族言，其言“小人”指在下平民言，主要在“德”字。德指人之“德性”，为尽人所同具。故在上君子之德性如一阵风，在下平民之德性如一丛草。风东来，则草西偃；风西来，则草东偃。社会风气之易成有如此。

孔子又言："道之以政，齐之以刑，民免而无耻。道之以德，齐之以礼，有耻且格。"可见转移风气主要不在政治与刑法。政治刑法虽是一种力量，但经受此力量者，可求避免，而不生愧耻心，依然可以无动于衷，则政治与刑法其为力实有限。惟能以在上位者之德性为领导，而具体化为一种上下彼我共行之"礼"，则受者内心自生感动；不够此标格，会自生一种愧耻心；能不加一种限制而自生限制，不加一种压迫而自感压迫，而自能抵达此标格。

故中国人言"政"，不重法治，重"礼治"。此为中国文化自古相传一种特性，实已经历两千五百年来而不变。西方社会中稍具此力量而与中国略相似者，则为宗教。宗教不尚权力，更不待刑法，一进教堂唱诗膜拜，庶似于中国之礼乐。而耶稣之十字架精神，亦可谓尚德不尚力。其力量出自耶稣内心所具之一种德性。耶教传布亦近二千年，遍及于欧洲之全社会，此亦一种"道之以德，齐之以礼"，而信教者自有一种有耻且格之风。其力量不仗政治，不仗刑律，自可勿论。所异者，西方政教分，中国则政教合。而宗教之最后归宿则仍为上帝之力，而非耶稣之德。中国则崇尚人类所同具之德性，故所重近在人，不远在天。在中国文化中，并未产生宗教，然亦同具一种信仰。惟其信仰之归宿则在人之德性。即在上位亦无以自外。故其精神有与宗教相异而实同之处。孔子虽非教主，而永尊为“至圣先师”，其一种德性教育之力量，实即一种宗教力量。

二

中国人从来言“风教”，言“风化”，社会风气乃由一种教化来。知此乃能来研究中国之社会史。及于晚清，曾文正有《原才篇》，开首即曰：“风俗之厚薄奚自乎，自乎一二人之心所向而已。”社会一切人才应自社会之善良风俗培育而成，而善良风俗则从其社会中一二人之心向来。曾文正所生之社会，较之孔子时，已逾两千年。其社会形态已大变。而曾文正所言，实亦与孔子意无大相异。试以历史事例为证。

中国政治风气之败坏，莫过于魏晋时之曹操与司马懿。中国社会风气之败坏，则莫过于唐末与五代。北宋兴，有胡安定、范文正，而风气复归于正，一时人才辈出，此风气之厚薄非由于一二人之心向而何？故蒙古入主，有文文山、谢叠山、黄东发、王伯厚。满清入主，有史可法、顾亭林、李二曲、王船山。政权移于上，而社会风气则保持不变，依然一中国人之中国社会，无可摇移。此无他，亦依于一二人之心之所向而已。旷观古今中外，惟中国始有之。古希腊古罗马乃及现代之西欧，宜皆不能相比拟，此乃中国文化之特可自傲处，非其他民族之所能相望也。

此因西方重“多数”，中国重“少数”。多数“尚力”，而少数则“尚德”。以力服人，非心服也。以德服人，乃能使人心悦而诚服。无德可尚，乃始转而尚力。多数压迫，乃见若潮流之汹涌。少数乃能领导，能主持，有同情心，有感召力。众所归往，始成一理想之风气。斯则中国社会风气形成之所以堪贵也。现代西方虽科学昌明，而宗教势力则依然尚在。彼中有殷忧其文化之没落者，亦惟以复兴宗教为念。可见不能专尚科学与物质文明立国，西方人亦自知之。

三

近代中国则有惟一孙中山先生堪当少数中一尤少数者，其唱“三民主义”首民族，次及民权，民权当由民族来。而民族精神则保存于少数，亦惟递禅阐扬于少数。故中山先生有“知难行易”之论，不知不觉而行易者属多数，后知后觉已属少数，而先知先觉则更少数中之尤少数。故中山先生之革命过程亦分三阶段，一曰“军政”时期，次曰“训政”时期，最后始曰“宪政”时期。中山先生心中之宪政，实当称之曰“民族宪政”，既非袭取而来，亦非多数可知。故不仅被选举权当先经考试，即选举权亦必先经考试，乃获赋与。此等主张，今日国人皆不敢明白称引。何者？潮流所趋，既不深知，自难违抗耳。

今日国人，观其体肤毛发，则俨然是炎黄嫡系。论其心情好恶，则尽归现代化。其实今日国人之所谓“现代化”即属西化。就实况言，孔子在当时，即周公之现代化。孙中山在近代，亦即周、孔之现代化。现代化贵能化其自我，而非化于他人。如今日国人之所谓现代化，则不过为时代潮流冲卷而去之一较好名词而已。故祖宗必加鄙弃，子孙首贵留学，行易则在中国，知难则付之外洋。中山先生必比拟之于华盛顿，乃始有其价值。故“三民主义”亦必比附之林肯之民有、民治、民享，乃始有其意义。

中国人言道统治统，必曰“作之君，作之师”。并不期望之于人人。中国人言政治，必归之“选贤与能”。而此选举权，下不操于民众，上不操于政治领袖如国君、如天子，而别有其客观之标准人选。中国人言生活，亦不专为物质生活之私人享受。中山先生《三民主义》其书具在，岂可以林肯民有、民治、民享之三语释之。今日台湾人乃有从事台湾独立运动者，其意即自谓乃追随华盛顿美国十三州独立之脚步。权威在国外，一切言论行动则各得自由。若言平等，则古今不平等，中外不平等，惟时代潮流之马首是瞻。此非吾国社会今日一风气乎？故总统蒋公提倡文化复兴运动，亦正为此而发。

孔子不得“中行”而与之，则曰：“必也狂狷乎！”“过吾门不入我室，我不憾焉者，其惟乡愿乎！”今日国人，在中国社会则崇洋排己，皆似一狂狷。及其入外国社会则舍己从人，皆为一乡愿。惟此等乃洋乡愿，乃为中国全社会所崇重。则中国社会亦必成一洋社会可知。国家犹是此一中国，而社会则已成一洋社会，与蒙古满清入主适可成一对比。此实系潮流所迫，非风气所成。潮流权力在外，风气则本于德性，由我自主，非在外所能操纵。

孟子曰："经正则庶民兴。""经"者，正常大道，乃树人立国之大本所在。此非多数可知，然多数亦必由知以行。故孔子曰："民可使由之，不可使知之也。"顾亭林亦有言："天下兴亡，匹夫有责。"亦即此意。果使此正常大道必归之于多数，则孔孟以至顾亭林亦仅若一匹夫，又何从负此天下兴亡之大责？

经若不正，民将何由？至如奉公则有贪污，居恒则恣奢淫，此乃一种歪风秽气，为国法所不容，刑律所当先。若欲正人心，兴风气，首必及此。然求正本清源则别有在，乃必求之于正常之大道。惟此乃若中国人之旧观念，旧信仰。不知今日国人贤者其亦终有意于此乎？国人今方讨论改革社会风气，漫谈及此，以供国人贤者之参考。

（一九七九年七月十六日《中央月刊》十一卷九期）

第四编

一　知识之两方面

大学青年进入大学，求取知识，应该具有两项目标：一属专门部分，二属普通部分。专门知识，是个别的，此人所知，不必即为彼人所知；如医学、法律、工程、音乐等，每一项知识，供应社会每一项之需要，而形成为各项之职业。一个社会，当然希望人人有职业，人人能对社会有贡献。但当知：社会并非由各项职业所组成。职业总涵有功利实用性，如医师遇到律师，工程师遇到音乐家，彼此间的专门知识，无法互相了解，只有在需要时互相利用。如律师病了，须请医师；医师建屋，须请建筑师之类。当知社会决不能由不相了解而仅相利用之人群来组成。

社会并不由职业而组成，只是有社会，才始有各项职业之需要。社会乃由人群所组成，职业是各别的，而人则是共通的。每一职业，固须一个人来当。你做了医生，你同时还该做一个人。你做了律师，同时也还该做一个人。当职业有各项职业之专门知识与专门训练，也该有当做人的 一项共通知识与共通训练。当职业愈专门愈好，做人则愈普通愈好。当职业，可以你不懂我，我不懂你；但做人则必做到互相了解，互相明白，互相承认。

做人的普通知识，约略言之，可分为三方面：一是道德的，二是艺术的，三是文化的。如“言忠信，行笃敬”，那是道德方面的。人人该如此，不能一人自外，不能由我独异。艺术可使人生美化，不可能人人做艺术家，但人人该懂得爱好艺术，欣赏艺术。对艺术有普遍了解，共同修养。人生各项娱乐，都包括在此内。道德与艺术，归纳入文化的大项目之内。社会由人而组成，也可说社会由人类之文化而组成。此因文化了解与文化修养，乃做人的一项至要条件。每一个人在其社会之传统文化体系之中而生长，而完成，因此每一个人必该对其所生长之社会之所由组成之传统文化，有了解，有修养。

上面所说道德、艺术与文化之三项都该是属于普通知识方面的。从前人，似乎对普通知识方面更重视；但现世界，则似乎逐渐对专门知识方面更重视了。其实则偏轻偏重皆有弊。当知专门知识，愈专门愈有价值。而普通知识，则愈普通愈有价值。做人做到普通的，是最伟大的。那些知识，人人该知；那些道理，人人该学。若我们忽略普通知识那一面，总是做人有缺点，会影响其专门的职业同样有缺点。

近代社会，由于科学之突飞猛进，而专门知识日有进展，因此而忽略了做人的普通知识方面，社会上会发生坏影响。尤其在中国社会上，此一毛病，近几十年来，最显著、最严重。我今天特地提出此意见，奉劝诸位，对于各自研修一项专门知识，将来尽力于一项专门的职业，而对社会有贡献外；更该注重我们在此社会中做一个人的普通知识方面，更该加意进修。否则流弊所及，此一社会中，只见有职业，不见有人，整个社会，将会垮了。试问我们这些各自专门的职业，又向哪里去作贡献呢？

（一九五六年十二月香港浸信会书院演讲，香港《华侨日报》十二月二十日。）

二　读书与做人

今天在这讲堂里有年轻的同学，有中年人，更有老年人；真是一次很有价值、很有意义的盛会。如按年岁来排，便可分三班；所以讲话就比较难。因为所讲如是年轻人比较喜欢的，可能年长的不大爱听；反之亦然。现在我准备所讲将以年长人为主，因为年轻人将来还得做大人，但年老了，却不能复为青年人。并且年幼的都当敬重年老的，这将好让将来的青年人也敬重你们。至于年老的人，都抱着羡慕你们年轻人的心情，自然已值得年轻人骄傲了。

我今天的讲题是"读书与做人"，实在对年轻人也有关。婴孩一出世，就是一个人，但还不是我们理想中要做的一个人。我们也不能因为日渐长大成人了，就认为满足；人仍该要自己做。所谓做人，是要做一个理想标准高的人。这须自年幼时即学做；即使已届垂暮之年，仍当继续勉学、努力做。所谓"学到老，做到老"，做人工夫无止境。学生在学校读书，有毕业时期；但做人却永不毕业——临终一息尚存，他仍是一人，即仍该做；所以做人须至死才已。

现在讲到读书。因为只有在书上可以告诉我们，如何去做一个有理想高标准的人。诸位在学校读书，主要就是要学做人。即如做教师的亦然。固然做教师可当是一职业；但我们千万不要以为职业仅是为谋生，当知职业也在做人道理中。做人理当有职业，以此贡献于社会。人生不能无职业，这是从古到今皆然的。但做一职业，并不即是做人之全体，而只是其一部分。学生在校求学，为的是为他将来职业作准备。然而除在课堂以外，如在宿舍中，或是在运动场上，也都是在做人，亦当学。在课堂读书求学，那只是学做人的一部分；将来出了学校，有了职业，还得要做人。做人圈子大，职业圈子小。做人当有理想，有志愿。这种理想与志愿，藏在各人内心，别人不能见，只有他自己才知道。因此，读书先要有志；其次，当能养成习惯，离开了学校还能自己不断读书。读书亦就是做人之一部分，因从读书可懂得做人的道理，可使自己人格上进。

惟在离开了学校以后的读书，实与在学校里读书有不同。在学校里读书，由学校课程硬性规定，要笔记、要考试，战战兢兢，担心不及格，不能升级、不能毕业，好像在为老师而读书，没有自己的自由。至于离了学校，有了职业，此时再也没有讲堂，也没有老师了，此时再读书，全是自由的，各人尽可读各人自己喜欢的书。当知：在学校中读书，只是为离学校求职业作准备。这种读书并不算真读书。如果想做一位专门学者，这是他想以读书为职业；当知此种读书，亦是做人中一小圈子。我们并不希望，而且亦不大可能要人人尽成为学者。我此所讲，乃指我们离开学校后，不论任何职业、任何环境而读书，这是一种业余读书；这种读书，始是属于人生的大圈子中尽人应有之一事；必需的，但又是自由的。今问此种读书应如何读法？下面我想提出两个最大的理想、最共同的目标来：

一是“培养情趣”。人生要过得愉快、有趣味，这需用工夫去培养。社会上甚至有很多人怕做人了，他觉得人生乏味，对人生发生厌倦，甚至于感到痛苦。譬如：我们当教师，有人觉得当教师是不得已，只是为谋生，只是枯燥沉闷，挨着过日子。但当知：这非教师做不得，只是他失了人生的情趣了。今试问：要如何才能扭转这心理，使他觉得人生还是有意义有价值？这便得先培养他对人生的情趣；而这一种培养人生情趣的工夫，莫如好读书。

二是“提高境界”。所谓境界者，例如这讲堂，在调景岭村中，所处地势，既高又宽敞，背山面海；如此刻晴空万里，海面归帆遥驶，或海鸥三五，飞翔碧波之上；如开窗远眺，便觉眼前呈露的，乃是一片优美境界，令人心旷神怡。即或朗日已匿，阴雨晦冥，大雾迷蒙，亦仍别有一番好景。若说是风景好，当知亦从境界中得来；若换一境界，此种风景也便不可得。居住有境界，人生亦有境界。此两种境界并不同。并非住高楼美屋的便一定有高的、好的人生境界，住陋室茅舍的便没有。也许住高楼华屋，居住境界好，但他的人生境界并不好。或许住陋室茅舍，他的居住环境不好，而他的人生境界却尽好。要知人生境界别有存在。这一层，或许对青年人讲，一时不会领会；要待年纪大了、经验多、读书多才能体会到此。我们不是总喜欢过舒服快乐的日子吗？当知人生有了好的高的境界，他做人自会多情趣，觉得快活舒适。若我们希望能到此境界，便该好好学做人；要学做人，便得要读书。

为什么读书便能学得做一个高境界的人呢？因为在书中可碰到很多人，这些人的人生境界高、情味深，好做你的榜样。目前在香港固然有三百几十万人之多，然而我们大家的做人境界却不一定能高，人生情味也不一定能深。我们都是普通人，但在书中遇见的人可不同；他们是由千百万人中选出，又经得起长时间的考验，而保留以至于今日。像孔子，距今已有二千六百年，试问中国能有几个孔子呢？又如耶稣，也快达二千年。他如释迦牟尼、穆罕默德等人。为什么我们敬仰崇拜他们呢？便是由于他们的做人。当然，历史上有不少人物，他们都因做人有独到处，所以为后世人所记忆，而流传下来了。世间决没有中了一张马票，成为百万富翁，而能流传后世的。即使做大总统或皇帝，亦没有很多人能流传让人记忆，令人向往。中国历代不是有很多皇帝吗？但其中大多数，全不为人所记忆，只是历史上有他一名字而已。哪里有读书专来记人姓名的呢？做皇帝亦尚无价值，其余可知。中马票固是不足道，一心想去外国留学、得学位，那又价值何在、意义何在呀？当知论做人，应别有其重要之所在。假如我们诚心想做一人，“培养情趣，提高境界”，只此八个字，便可一生受用不尽。只要我们肯读书，能遵循此八个字来读，便可获得一种新情趣，进入一个新境界。各位如能在各自业余每天不断读书，持之以恒，那么长则十年二十年，短或三年五年，便能培养出人生情趣，提高了人生境界。那即是人生之最大幸福与最高享受了。

说到此，我们当再进一层来谈一谈读书的选择。究竟当读哪些书好？我认为：业余读书，大致当分下列数类：

一是修养类的书。所谓修养，犹如我们栽种一盆花，需要时常修剪枝叶，又得施肥浇水；如果偶有三五天不当心照顾，便决不会开出好花来，甚至根本不开花，或竟至枯死了。栽花尚然，何况做人！当然更须加倍修养。

中国有关人生修养的几部书是人人必读的。首先是《论语》。切不可以为我从前读过了，现在毋须再读。正如天天吃饭一样，不能说今天吃了，明天便不吃；好书也该时时读。再次是《孟子》。孔、孟这两部书，最简单，但也最宝贵。如能把此两书经常放在身边，一天读一二条，不过化上三五分钟，但可得益无穷。此时的读书，是各人自愿的，不必硬求记得，也不为应考试，亦不是为着要做学问专家或是写博士论文；这是极轻松自由的，只如孔子所言“默而识之”便得。只这样一天天读下，不要以为没有什么用。如像诸位每天吃下许多食品，不必也不能时时去计算在里面含有多少维他命，多少卡路里，只吃了便有益；读书也是一样。这只是我们一种私生活，同时却是一种高尚享受。

孟子曾说过："君子有三乐，而王天下不与存焉。"连做皇帝王天下都不算乐事，那么，看电影、中马票，又算得什么？但究竟孟子所说的那三件乐事是什么？我们不妨翻读一下《孟子》，把他的话仔细想一想，那实在是有意义的。人生欲望是永远不会满足的，有人以为月入二百元能加至二百五十元就会有快乐，哪知等到你如愿以偿，你始觉得仍然不快乐。即使王天下，也一样会不快乐。我们试读历史，便知很多帝王比普通人活得更不快乐。做人确会有不快乐，但我们不能就此便罢，我们仍想寻求快乐。人生的真快乐，我劝诸位能从书本中去找；只化三两块钱到书店中去，便可买到《论语》、《孟子》；即使一天读一条，久之也有无上享受。

还有一部《老子》，全书只五千字。一部《庄子》，篇幅较巨，文字较深，读来比较难；但我说的是业余读书，尽可不必求全懂。要知：即是一大学者，他读书也会有不懂的，何况我们是业余读书；等于放眼看窗外风景，或坐在巴士渡轮中欣赏四周景物，随你高兴看什么都好；不一定要全把外景看尽了，而且是谁也看不尽。还有一部佛教禅宗的《六祖坛经》，是用语体文写的，内中故事极生动，道理极深邃，化几小时就可一口气读完，但也可时常精读。其次，还有朱子的《近思录》与阳明先生的《传习录》。这两部书，篇幅均不多，而且均可一条条分开读，爱读几条便几条。我常劝国人能常读上述七部书。中国传统所讲修养精义，已尽在其内。而且此七书不论你做何职业，生活如何忙，都可读。今天在座年幼的同学们，只盼你们记住这几部书名，亦可准备将来长大了读。如果大家都能每天抽出些时间来，有恒地去读这七部书，准可叫我们脱胎换骨，走上新人生的大道去。

其次便是欣赏类的书。风景可以欣赏，电影也可以欣赏，甚至品茶喝咖啡，都可有一种欣赏。我们对人生本身也需要欣赏，而且需要能从高处去欣赏。最有效的莫如读文学作品，尤要在读诗。这并非要求大家都做一个文学家，只要能欣赏。谚语有云："熟读唐诗三百首，不会做诗也会吟。"诗中境界，包罗万象，不论是自然部分，不论是人生部分，中国诗里可谓无所不包。一年四季，天时节令，一切气候景物，乃至飞潜动植，一枝柳，一瓣花，甚至一条村狗或一只令人讨厌的老鼠，都进入诗境，经过诗人笔下晕染，都显出一番甚深情意，趣味无穷；进入人生，所遇喜怒哀乐，全在诗家作品中。当我们读诗时，便可培养我们欣赏自然，欣赏人生，把诗中境界成为我们心灵欣赏的境界。如能将我们的人生投放沉浸在诗中，那真趣味无穷。

如陶渊明诗：

> 犬吠深巷中，鸡鸣桑树颠。

这十个字，岂非我们在穷乡僻壤随时随地可遇到！但我们却忽略了其中情趣。经陶诗一描写，却把一幅富有风味的乡村闲逸景象活在我们眼前了。我们能读陶诗，尽在农村中过活，却可把我们带进人生最高境界中去，使你如在诗境中过活；那不好吗？

又如王维诗：

雨中山果落，灯下草虫鸣。

诸位此刻住山中，或许也会接触到这种光景：下雨了，宅旁果树上，一个个熟透了的果子掉下来，可以听到“扑”“扑”的声音；草堆里小青虫经着雨潜进窗户来了，在灯下唧唧地鸣叫着。这是一个萧瑟幽静的山中雨夜，但这诗中有人。上面所引陶诗，背后也有人。只是一在山中，一在村中；一在白天，一在晚上。诸位多读诗，不论在任何境遇中，都可唤起一种文学境界，使你像生活在诗中；这不好吗？

纵使我们也有不能亲历其境的，但也可以移情神游，于诗中得到一番另外境界，如唐诗：

松下问童子，言师采药去；只在此山中，云深不知处。

那不是一幅活的人生画像吗？那不是画的人，却是画的人生。那一幅人生画像，活映在我们眼前，让我们去欣赏。在我想，欣赏一首诗，应比欣赏一张电影片有味，因其更可使我们长日神游，无尽玩味。不仅诗如此，即中国散文亦然。诸位纵使只读一本《唐诗三百首》、只读一本《古文观止》也好；当知我们学文学，并不为自己要做文学家。因此，不懂诗韵平仄，仍可读诗。读散文更自由。学文学乃为自己人生享受之用，在享受中仍有提高自己人生之收获，那真是人生一秘诀。

第三是博闻类。这类书也没有硬性规定，只求自己爱读，史传也好，游记也好，科学也好，哲学也好；性之所近，自会乐读不倦，增加学识，广博见闻；年代一久，自不寻常。

第四是新知类。我们生在这时代，应该随时在这时代中求新知。这类知识，可从现代出版的期刊杂志上，乃至报章上找到。这一类更不必详说了。

第五是消遣类。其实广义说来，上面所提，均可作为消遣；因为这根本就是业余读书，也可说即是业余消遣。但就狭义说之，如小说、剧本、传奇等，这些书便属这一类。如诸位读《水浒传》、《三国演义》、《红楼梦》，可作是消遣。

上面已大致分类说了业余所当读的书。但诸位或说生活忙迫，能在什么时候读呢？其实人生忙，也是应该的；只在能利用空闲，如欧阳修的“三上”，即：枕上、厕上和马上。上床了，可有十分一刻钟睡不着；上洗手间，也可顺便带本书看看；今人不骑骡马，但在舟车上读书，实比在马上更舒适。古人又说“三余”：冬者岁之余，夜者日之余，阴者晴之余。现在我们生活和古人不同，但每人必有很多零碎时间，如：清晨早餐前，傍晚天黑前，又如临睡前；一天便有三段零碎时间了。恰如一块布，裁一套衣服以后，余下的零头，大可派作别的用场。另外，还有周末礼拜天，乃及节日和假期，尤其是做教师的还有寒暑假。这些都可充分利用，作为业余读书时间的。假如每日能节约一小时，十年便可有三千六百个小时。又如一个人自三十岁就业算起，到七十岁，便可节余一万四千四百个小时，这不是一笔了不得的大数目吗？现在并不是叫你去吃苦做学问，只是以读书为娱乐和消遣，亦像打麻雀、看电影，哪会说没有时间的！如果我们读书也如打麻雀、看电影般有兴趣、有习惯，在任何环境任何情况下都可读书；这样，便有高的享受，有好的娱乐，岂非人生一大佳事！读书只要有恒心，自能培养出兴趣，自能养成为习惯，从此可以提高人生境界。这是任何数量的金钱所买不到的。

今日香港社会读书空气实在太不够，中年以上的人，有了职业，便不再想到要进修，也不再想到业余还可再读书。我希望诸位能看重此事，也不妨大家合作，有书不妨交换读，有意见可以互相倾谈。如此，更易培养出兴趣。只消一年时间，习惯也可养成。我希望中年以上有职业的人能如此，在校的青年们他日离了学校亦当能如此，那真是无上大佳事。循此以往，自然人生境界都会高，人生情味都会厚。人人如此，社会也自成为一好社会。我今天所讲，并不是一番空泛的理论，只是我个人的实际经验。今天贡献给各位，愿与大家都分享这一份人生的无上宝贵乐趣。

（一九六二年十二月二日香港调景岭慕德中学讲演，新亚书院《生活双周刊》五卷十五期。）

三　中国文化与人文修养

人文修养即是讲究做人的道理和方法。懂得如何做人才是最高的知识，学如何做人才是最大的学问。学做人是人最切身的问题。任何一个社会，一个民族，都有其教人做人的道理；生长在这社会里的人，都得接受这社会教我们做人的道理。

世界上最伟大的人如孔子、耶稣、释迦，他们都教人如何做人。尤其是中国文化的中心思想即为教人如何做人。但孔孟与耶稣、释迦不同，因耶稣、释迦乃教主，而孔孟则不然。

如我们要立志做一科学家、史学家、文学家或教育家，我们首先不能忘记我们是人，必须站在人的立场去获得知识来为人类服务。若脱离了人的立场，则所有一切均成泡影，全无意义。要了解中国的文学，必须了解中国做人的道理，因中国文学的最高理想，要将自己最高的人格溶化在自己的作品中，要使作家与其作品合而为一。故不了解作家，即不易了解其作品之最高最深之境界。若只求了解一篇篇的作品，而不去了解作家的人格，那么我们不能洞晓其作品所涵真实的意义。如或有某作家的作品，不需通过了解作家本身的人格，而便能予以全部把握，则那些作品在中国人眼里至多是第二流的。

如屈原与其作品是溶合为一的，若不了解屈原其人，便不能了解其作品。这种作品才是第一流。至于如宋玉，其作品虽美，可是我们只了解其作品即可，并不必去了解宋玉之为人，故其作品最多只是第二流。又如陶潜、杜甫、欧阳修、苏轼，直至近代如曾国藩等人，其诗文都是基于其人格而成，其人格均能表现在其作品中，我们若不了解他们的人格，就无法了解他们的作品；这才是第一流作品。如《水浒传》、《红楼梦》等书之作家究竟是谁，知与不知，并不影响到我们欣赏这些作品上，所以它们只算是第二流的。中国人常把小说、戏曲都列为第二流的文学，就为这个原因。

历史是人事的记载，史实以人物为中心，所以不了解人，即不易了解历史。尤其中国文化，特重人文精神，如二十四史等书皆以人物为中心，其体裁特别重在列传。因人可以支配历史，而历史并不能支配人。我们读历史，必须懂得历史里的人物，能品评其人格之忠佞贤奸，邪正诚伪。若不了解人物，则无法了解到历史。即如岳武穆、文天祥、史可法等，我们当知并不是因他们为国而死，才成为这样的人；而是因为他们是这样的人，才会碰到这样一个死的机遇。

人之生死，只是一个机遇，机遇仍在人之选择。他们之死，才显示出他们的忠直诚正。这是一个主动的表现。他们可以不死，因为机遇可由人自己作选择。故中国人讲历史，主要在人物精神，所以学历史必须知道做人的道理。中国人讲教育，常言“身教胜于言教”。所以我们与其说孔子是一位教育思想家，不如说他是一位教育家。从这里可以看出身教和言教的分别。身教是以身作则，用人格来教人格。教育家的一切思想言论，只是他人格之表现，他的主要价值不在其思想言论，而更要在其背后的人格。中国之品论文学，不重其文章，而重在作者与作品之合一。讲历史不重其事业，而重在其人格与事业之合一。我们不了解一人，亦不能了解其教育精神与目的。如孔子、孟子及宋、明诸大儒，他们全是以自身人格来发扬他们的教育精神与目的的。所以不了解中国的做人道理，就不能了解中国的史学、文学、教育、人生和全部文化精神。这是我们中华民族文化中特殊的地方。所以说教人做人的道理是我们文化的中心思想，这叫做人文修养。

在《易经》上说：“观于人文以化成天下。”今天所用“文化”“人文”两名词，虽从英文译来，然而这观念中国自古已有，不过与西方有些不同。何谓人文？曰：“物相杂谓之文。”所以文就是一种花样，如黑白相杂便成了花样；若只是纯白或纯黑，则无所谓花样。中国人讲有天文、地文、人文，如男女相杂亦就是花样。因男女相杂才化合成夫妇，为父母，有子女，这就是物相杂，即是一种人文。老一辈人与晚一辈人相杂化合，即可产生新的，今之天下即是经化合而成的天下。大而言之，时空相杂遂形成今日的社会。用中国话说，即一经一纬，而织成了人群相处的文采，即谓之人文。人文也可说即是世网。说到空间，人易懂，如这是台北，那是台南。但说到时间，便不易把握，如何时才有此日月潭、此小学和此文史年会。虽然今天是在这日月潭的国民小学来举行文史年会，可是这三个形成的时间是不同的。犹如同长在一个园林中的树，也是历史不同，年代不同。在这种各个不同的情形下织成了一个世网。人群社会中之形形色色，因于时间不同，空间不同，复杂多样，我们称之谓文化，这是包括着很多东西的。这即是人文，因复杂而化合。经于复杂之交织化合而又成了新物。

什么是修养？如修剪花朵枝叶、培养泥土等。一颗花种，生出花苗后，需要慢慢培养修剪，才能长出一朵合意的花来。做人亦如此。天地生人，单独的人没有意义，没有价值。于是男女老幼、民众政府交织形成了世网。若把今天这个年会扩大来讲，便可以把整个世界都牵上。换一面讲，若非整个世界的化合，亦无此年会。人一定要进入社会才成人，因此必要在人群中做人，若脱离了社会便不成为人了。故人定要二人以上相杂，才能做人。中国提出“仁”字即二人，所谓“相人偶”。中国人讲做人道理，最基本的是要人参加进社会，在人文中修养他自己，成为一“人文化成”的人。西方讲人文乃是针对宗教而言，因宗教最大目标重在死后人可接近上帝因而得救，于是反过来主张人文主义；其所讲重要精神并不与中国相同。中国讲做人的道理，一定要把人与人配合起来才能做人。如果你死了，但在社会上还有因你之化合而所成的新的你保存。所以中国人注重的是后世，不是天国。要言之，脱离了社会的人，不算是一个人。

请问跑进社会以后如何做人呢？当然，如做老师、做公务员等，不能一些花样都不做而单独说要做个人。所以要做人，便须做社会上的人，进而做历史上的人。天地所生之人只是一“自然人”，入了社会以后做的人，才是社会的人，历史的人，才是“文化人”，即是人文修养之人。

但是要怎样做社会的人、历史的人呢？我国文化主要精神就是要教人如何做人。我们今天讲讲做人的道理，并非说别人要做个什么样的人，我要做个什么样的人；这不能分开讲。现在所讲，只是全人类做人的道理，只是讲人如何做人，便该在人以外更没有条件。这一切是无条件的。与教育程度的高低，人的贫富贵贱等都无关，而只是就全人类中每一人如何来做一个人讲的。只要他是一个人，就应该在社会上做一个人，也就可在社会上做一个人，不需任何条件的。有知识的要做一个人，无知识的也要做一个人；富贵的要做一个人，贫穷的也要做一个人；不管男女老幼，富贵贫贱，只要是生而为人，就要做一个人。而且人格是要一贯下来的。从幼到老，从生到死；因此不能说待我到某阶段了，才来讲做人。我们要讲做人，是要每一个人都要做的，通贯古今，在每一个地区和环境下都要做，不受时空限制。而这一个理想又是人人须做而又永远做不到十全的。就因为永远做不到十全，所以要人不断地去做。这就是《中庸》所说：“极高明而道中庸，致广大而尽精微。”

试问我们做人应从何处开始呢？孔子曰："弟子入则孝，出则弟，谨而信，泛爱众而亲仁。行有余力，则以学文。"弟子就是青年人。孔子这番话就是要我们在一切条件下做人，从头一开始便讲究做人。人总有父母，总有社会，做人惟一的条件，便是要在你以外再有人，其他便无条件了。但是为何要这样去做呢？就借孔子那句话中"泛爱众而亲仁"的"亲爱"二字来看。你若有一个亲人、爱人，你心里一定喜悦。你能以亲爱之心待人，你自己一定很高兴。人家以亲爱待你，你也会很高兴。所以亲爱是人心之所欲。难道天下有不要人亲爱的人吗？孝弟只是亲爱的别名而已。这既然是人心之所欲，人为何不去做呢？苟非人人心之所欲，又如何能勉强人人去做呢？故中国人教做人，开始只要能"从心所欲"，做到家，仍还是"从心所欲"，再没有更易的工夫，更高的境界了。故孔子曰："七十而从心所欲。"孔子一生修养到最高境界即为此从心所欲。然而从心所欲是一件最容易而又最困难、最浅近而又最高深的事，同时也是最普遍而又最个别的事。

但一个人每为要"从心所欲"而走上不能"从心所欲"的路，到处碰壁，不开心。这是因为不知从心所欲的方法所致。什么是从心所欲的方法呢？孔子曰："吾道一以贯之。"曾子释之曰："夫子之道，忠恕而已矣。"朱子注："尽己之心之为忠，推己及人之为恕。"尽自己的心，如要睡则尽心的睡，要吃则尽心的吃，只有自己的心能替自己做主，自己才能把握住自己，自己的心才是自己的主人。我们进入社会，到了一个复杂的世网中，我们应该“不怨天，不尤人，下学而上达，知我者其天乎”；你不要在一切外在的条件上怨天尤人，你要从最根本处做起，从你初生做小孩时的那一颗心的根本处做起，才可上达到最高的境界，这时则只有天知了。所以学做人，须从自己的心上做。孔子是“七十而从心所欲不逾矩”，要“从心所欲”而“不逾矩”才是，若逾矩则不能从心所欲了。这个“矩”还是在我们心里，做事违背自己的良心还是不能有矩。因规矩在人心中，故心之矩即天之则。照宋儒讲，这是天理的流行；用宗教语言来讲，这是上帝所给的心的法则，即是上帝的法则。这法则给了我们就是“心矩”，就是“天德”。下学而上达，是要从根本处学起而直上达天德。宋人称之为“天理”，与“天理”相反的是“人欲”。“天理”的内容只是人心所欲而不逾矩，“人欲”亦是人心所欲而逾矩了。人心之欲，想这又想那，但必须有一矩。所欲只在矩中，就是天理了。故人欲和天理并不是相违背的，而且是一体的，只要不逾矩就行。

人总有一死，若想长生不死，这固然是逾矩之欲；但若如读书过火，吃饭过火，休息过火，寻乐过火，亦都是逾矩；结果因过火而生了病，终生愁死，反而早死，都是违背天理所致。所以要从心所欲不逾矩。矩在心中，是“人同此心，心同此理”的。人皆可以为尧、舜，满街都是圣人，能做到矩在心中时，也就是天人合一之时了。

今试问如何认识此心矩呢？这也很浅近，只自己心下觉得快乐即合心矩了，若心下不快乐则总有毛病。凡一切事皆不能过分，不用求快乐，只要求合理，合理则自然快乐，才能理得心安。这不是讲思想，也不是讲人生哲学，只是学做人的道理。这道理只在于躬践实行，只在学。

孟子曰："鱼我所欲也，熊掌亦我所欲也。二者不可得兼，舍鱼而取熊掌者也。生亦我所欲也，义亦我所欲也。二者不可得兼，舍生而取义者也。生亦我所欲，所欲有甚于生者，故不为苟得也。死亦我所恶，所恶有甚于死者，故患有所不辟也。"岳飞、文天祥都死了，其所欲之义则至今尚存。人的生命是总要丢掉的，但需要选择一丢不掉的东西。眼前有很多路，但得你自己挑一条去走。故人需要立志，用自己的心去选择一下。取舍之间尤见志。人之求学相同，但"志"不一定相同。在一取一舍之间，建立起自己的志，然后再从志去学。孔子曰："吾十有五而志于学。"这"志于学"就是孔子立志去学做人的道理，这是中国文化精神的中心。希望诸位能立志求学，做一个中国理想的标准人。

（一九五九年二月台北青年文史年会讲演）

四 当仁不让

从前孟子说过："徒善不足以为政，徒法不能以自行。"这是说我们有了一套好的理想，傥使不能展布出一套制度来，那项理想，便不能在政治上实现。但若我们仅有了那一套制度，而没有人来主宰斡旋运用行使，制度是死的，也无法由制度本身来推进。在政治上，制度与人物互相为用的精义，远在两千几百年前，孟子早已如此般揭示过。

孟子这番话，乃从历史经验来。周公制礼作乐，开西周一代之治平，良法美意，维持着几百年。下逮孔子时代，却全不是那么回事了。所以孔子说："人而不仁如礼何，人而不仁如乐何。"孔子所特地提出的这一个"仁"字指人之德性言。此种德性，至少要有良心，有勇气，才当得孔子之所谓仁。人若昧了良心，缺了勇气，纵有好制度，也将无奈之何。上举孟子的话，即从孔子意见引伸而来。后来中国儒家，遂有"有治人无治法"之说。这可谓是中国人之传统意见，一向重视人胜过其重视法，即是说：制度虽重要，而人物更重要。这一项传统意见，实有长时期的历史经验作它的根据。

直到最近一百年来，中国人看到近代西方的民主政治，认为他们的制度，远胜了我们的；认为我们只要学习到他们那一套制度，一切问题也都解决了。但流弊所及，过分重视了制度，而忽略了制度背后的人物，忽略了作为人物骨干的德性，忽略了作为一个人物所必需具备的良心与勇气。中国儒家一向重视对于人的德性方面之教育之传统意见被弃置，人的德性逐步堕落，尽在制度上求改变，甚至闹革命。似乎民主政治急切也不见有速效，人心思变，一转身遂到极权政治的路上去。从辛亥革命以来，这五十年，种种扰攘动乱，不能不说，太重视了制度，而忽略了人物与德性，这一偏见，也是一项主要的因素。

这里牵涉到知识问题，牵涉到我们对西方政治的了解问题，牵涉到东西双方历史记载的异同问题上。西方历史记载，主要以事为主，以人为副，人物的活动，只附带于事变之演进中。此种历史体裁，略当于中国史书中之“纪事本末体”。至如西方之传记体，并非历史正宗，又多以一个特出人物作主体，作中心，而扩大及于一时代，及其牵连相关之一群人。因此中国人读西方史，容易注重在其事变上，而忽略了在此事变背后之人物；又容易注重某几个特殊人物，而忽略了其他一般人物之重要性。至于中国历史记载，传统上最主要的方式，总求将历史上每一事变尽量分写在有关此一事变之一切人身上；不论此人物之是成是败，而人物在历史上之重要性，则跃然如见。此即中国史书中之“纪传体”，被认为中国之正史。此种史体，却是最富民主精神。历史由于人造，但历史乃由人之群体所造；特在此群体中，某些杰出人物，所占分量尤重大；然亦非少数杰出人物，能违离群众，而创出此一时代之历史。中国此种历史记载之内在精神，正合于上举孔孟儒家传统之精义，而惜乎为近代中国智识分子所忽略了。

我最近读到美国新总统肯尼迪所著荣获普立兹传记文学奖一本书的中译本《当仁不让》。我认为此书却极合我们中国人当前所需要，值得来推介给国人。甘氏此书，记载了美国历史上八个人物，都是参加美国参议院的，论其在历史上之表现，好像都仅是一枝一节，其姓名有些并不为我们中国人所知；即在美国，也并不即是第一流的大人物，说不上旋乾转坤，震铄寰宇；也不就是精金美玉，无瑕可摘。然而我们从甘氏此书之八位人物，他们的志节操守，意气事业，细细读来，却可了解美国的民主政治之透进一层的内涵与意义。使我们了解到我们要学步西方政治，不仅是一项理论上，一番制度上，一部宪法上，一套程序上；而在此理论制度法则规程之外，更要者还在其人物上，还在其人物之德性上，还在运使此项制度与法规之人的良心与勇气上。孟子所谓“徒善不足以为政，徒法不足以自行”，这是一项普遍公理，东方西方，都无可自外。

甘氏此书，固不重在讨论政治，但有意要了解西方民主政治制度的人，此书不可不读；固不是一部正式的史学书，但要了解东西历史文化异同的人，此书也不可不读。甘氏此书，只是一部人物传记，而且是偏在一个门类中的少数几位并不是第一流杰出与成功的大人物；然而人物之德性与事业，则可以不限时地，不论大小与成败，而有其共通合一之意义与价值的。因此即在我们东方社会，纵使对政治无兴趣、对历史无研究的人，对此书仍当一读。尤其是青年人，读此书可得无上鼓舞，无上激励，得无上的启示与振作。

甘氏此书描写人物，有其极成功的两点。第一点，他能对每一人之某项活动之对于历史与时代之关系重大处扣紧落笔，使读者能了然明白到此一人之所以成为时代人物与历史人物之所在。第二点，他能设身处地，把此一人在当时之某项活动中从其内心深处所藏有之种种刺激与顾虑，压迫与愤懑，清晰剖示，曲折传达，使读者能明白到此一人之所以卓然成为一时代人物而在历史上有其不朽价值者，在其人之内在的德性上，必具备有如是之基础，与如是之磨练。甘氏书之主要价值正在此，而其笔力生动亦足以达，使读者能在无意中受其激动与感召。

甘氏新任总统，尤其是美国史上最年轻的一位总统，而出身膺受有关世界全人类当前祸福所系的艰巨重任；彼平素之抱负与学养，亦可在此书中约略窥见。历史以人物为中心，而人物必受历史之考验。此刻之甘氏，正已站在历史时代中心，正在挺身接受此时代之考验，故凡关心甘氏之为人，及其事业前途者，披读此书，当必感有一种异样兴趣，可以循诵终卷不疲。这亦许是译此书者之一番用意吧！

（一九六一年一月《今日世界》）

五 回念五四

历史上的事件，应该即就历史本身之演进来认识，来批判。五四运动到今已有三十二年的时间了，让我们从此三十二年的历史演进来回头认识三十二年前的五四运动，再来加以一些批判吧！

我们一提起“五四运动”，便要联想到当时所谓的“新文化运动”。本来从鸦片战争、五口通商以来一百多年的中国史，古老的旧文化开始和欧洲文化相接触，直从曾、左、胡、李，中经孙中山、康有为、张之洞、梁启超乃及严又陵一辈人，可说他们全都有意无意或激或随地在主张来一个新文化运动的；然而新文化运动的正式口号，正式旗帜，直要到五四前后才成熟，才确立。我们应知五四前后的那一番新文化运动，并非平地突起，而实有它几十年来的酝酿与渊源的。只是任何一种文化运动，不能和它已往的传统相隔绝。文化本身，即是一种传统性、历史性的，若完全否定了传统，摈弃了历史，即无异否定、摈弃了文化之自身。最可惜的，是在新文化运动以前，那一段酝酿时期，并没有对自己以往传统有一个较清楚的认识。新文化运动的口号要“重新估定一切价值”，正为在先几十年没准备，没基础，在仓促的短期间，何从来重新估定一切价值呢？于是重新估定转变成一概抹杀。让我举两个例：吴稚晖主张“把线装书丢毛厕里”。胡适之说：“中国文化除却太监、姨太太、女子裹小脚、抽鸦片、打麻雀之类以外无他物。”这些话，在当时本未经审慎考虑，亦并没有坚强的理据。然而这三十年来，却不能说这些话在社会上没有发生相当的影响。

中国传统文化既是一切要不得，则中国的出路，自然只有全盘西化。西化无疑是新文化运动一个题中应有之义，然而说要“全盘西化”，这谈何容易？不幸而西方文化自身发生了分裂，于是中国出路，更见彷徨无主。陈独秀是当时新文化运动一员大将，他开始走归共产主义的路。到晚年，又主张实施共产主义不能不兼顾民主政治。这依然徘徊在美、苏歧路上，依然是两眼向外，没有一个顾到自身的心魂。照理，新文化运动，该是要求一个自己文化之再生，并不是要先扼杀自己，再把别人的精灵来借尸还魂。今天的中共，若平心把此三十年来的历史回头细看，不能不说他们仍在依照着五四前后新文化运动的大体目标而前进。至少可以这样说，若使没有当时一番新文化运动，共产主义在中国，断不致蔓延得这样快。

今天的中国问题。归根说来，还是一个思想问题。换言之，还是一个文化问题。若使中国已往传统，真个一切要不得；若使线装书真个该丢毛厕里；若果中国的出路，真个只有全盘西化；则专心一意追随马、恩、列、史，比较还不失为一条较近情的路。因为中国既是一穷国，如何能模仿英、美？禁止读英文，大家来学习俄文，至多也不过是五十步与百步，你不能说中国人只该学英文，不该学俄文呀！至于中国文字之该废弃，则早在新文化运动时已有人竭力提倡过。我只惋惜自鸦片战争以来，以至辛亥革命的一段期间，没有替新文化运动好好做一番准备；而新文化运动却已为今天的中共尽了陈胜、吴广的驱除工作了。

我们若要正本清源，还该重新提出五四前后新文化运动时的旧口号，来重新估定其一切价值。对已往旧传统，还得有个再认识。再认识为的要我们此后文化之再生。在文化再生中，少不了要容许西化，却不能说要全盘西化，更不是一面倒。若此下不能有一个自己的文化再生，则仍只有倒向外面。要倒向外面，则只有一面倒。所以说，当日的新文化运动不啻为今天的中共打先锋，这是一个历史事实，不容我们来否认。

然而五四运动毕竟和新文化运动有别。“五四运动”主要是一种民族复兴意识之强烈的表现，“新文化运动”则是一种自我文化之谴责与轻蔑。照理，民族复兴，必与文化新生相依随、相扶翼。文化是民族之灵魂，民族是文化之骨骼。二者同根同源，无可划分。对自己传统文化极度谴责轻蔑，这是民族精神之衰象，决不能与要求民族复兴的强烈意识同时并壮。中国近百年史，所以只成为一段悲苦纷乱的历史，正为在民族复兴意识强烈要求的主潮之浮层，有此一种对自己传统文化极度轻蔑、极度厌弃的逆流来作领导。远从太平天国起，其底潮显然是要求民族复兴，而其浮层则是天父天兄，把西方耶教浅俗化，来推翻自己全部传统文教。这一番失败教训，直到今天，仍未为国人所认识。

今天中共政权，所大声疾呼的第一件事，便是要一面倒，要向马、恩、列、史表示信仰。不信仰马、恩、列、史，便算不得中国人。毛泽东之所以为毛泽东，就在其对马、恩、列、史之信仰。马、列是上帝，史太林是天兄，毛泽东依然是一个天弟。你要信仰天弟，自然不得不先信仰天父天兄。你要希望中国民族抬头，也不得不先尽忠效死，让共产主义祖国苏维埃民族先抬头。苏维埃抬头，才始是中国民族之抬头。马、恩、列、史得人崇拜，才始轮到毛泽东连带得崇拜。太平天国是耶教之浅俗化，今天的中共，却把马、恩、列、史神圣化。在中国大革命潮流奔放直前的今天，第一要务先要轻蔑中国，轻蔑中国传统，把近百年来中国史上要求民族复兴的强烈意识无情扼死。却不知正因为在中国社会潜深底层，有此一股要求民族复兴的强烈意识之伏流，才肯跟着来推翻一切、打倒一切。等一切推翻了、打倒了，摆在我面前的，已不是我自己，而是一别人，而且不是一像样子的别人，还是我自己的丑态在替别人当小丑，当下作。洪秀全由此失败，领导新文化运动的巨子们也由此失败。除非这一百年来中国民族复兴意识的强烈要求忽然消散，否则高抬着马、恩、列、史的神像来领导这一百年来要求民族复兴大流的，仍不免要失败。这又是一个历史事实！

我对中国近百年史，不能不悲观。而对中国不远之将来，则依然将乐观。正为此一百年来的中国，虽然历尽艰辛，而此一番强烈要求民族复兴的深在的底潮之奔放直前，始终没有停息，而且似乎愈来愈有劲了。一切失败，全在领导者，不在支撑者。领导者尽管眼光向外，支撑者永远精力内在。太平天国的支撑者，是一辈下层民众。五四运动乃及新文化运动的支撑者，是一辈青年学生。今天的中共革命，是民众与青年合流了。中国正在黑暗与腐化中，上层的，中年以上的，卷进黑暗与腐化，与为一体。打倒黑暗与腐化，即是打倒了他们自己。所以推翻与打倒，只有寄托在下层与青年。然而下层与青年需得领导，其本身只是一响应者、支撑者。只要领导势力不能与此支撑势力走归一路，支撑者可以转身支撑别一个。领导者失却支撑，势必失败。中国近百年史里的下层民众与青年知识分子，便是代表此一股民族复兴意识的强烈要求之潜伏的主潮。然而他们各有其自身之弱点。中国下层民众，绝大多数是散漫的农民，不易动。青年学生易于集合，又富血气，然而又太易动了。而且农民趋于守旧，青年知识分子偏于喜新，二者又不易合。共产主义是外来货，只有外来货可以救中国，已成为近代中国智识界之共同信仰。共产主义号召的是下层民众，是劳苦阶级，于是青年智识分子与散漫的农民在此一点上接触了，结合了，哪得不产生绝大的力量？然而他们的内心是纯洁的，是真为着中国民族复兴而始效死努力的。而共产主义者的信条，则国际超越了民族。更不幸的，是共产主义者之祖国，却明明是民族超越了国际。今天中共的胜利，与其说是他们思想之胜利，政治之胜利，无宁说是他们军事之胜利。军事胜利，则正为其能动员了中国北方纯朴天真的、数以千百万计的北方农民，争先效死来奋斗、来冲锋。当知并不是为马、恩、列、史，亦不是为争取个别自身的经济权益，他们内心深处，实有一番一百年来民族复兴的强烈要求之真力量。然而他们的领导者——中共却决不承认。一旦军事胜利有把握了，他们立刻宣布，这是受了史太林指导。中国北方农民高兴地在唱"中国出了一个毛泽东"，但他们的领导者中共，现在明白告诉他们，在毛泽东之上，还有一个"亲爱的太阳"与"亲爱的钢"的史太林。当共产军队开入北平城，宣示他们得意的胜利时，在最前列的还是大炮和坦克；他们已忘了北方农民为他们拼死打游击时真实的贡献。他们的内心深处，依然两眼向外，一心西化。他们的怯弱浅薄处，尚不在其信仰马克斯，而在其信仰马克斯之后，必然应该信仰列宁，更在其信仰列宁之后必然应该信仰史太林。更在其认为必然应该信仰史太林而受其指导，始是中国惟一的出路。这不能不说是他们的怯弱与浅薄，其根源则全在自我轻蔑与自我取消。因此他们最近又宣布了要训练三百万国防军，而这些国防军是要全体改穿苏俄军服的。北方农民军队并不是穿了苏俄军服而始获得他们的胜利，但他们的领导者，内心怯弱，认为今天胜利了，他们将要像样的干一番，如是则不得不叫中国军队开始穿着苏俄军服。最先是中共分子散入农村，学他们的扭秧歌腰鼓舞；今天胜利来临，要像样子干了，便开始在农村遍设“中苏友好协会”，恨不得叫全国农民全来学俄文与俄语。扭秧歌与腰鼓舞据说已在没落了。同样道理，在中共分子用种种动听的宣传来鼓动青年们加入他们队伍时，并不坦白宣传马、恩、列、史；但到把握到胜利之后，却翻过脸来要他们严正地学习马、恩、列、史的理论和思想。试问当时全国青年拥护中共的，是不是早知在拥护马、恩、列、史呢？这是当前的历史事实，在中共自身，不应该不明白。他们高呼一面倒，并不是倒向农民，并不是倒向青年，并不是倒向一百年来这一股推动中国历史前进的、要求民族复兴的强烈意识之潜藏在中国人心底里的汹涌大伏流，而依然是倒向西方，倒向民族意识之自我取消与自我轻薄。依然是随着那条浮层的逆流而前进。农民与青年代表的是五四精神，他们的指导者中共所代表的是新文化运动的精神，这并不是一回事。有时合，有时仍得分。这是三十年来的历史事实。我们仍盼担当指导中国前进的中共分子，应该彻底认识这一段历史。除非中国近代史从此变质，除非这一股要求民族复兴的潜深大流从此干涸，否则中国史仍将走它自己要走的路。就中国历史之根深柢固而言，中国民族终有一日大踏步走上这条路。在这上，是依然不许我们抱有丝毫悲观余地的。

（一九五〇年五月《民主评论》一卷二十二期，笔名蔡宽。）

六　青年节敬告流亡海外的中国青年们

青年节快到了，我因《中国学生周报》编辑人的美意，许我乘此机会向我们可爱的中国青年，尤其是可同情的、此刻流亡在海外的中国青年们，掬诚地说几句我想说的话。

中国是一个有着四五千年长期的优良文化传统、光荣历史积累的国家。但同时又是在这近百年来，外面受尽屈辱和压迫，内部不断动乱和灾祸的国家。但直到最近，这一个多灾多难的中国，依然在世界上有其举足轻重的地位，而成为各方重视的一个焦点。

这几层，我想凡是一个中国青年，都该先知道。而所不幸的，今天我们可爱的中国青年们，若许我坦白直率地说一句，实在对于以上所述的几个大纲目，似乎还模糊；没有能在我们可爱的中国青年的心里，获得鲜明而正确的认识。

不容讳言，今天中国的青年们，对自己祖国已往的历史传统和文化精神是模糊了。由于模糊而轻忽而误解了。今天流亡在海外的中国青年们，似乎无不同声一致，反对这几年来中共大陆政权对自己祖国历史文化之刻意摧残和存心曲解。那是一可喜的现象。但试问：一旦大陆变动了，我们重回大陆，我们对自己祖国已往的历史文化，把什么的态度、什么的意见，来纠正此刻大陆的种种措施？来重新宣扬自己祖国历史文化种种内涵的意义，以及种种实际的过程呢？

想到这里，不由得我坦白地说一句，此刻流亡在海外的中国青年们，实在对我们祖国已往的历史文化传统，还是非常模糊。而且恕我再进一步说，此刻我们流亡在海外的中国青年们，似乎在其内心还未痛切地感觉到，我们对祖国已往历史文化之模糊，是一件要不得的事。

我敢竭诚正告我们这一代可爱的中国青年们，尤其是此刻流亡在海外的中国青年们，一个国家的青年，无论如何，对他祖国已往历史文化是该有所知的。不知你祖国自己的历史与文化，你就不配算做这一国家的青年！

固然我们该原谅，何以我们这一代的可爱的中国青年们，对自己祖国已往的历史与文化，会如此般模糊而轻忽呢？这正因近一百年来，我们祖国对外受尽了种种屈辱和压迫，对内又受尽了种种祸乱与灾难，才使大家对祖国的文化和历史，逐渐发生了怀疑而遂加忽视的。但我们该知道，这一百年来的屈辱和压迫、祸乱和灾难，又是从何而来的呢？我们若真想知道这些内在的因缘，我们还该向自己的历史和文化去追求。譬如你生了病，你该检查你的身体全部，你该反省你以往的生活。哪能因为是病了，便把你身体看轻，便把你以往一切生活完全弃置忽忘了的呢？

我们这一百年来的屈辱与压迫、痛苦和灾难，使我们对祖国已往的历史和文化轻视了。而且激情所动，有些人还加以怨恨。但我得告诉我们可爱的青年们，即看我们当身所直接知道的历史事实吧！在全世界，这一块中国的土地，在全世界，这一群中国的人民，不还是在世界舞台上，仍占据一席位，仍扮演一角色，而且还有它举足重轻、受人注意的一个力量、一番作用吗？

才过去的中日战争的一幕，我想我们这一时代的可爱青年们，都该知道吧！对此且不详说，让我们来讲一讲目前的事实吧！自从我们大陆赤化了，一面倒向苏维埃，不正掀起了世界的大风暴，引动了全世界人的瞩目和关心吗？我敢正告我们这一时代可爱的中国青年们，这正是我们祖国已往历史文化的一种潜在力量在背后鼓动呀！我试问你，我们如何能挺身而起，抗御了暴日，为世界人道和平争胜利？我再问你，我们如何能为虎作伥，辅助了苏联，为世界黑暗残忍增声势？从表面看，这是绝然不同的两回事。但若我们仔细一深究，便知这是同一种力量，那便是中国的力量；也即是我们祖国四五千年长时期的历史文化所累积的力量，还在我们这一代中国人身上，才始发挥出这样的作用呀！

说来也惭愧，因于我们不了解我们祖国已往历史文化的真情，因而也像不再信我们自己有什么力量和作用了。我以前时常听人说：中国哪能战胜日本呢？这是依赖了美国人的帮助呀！我此刻又时常听人说：中共怎会有今天的模样呢？这是接受了苏俄的指导呀！外国人不承认中国人本身有力量、有作用，这且不说了。我敢正告我们这一时代的可爱的中国青年们，你们毕竟是中国青年呀！难道你们也不再信中国人本身可以有力量、可以有作用吗？若你们仍然肯信中国人本身还是有力量，还是有作用，你们便该知，这一番力量，从前用之于抗日的，现在可以用之来赤化。你们更该知，共产主义传播到中国，便会在世界舞台上掀起这样的大波澜。于是你们更该知，我们将如何般来善用我们这一番力量呀！说到这里，自然要牵涉到全部历史和文化的问题。你们却千万不该说：今天中国大陆的一切，全只是苏维埃共产主义之宣传和组织呀！好像一切力量和作用，全该归罪或归功于列宁与史太林，这你们的意见和想法，不还和毛泽东一鼻孔出气吗？

目前正有一问题，招惹了全世界人的兴趣。大家问，毛泽东是不是也会变狄托呢？这一问题之焦点，让我先指出，中国并不是南斯拉夫呀！中国问题该从中国求解答。有人这样说，狄托尚且不愿全部接受史太林指挥，难道毛泽东肯全部服从马林可夫的意旨和命令吗？我想这问题不是如此般简单。我们要解答此问题，我们该了解中国人，我们该了解中国的国民性，我们更该了解当前中国大陆如何会走上赤化的全部历史之经过，与其内在涵蕴的意义。这才算了解了今天的中国。于是毛泽东变了狄托便怎样，毛泽东不变狄托又怎样？也全可以有答案。

这一切的一切，却全该了解到中国的文化和历史。

可爱的青年们！你们不自认为是中国的青年吗？你们不也想象到将来新中国旋乾转坤的主人翁便是你们吗？你们不也相信，将来中国的前途，你们总该有一份的责任，也该贡献你们一份的力量吗？可爱的青年们！让我竭诚先告诉你们一句话，你们该对已往祖国的历史和文化先有所了解呀！

我并不丝毫存心菲薄着你们。你们对祖国已往的历史和文化，实在是模糊的，而且是轻忽的。惟其由于轻忽与模糊，所以你们对祖国已往的历史与文化，如有所想，多半是属于空想的。如有所解，也容易是陷于误解的。

我总信，要做一个标准中国青年的话，总该对中国有所认识和了解。因此对中国已往的历史和文化，不该长此模糊与轻忽。然而话说到这里，却使我对此刻流亡在海外的一辈中国青年们，抱着异样沉重的同情。

你们是知道的，此刻困陷在祖国大陆的青年们，他们正在强力的压迫和阴险的诱惑下，追随着的那批所谓共产党，加紧摧残祖国的文化，狂妄改造祖国的历史。因此，保留祖国文化、宣扬祖国历史的一番大责任，在眼前，不得不专放在我们此刻这一辈流亡在海外的可爱的中国青年们的肩膀上。然而，让我们放眼静观这现实的环境吧！

可爱的中国青年们！可同情的我们眼前这一群流亡在海外的中国青年们！我了解你们的责任，我更同情你们的处境。但我敢披肝沥胆，向你们说一句我所永远想说的话。无论如何，你们总该对祖国已往历史文化求有所了知，真有所了知呀！

可爱的青年们，请你们平心静气地体察一下我这一句的忠告吧！

（一九五三年香港《中国学生周报》三十六期）

七　在现时代怎样做一个大学生

《大学生活》的主编人，要我在《大学生活》创刊号上写一篇文章，而且希望我写的题目是“如何在现时代做一个大学生”。我自己想，我在大学教课，已整整二十有五年，目前仍然守我的旧岗位；我这下半世生命，可说永远与大学生们相亲处，我应该义不容辞，据我所知，来写这一篇文章。但我真要动手下笔，却不禁使我踌躇。我自己又想，若是我减轻了四十年，让我今天也来做一个大学生，我该如何做？我这样设身处地般一想，却使我不敢下笔了。

我自己是一个没有幸福做一个大学生的人，回忆我向前四十年以来的心境：我曾如何恳切地希望知道一些大学生的生活呀！起先是我的中学同学和与我年辈相若的相识人们，络续进入大学了。以后是我的一批批的小学生，他们也络续地进入大学了。以后是我自己，侥幸跑进大学教书，有一大批大学生来当我的学生了。从二十岁后起，我一直对大学生生活，抱着无限热情的注意。每逢一位大学生，有机会和他们谈话，我总会询问到他大学的教授们，以及关于课程，关于大学中的各项讲演、活动，以及大学生的理想、心情，和其他的一切。我虽没有真享受到大学生生活，但也算参预了大学生生活了。

我回想在我这四十年中，所知道的一般大学生的理想、抱负、心情、兴趣，以及大学生活之一切，实在是不断地有着巨大的变化。最先，每一青年，只要一脚踏进大学的门，那时，是何等地自负、自信，何等地高自位置，似乎认为救国救民，立功立业，全是他们的事。那时的大学，正好像一大龙潭，群龙无首，都潜伏在那里，一朝飞龙在天，霖雨苍生，舍我其谁。但似乎那一种想象，逐渐地受到挫折而黯澹了，逐渐地，一般大学生，都转移目光和心思，来打量他们大学毕业后的出路、职业、为私人谋生作准备。出路问题横梗心头，而平添了许多苦闷。那时的大学，又好像是一大工厂，工厂里生产过剩，出货不一定能推销；而每一件货品，不幸的是各带一心灵，它们能在自愁销场。

待我亲身跑进大学里教书，那时的大学生，心境更复杂，更苦闷了。九一八事变之后，尤其在北方，身当其冲。我当时正在北方大学教书，那时的大学生，不仅要愁自己出路，更会愁到国家民族整个的出路。不仅在愁货品推销不到市场去，而且会愁到整个市场之存在与不存在。而那时的大学生，好像自己总是一件货品般，他们前途的命运，都像不由自主，一切需看市场情势和推销员之宰制和摆布。

不久之后，大学变成了流亡集团，大学生变成了流浪者。那时的大学生，心情又剧变了，我们上火线呢？还是留在讲堂里？纵使留在讲堂里，也天天嗅到火药气，听到炮弹声，而且逐渐的饥饿逼来；前面纵使有远景，也无心情去注视，他们所急迫地要关心考虑的，是每天眼前的局面了。

那一些流亡集团，好容易回复安定下来，譬如千里行脚，一旦重见家园，但让不得你稍作休息。内面是家徒四壁，什么也没有；外面却人声喧嚷，好像有一大群暴客，随时在打进你屋来。那时的大学生心情，真是变得又厌倦、又空洞、又恶劣，似乎对自己命运，乃及前途出路问题等，已然一切顾不到。

其次是我们目前的第二度流亡时期了。目前的大学生，本已是在流亡中长大，在流亡中开始受教育，而仍在流亡中走进了大学。过惯了流亡生活，他们的心情，已不知道有所谓安定；正如生下便带着病的人，不知道健康是什么。而且饥饿的压迫更沉重了。有些还有一个家，有些则只身流亡，连家都没有。说到远景吧！似乎在我们此刻眼前的远景，较之十年前抗战时期更模糊、更黯澹。世界分着两个，国家也分着两个。流亡的天地，更狭小、更局促。有些尚是流亡在本国的疆土，有些则流亡在异国统治下的疆土了。

不错，我们是希望有一批理想的大学生，来支撑、来挽救我们不远将来的局面。然而要求有理想的大学生，也该有些理想的条件供给他。他该有一个理想的家庭，他该有一个理想的社会，他该有一个理想的国家，乃至有一个理想的世界。他也该有一段理想的中小学教育过程，又该走进一个理想的大学。目前是一切都不理想，却单希望他们能做一个理想的大学生，那是何等的苛求呀！因此，真要我来为这一题目，教一辈青年们如何来做现时代的一个大学生，我只有踌躇搁笔，四顾而叹，叫我从何说起呢？

然而理想总得是理想。愈是在不合理想的现实状况下，愈该有理想。我总还是应该向我们现时代的大学生，说几句理想的话。我先希望读我文的大学生们，莫先怪我只在高论空谈，不顾现实！

首先我希望，当前的大学生们，应该懂得郑重宝贵他眼前所获得、所享受的那一份自由。孔子说："后生可畏，焉知来者之不如今也。"我常爱向接近我的青年们来述说孔子这一节话。马克斯也算是一个了不起的人，然而若使在马克斯的青年时期，也同样受着此刻在信奉马克斯思想的那一半世界里，受着不许青年们有自由思想的教育；则在当时，断然不会产生出一个马克斯。难道这世界，自有马克斯降生，此后便不再会有另一像马克斯的青年出现吗？因此，教育是必然应该自由的，因教育的对象是青年，我们若要尊重青年的前途，便该尊重自由主义的教育。而大学教育才是到达了真该尽量发挥自由主义的教育精神之阶段。我敢敬告我可敬爱的当前的大学生，你们既是在自由世界里走进了大学，你们哪能不郑重宝贵你们当前所获得所享受的那一份自由？

如何珍重我们这一份自由？首先该珍重我们各自的前途。

如何珍重我们各自的前途？至少不该专以谋求职业和解决私人衣食生活来作为进入大学唯一的目标。若是专为谋求职业和解决私人衣食生活，那么，极权政治下的教育者，正在向你们招手，说：来吧！你该献身大众，为大众服务。我们必然替你安排一职业，谋求一出路，你将来私人的衣食生活，再不用发愁了。而且还替你装上一块好招牌，说你在为大众服务。这真是一块金字招牌呀！他们唯一条件，只要你肯出卖你自己的自由。换言之，则是出卖了你自己的前途。你今若自己限定了你自己的前途，说：我只要谋求一职业，仅图一身温饱便够了。你既早把你自己前途抹杀干净，试问你尚要此一份自由作何用？还不如肩上那一块金字招牌，对你像光荣些，你还可自掩己丑。这是我们当前的大学生们所最该郑重考虑、郑重思索的一问题。

“后生可畏，焉知来者之不如今。”世界人类一切前途，全依靠在后生的青年们。若后生的青年们，将来的成就，永远不得超过这一代，而且永远只能在目前这一代的已成局面下，挨进一身，插进一足，争取一职业，来满足他一身的温饱；试问：那样的社会，前途何在，希望何在呢？难道大学教育的意义与功能，是即此而止了吗？

我说到这里，或许大学青年们会问我：你既不主张大学生注意他们自己将来的职业和出路，那么，你所说的大学生前途，又是什么呢？我想这一问，才是我所要提醒我当前可敬爱的大学生们之唯一要点了。在我想，只有撇开一个人的必须遇到的职业和出路问题之外，才始有他真正远大的前途，才始会真感到他自己当前那一份自由之可珍重。否则，若专在职业问题上用心思，当知在这上，根本并无多大自由可言，也并无多大的自由须争取，也将不见得所谓后生之真可畏。社会上各项职业，都现成安排在那里，只待青年们各凭机会去投进。大学里各门课程，各项知识和技能，也都现成安排在那里，只待青年们各凭匆匆的大学四年光阴去修习。到那时，各自拿着一张大学文凭去社会求职业，难道便是大学教育之使命，便是大学青年的前途吗？

我所说的大学青年之前途，在我想，也不是凭空不顾现实的一番高论和空谈。我想最应顾到的现实，莫过于大学青年之本身；最应付以理想的，莫过于大学青年将来各自的前途。只要当前的大学青年们，在这大学四年光阴中，各自莫忘了他自己本身，各自能对他自己将来前途，有一番恳切的认识与努力；只要当前的大学生们，各就自己那一份耳聪目明、年富力强、后生可畏的本身去努力，应该有一番理想前途的。只要当前的大学生们，将来各有他们一番理想前途，则一切将会连带着有前途。

昔宋儒张横渠有言："富贵福泽，将厚吾之生也。贫贱忧戚，庸玉汝于成也。"当前的大学生们，富贵福泽，似乎说不上。贫贱忧戚，正是当前大学生们一幅十分恰切的写照。这或者正是天降大任，要来玉成这一辈青年的理想前途的。我只有贡献横渠先生此语，来为当前大学生们祝福！

然而青年总还是青年，大学生也总还是大学生。我勉强来写这一篇文章，我只有为当前那一辈可敬爱的大学生们抱无限之同情，我仍只有掷笔踌躇。我更深切地希望负责当前大学教育，乃及关心当前大学教育的各方人士，来共同为这一题目，共同为当前的大学生们，贡献他们的同情与解答吧！

（一九五四年香港《大学生活》创刊号）

八　关于提倡民族精神教育的一些感想

教育与文化周刊社拟出“民族精神教育”专号，来信要我也写一文章。兹事体大，未敢于冗忙中轻易下笔，又承函催，不得已姑就一己感想，作一番直率的拉杂谈。

窃谓提倡民族精神教育，决不是要把自己民族孤立脱出于并世各民族之外，抱残守阙，关门自大，遗世独立。所以要提倡民族精神教育者，乃为求把自己民族投进于并世各民族之林，释回增美，革旧鼎新，争取自己民族在现代世界潮流下，并驾齐驱，得一平等自由之地位。

晚近数十年来之教育精神，因于急求后一希望，过分排斥前一趋向，乃至认为凡属提倡民族教育，便是抱残守阙，关门自大，遗世而独立。于是为要并辔前进，却先跳下了自己的马背。既觉步行赶不上，再自刖毁了双足。为惭动抬不得，更求自刎以泄恨。傥有另一骑，把此残废之躯，吊悬在他马屁股后，拖带颠簸而前，他却沾沾自喜，认为是“附骥尾而行益显”。其实则别人的马跑得愈快，那悬挂在马屁股后的人，他的生命危殆的程度，亦将以正比例而增。

在此种心理与风气下，来谈民族精神教育，实在难言。窃谓且莫论精神，一切教育，起码工具仰赖于文字。而我们这数十年来，对于本国文字教育，无可讳言，是每下愈况了。

从本源上下工夫，国家应积极提倡，使后起国民中才性相近的有志青年，肯埋头从事于本国语言文字之研究，由语言学，而文字学，而文章学，分途精研；而尤贵有一贯精神，且先专注重在教育意味上，使大学校有理想的国文系，然后中学校可得理想的国文教员。中学有了理想的国文教员，小学也可有合水平的文字训练。此是提倡民族精神教育一最先的要求。

为求应急起见，应从现在小学、中学中之国文、国语教员身上着眼，加意让他们有进修之机会。不在这上面注重，只想汉字简化，只求提倡白话文更能通俗，只想如何能把文字文体变了，好让通国人民，不费心，不化力，大家能一旦豁然贯通；窃恐古今中外，难期此神迹之出现。

国文教育之外，继之应注重国史教育。所谓国史教育者，决不是要通国学生，都能烂熟二十四史、九通那一堆繁浩的史籍。但既做了这一国的国民，决不会不关心到他本国已往的历史。我们尽忽略了自己的历史教育，但全国人民，却依旧整天满口在谈历史呀！譬如说：中国二千年来是一个封建社会。这不是已成为一句全国流行的普通话了吗？但我问：谁曾从二十四史、九通那一堆浩繁史籍中来归纳、来证实、来确定了这一句话的呢？

又如说：中国学术思想，二千年来定于一尊，我们要追上现时代，便该打倒孔家店。这不是在学术界，在言论界，在一辈较高级的智识阶层，还是不少人抱此观点，不惮烦地，一而再、再而三的在提到此项主张吗？但此仍是一历史问题。试问谁曾在浩繁的史籍中，真能指实此定于一尊的说法呢？谁能确实指明那所谓孔家店的后台老板，和那店里批发经售些什么货色呢？

学校教育不注重历史，但禁不住全国民众一开口便谈论到历史。难道只有中国历史可以不学而知的吗？

现代的中国人，好像都认为中国史可以不学而知，因此他们想进一步，希望中国文字也可以不学而通。再进一步，则是希望可以不受中国教育，而做一个合格理想的中国人。

我们既不能禁止中国人开口便讲到中国史，我们只有对中国史提倡研究，莫使谬种流传，来妨碍中国一切可有的进步。这一层，正本清源，依照目前情形论，也仍只有由国家来在最高的研究所里培养对本国史有深造的后起青年，使大学校有理想的中国历史系，循次来改进中小学的历史教育。

历史知识之成为一空白，且不论。更可怕、更可惋惜的，目前的中国人，已不知道中国的疆土和地理。我两月前，曾在九龙公共汽车上，清晰听到我后面座位上，一位年近二十岁的姑娘和一位三十左右像太太模样的，因开一信封而争辩。那位姑娘说："写了苏州，不必再添写上海，因苏州是一省，上海是苏州省一市。”那太太模样的说：“你错了，只有江苏省，没有苏州省，而苏州只是上海市之一城。因此大家写信，都写上海苏州的。”继此还有许多辩论更可笑。她们口齿清利，仪表文雅，应该是也受过教育的。那是两位中国人，竟可说是比较代表优秀的、中上阶级的中国人，而她们讲话，又是江、浙口音呢！

中国历史，有人会嫌其太长了，史籍太浩繁。中国地理，我想或许会有人嫌其太广大，太费记忆了。不知有否办法，也像简化中国文字一样，把中国地理也简化了。有人主张索性废止中国字，改用罗马字拼音。不知也有人可能想出废止中国疆土、改用外国疆土的办法呀！

一家的子女，记不得自己家里死去的父和祖，那不说了；但不应该不知道他家庭现有的卧房在哪里，毛厕在哪里，厨房在哪里，大门在哪里呀！

本国的文字，本国的历史，本国的地理，那一些教育，说不上“民族精神教育”，但说到“国民教育”，总该注意到这些上。我们究竟要不要国民教育呢？

我们大家说，我们中国是一个落后的民族，一切应该向外国人去学。但至少，中国文字、中国历史、中国地理，这三项，目前尚不到定需向外国去学的阶段。纵已有此趋势，恐怕也得等一时。若使我们认为此三项科目教育之重要，至少国家应该积极提倡，在本国自设的研究所里，加意培养这三项之继起人才；在大学校，加意整顿这三项的课程标准；由大学影响到中学而小学，使各级学校，都有对此三项胜任愉快的教师。

目前的情形，一般中学校，都由国文教师来充教历史，又由历史先生来兼教地理。但大学国文系，选修人数，决不能比外文系。外文系若有一百名，中文系最多得十名。而且优秀青年多喜欢进外文系，无系可进则派进国文系。因外文系毕业，可以出国留学，有前途；国文系毕业，任其自漂自沉，自生自灭，谁也不理会。试问聪明俊秀，稍有远志的青年，哪肯自陷此冷宫。一般情势已到如此，还有人一听到“民族精神教育”那题目，准会痛心疾首，声色俱厉，来冷嘲热讽的。其实又何必打死老虎？我们也不如卑之毋甚高论，且谈一些“国民教育”的好。

今天要谈国民教育，已不是一件轻易的事。主要在政府当局肯决心来提倡，来培养后起人才。我们且莫认为国民教育不重要，大学教育才重要。且莫认为大学教育不重要，留学教育才重要。本文作者，是不幸而没有受到大学教育的，当然更没有享受到留学教育。但幸而是在幼年时，还受到一段在我当时的国民教育，那尚在前清时代，国家尚未注意到大学教育和留学教育的时候。但那时国民教育的师资，实在比此后强了不知多少呀！那时是前清的旧社会，不知新教育，但为国民教育却不知不觉早安排有许多好师资。此后五十年，越讲教育，越懂得注重大学教育和留学教育了，但国民教育的师资却愈降愈低了。正因为国家的新政策和社会的新风气，似乎对这基础的国民教育太忽略、太轻视了。

目前再要来谈国民教育，那时旧社会替我们安排的那批人全老了，死了，没有了。我们得自己来再安排。这就非从大学校和研究所培植起。三年之病，求七年之艾，也只有耐心此七年。

师资是第一，除却师资，一切是空谈。现有的师资，如何设法让他们再有进修；继起的师资，如何加意从头来培植。尊师然后可以重道，师严而道尊，试问我们如何来尊严这些师资吧！

我们要讲究民族精神教育，前一步应注重国民教育。我们要注重国民教育，应该看重中小学里的担任本国文字、本国史地的先生们。如何扶植现有的，如何培养新进的，如何鼓励他们，如何诱导社会上一部分的聪明才智肯向此一途而努力，这已不是一件容易的事了。再拖一些时，在国内大学里，将选择不到能担任本国文学、本国历史和本国地理出色当行的教授。大学缺了此几门，中学小学再也无法在此上有希望。

就本文作者个人经验讲，在大学校担任中国史，也有二十年以上的时期了。在十年以前所编撰的讲义，此刻上讲堂，无法讲。甚至在二十年以前在中学任教时所编撰的讲义，此刻在大学讲堂里，有些仍感无法讲。犹忆在对日抗战时，有一位大学同事亲口对我说："像我们这四十五十的人，此后十年二十年，尽可不再读一本书，尽可不再求一些长进，那一碗大学教授的饭，还得让我吃。因现在的大学毕业生，在此后十年二十年间，再也赶不上我们。"

其实那位教授的话，只说准了一半。因到外国留学的，仍可把外国大学的新智识、新发现，带回中国来，胜过老教授。只有教中国自己东西的，即如上举本国文字、本国史地之类，还没有可到外国留学的，便真要像那位教授之所想了。而真可怕的，是待我们这一批打不破饭碗的人逐一老了死了，而这十年二十年内，再也没有来继续吃这一碗饭的人。这并不是我菲薄后生，实在是这学术界几十年来的大趋势如此，谁也无可否认呀！

如何扭转这趋势，改换这局面，此刻不再留心，此后会更难措手的。我自问我上面这些话，决不是存心顽固守旧，或是抱残守阙，说是提倡中国旧文化，来反对新教育、新智识、新潮流。更不是因我读了几本中国书，希望全国聪明才智，都钻进那一堆所谓早该扔进毛厕的线装书里去，来乞媚于所谓冢中之枯骨。实因为中国人急切间仍将是中国人，中国教育也无法不仍将是中国教育，而中国文字和中国史地的人才，又急切间无法也向外国留学去造就；因此，心所谓危，不得不言。至于如何着手，则在我个人，已是感到兹事体大了。若忽视了这一现实情况，而骤然来高谈“民族精神教育”，就我私人言，更感其有无从说起之苦。因而拉杂陈其所感，以待教于关心教育之通人。

（一九五五年六月《教育与文化》七卷十二期）

九　敬告“中华民国”的青年们

一

敬爱的青年们，我有几句话要直率的告诉诸位。中国文化已绵延了五千年之久，但“青年”一名辞，中国古人向不运用。只唐宋诗人咏诗偶一用及此两字，但亦仅一二见，非常用。中国古礼，男子二十而“冠”，女子十八而“笄”，谓之“成人”。女子成人，始可出嫁。男子成人，在国家为壮丁。农家则受田百亩而耕，又需出当兵役，或卫护国都，或戍守边防，或保安乡土，随时更换。工商业壮丁亦当充兵役如农民。换言之，长为一成年壮丁，即是国家一正式公民了。

今天我们所谓之“青年”，此一称呼，不知起于何时，大抵不过在百年上下，为时不久。或者是日本人开始用此一名称，而中国人亦加沿袭使用。此一语应是由西化而来。不如言子女或国民，多见其与大群相关系。中国文化是一种“大群”文化，与西方“个人”主义不同。你是一中国人，你的一切称呼应在大群中与他人有关系。如子女，或兄弟姊妹，乃及如乡人、如国民等其他称呼，岂不表示出你与他人的关系吗？有了关系，便见出人与人间的亲疏远近、上下尊卑的种种分别来。今称一青年，便都不见和他人的关系了。所以“青年”二字，只是一独立的、平等的、互不相关的一种称呼。而中国人一切称呼，则必表示出他和人群中的相互关系来。故知青年二字应非一中国称呼。日本人接受西化早过中国，故疑青年一语最先或源于日本。

抑且此“青年”一词，并非由国家法律订定，乃亦无一定的年限，究竟从哪一年起到哪一年止，才称为青年呢？直到现在还是没有一明确规定的。或有人说，青年应该是指十五六岁到二十五六岁的一段时期言。傥使如此，便不该再有旧式冠与笄的分别，否则便自相冲突了。是不是冠与笄是古礼，现在再不沿袭了呢？这事是仍该由公家明文来加以规定的。又如中国古人用“壮丁”二字，即指男子二十而冠以后言。今言青年，是否壮丁二字亦归废弃了呢？

《论语》孔子言：“吾十有五而志于学，三十而立。”我们今天傥定十五岁到三十岁为青年，似乎差近情理。但青年二字是指一切人言的，并不是指学术界少数人言的，这又不对了。而又十五以前当呼为童，不得称青年。三十以后已得为人父母，也不得称青年。故我们今用“青年”两字，亦应以十五到三十为期，庶乎较为恰当。现代社会上对“青年”两字太过尊重了，甚至到了四十岁，还得称青年，那是万万不妥当的。中国人是最讲究长幼之节的，今使十五六岁和四十岁的人同称青年，这又如何来讲究长幼之节呢？

青年的年限决定了，即自十五到三十，青年的义务与责任呢？这就难说了。依照中国惯例，二十以后为成人，二十以前为未成人，这十五到二十一段未成人时期也称青年，那就有许多问题难解决了。若待二十以后始称青年，则所谓青年直自二十到三十的短时期，又岂不与“成年”二字相冲突，也就没有必要用此一名称之理由存在了。此一名称径用西方语来说，应称“年轻人”，则比较妥当适切的多了。

二

我此下试另用一番意义来说。中国古书《中庸》上说：“天命之谓性，率性之谓道，修道之谓教。”我们一个年轻人，同样由天命，同样有一天赋之性，这似乎是人尽相同的。其实则人与人间，却有其绝大不同处。试以我来说，我生于清代光绪的乙未年，那年正是中日甲午之战以后，中国把台湾割与日本的一年。则那时生在台湾的，岂不生下便为亡国奴了？这是何等不幸呀！诸位迟生几年，今已为一中国的台湾人，那又是何等幸福呢！我又要告诉诸位，傥今年诸位中尚未过十五岁，或今年是始生的婴孩们，却又是莫比的幸福了。因当今世局大变，以后更要变，愈后生愈幸福，那真是一言难尽的。所以当前的青年，和以前的青年，以及以后的青年，时代不同，即天命不同，运气不同，还有种种大相异处。我们该如何各自做一好青年，人人各尽其职，那又何可一语而定呢？

生在这年的，和生在那年的不同。生在这地的，也和生在那地的不同。同是一青年，而时地不同，即职责和幸运又各不同，那又何堪用几句话来道尽呢。

现在我要告诉诸位青年一句话，诸位今天是台湾一青年，不仅与日本、韩国乃及世界其他各地一青年有不同，即与台湾前一时代后一时代之每一青年亦各有不同，我们为此时代此地域一青年，该如何好好般善尽职责，便该有一番“修养”、一番“学问”。但如何般修，如何般养，该向何人去学去问呢？这一问题是我此刻要敬告各位的。傥我们不把青年的期限指划分明，此一问题将更难回答了。

三

我们的至圣先师孔子说过：“三人行，必有吾师焉。择其善者而从之，其不善者而改之。”当知我们生在此社会中，不是可以独立为人的。必有他人同居为群，乃得好好做一人。人有好坏，不怕不识货，只怕货比货。只要三人同行，除我以外，尚有两人，便好把此两人作一个比较了。这件事，那人对，那人不对。这句话，那人好，那人不好。只要把此两人一比便知了。我只是学那好的，不要学那坏的，岂不那两人全成我师，全由我学了吗？但你的学，只该从做人的道义上学，即知我该如何，和不该如何。却不该从做事的利害上学。你该知学他为人便好，学他为人便不好，那就够了。不要想学他做事我有利，学他做事我有不利；如此学则不好的。所以学只是学是非好坏，不是学利害得失。这是最要一分辨，最要一问题。你一问自心便自知。此在中国人谓之“义利之辨”，即是非之辨，亦即做人高下之别。倘你连此也不知，只懂如此则我占便宜得利，如此则我要吃亏不占便宜，那就只在做事的利害上打算，不在做人的是非上计较，那你就太不天真，不像是一青年，我也无话再对你说了。

或说，你谓“青年”二字非中国原有语，今我国名“中华民国”，“民国”二字不亦非中国原有语吗？我说君言诚是，中国人观念，国之上尚有一“天下”。则天下的语言，并非一国之内即不能用。但创造中华民国的孙中山先生，是地道十足的一位中国人，他可称是中国近代的大圣大贤。他有“三民主义”的讲演，首先第一讲便是“民族主义”。倘我们今天的青年，都能地道十足的尊重孙中山先生的民族主义所讲，成为一个当前中华民族的理想青年，那岂不是国家民族一大幸运所在吗？我请我们当前的青年，把我此言，其善加思量体会之。

（一九八七年十月八日《中央日报》邀稿，报社刊载时改题为“及时作青年”。）

一〇　青年的责任

——与青年书之一

诸位可爱的青年们，从这一期起，我将借着《中央月刊》的篇幅，连续和诸位作长期的公开通信。首先我将介绍我自己，和述说一些我要和诸位通信的心情。

我自七岁在私塾读书，四年后，进入初等小学，高等小学，而中学。在十七岁那年，本该中学毕业；但那年秋天，辛亥革命起义，学校中途停辍。明年是中华民国的元年，我年十八岁，跑进乡间一所私立小学去教书。那时的小学生，有大过我四五岁的，不少和我同年龄的。我自己还是一青年，既脱离了做学生的时期，但我仍是在青年群中一起生活，如是者几近十年。

脱离了小学，去教中学，又九年。在那时，我自己已渐渐进入中年期。但当时，我教的是国文科，必须兼任一班导师，日常还要和一辈青年生活在一起。

直到民国十九年，我年三十五岁，开始进到大学去任教。

在那时，我已是一中年人。但我的日常生活，仍是和青年接近。如是，直到我七十岁，才开始脱离了大学教书生活。回念我一生，从十八岁到七十岁，超过五十年的长时期，在我的整段生命中，可谓是永远和青年们相接触。

七十岁以后，我还时常在大学兼课，但所教全是大学毕业生，在研究所修读硕士学位的。他们大体亦已到了中年，有的已结婚，生下子女。我和青年们接触的机会，于是愈来愈少。

我自己在青年时，虽已腼颜为人师，但总抱着两种心情。第一，我不愿强不知以为知。如在课本上，教青年要孝父母，我自己问：为何为人子者必该孝，又该如何般孝？我自己不懂其中道理，如何随口教人。我自该先自明白。如此，却领导我走上了一条读书做学问的道路。

第二，我不愿做一口是心非或只说不做的人。如在课本上，教青年要立志好学，我常先问自己；我究竟立了什么志，我是否也好学？我不该只在口里说，不在身上行。如是我便常常奋励自己，把教导青年的话回头来教导我自己。

因此，我虽从十八岁起，便脱离了学生生活，不再有师长教导我；但一辈青年们，他们虽是我学生，同时也像我师长般。至少，我只当和他们是同学。古人说："教学相长。"我正是受此益处。逮我进到中年，总算自己也不断有些长进。不仅在学问方面，同时更是在做人方面。

我进到大学，大学青年虽和中学青年有不同，但其为青年之可爱则一。青年人最可爱处，在其心地纯洁，还未入社会，少习俗沾污。又未有其他牵挂，无家累，无职业，充满身心，只是一番活力。尤其是正值国家多难，只有青年们，感受最敏锐。他们能有一番真诚，肯向前，肯出力，肯以天下为己任，肯先天下之忧而忧，肯后天下之乐而乐。我常和他们接近，亦能时时激起我心热忱。使我亦追随着他们，把我个人心情，常更多寄放在国家民族当前大问题上。我虽已在中年，而且逐渐走向老年，但我自己感觉到，只要常能和青年们接近，常处在青年集团的氛围中，听其言论，感染其意气，也会时时启发我的豪情壮志，使我身上原所自有的一番青年气息，不至于遽尔消散。如入芝兰之室，久而不闻其香。我正为自己五十多年来常和青年接近，使我心上还时时保有一些青年气息。我虽无他长，只此尚堪自己幸慰。

然而话虽如此，又得说回来。我日斯迈而月斯征，年岁不饶人，在我究已老去，尤其在我脱离了青年群之后，我实在更感到我易老易衰。回念以往，我常和青年们在一起，我也自怀有一番志向，一番抱负。而今老了，什么成就也没有。当时是“高山仰止，景行行止”，虽是巍峰插云，我也常想尽力攀跻。然而此刻，则迤逦陂陀，此身实不啻仍在平地上。古人云：“少壮不努力，老大徒伤悲。”只把我现身说法，正是一眼前好例。当时如何般指导青年，如何般自勉自励，此刻只落得一场空话，真是感慨万千，不堪回首。适因中央月刊社编者出了一个题目，要我来连续写一些对青年们的公开信，在他们月刊上发表，引起了我五十多年来心中无限的蕴蓄和幻想。我虽年事已迈，归入了老年队伍，从此将和青年们日隔日远；但借此一题目，正可使我虽不能在躯体上有返老还童之望，但在心情上、精神上，仍得和我心上所真诚感到的当前可爱的青年们有一番无形的接近。这事在我未来生命中，正如打了强心针，补充新血液，不仅唤起我许多回忆，抑且将增进我无限生气。在我自然十分高兴来尝试接受此工作。

现在我将撇开自己个人，来回忆到我这五十多年来所亲身处在的这一个时代，正是我中华国家民族历史上前所未遇的一个大时代。我常想，我中华国家民族在此一时代，正如一叶扁舟飘荡在茫茫大海之上，四面是波涛汹涌；要求渡此险恶，到达目的地，正是一万分艰巨的时代。须得我国人全体，发挥无限智慧，无限精力，来同舟共济。此刻则仍在此大海上，波涛则依然险恶，更需要我们紧密团结，掌稳罗盘，努力登上彼岸。诸位可爱的青年们，这是一个科学技术突飞猛进的时代，也是民族意识觉醒的时代。我个人以往的全部生命，虽在此一时代中过去，我自问对此时代，分毫无所贡献，但总是在此一时代中获得了我自己一些经验。我此一些经验，在今天来从头诉说，或许将会对我当前的一批可爱青年们，增加一些警惕，供作一些参考。让我们当前的一辈可爱的青年们，更知当所从事，来继续努力，向前猛进，为我们国家民族打开一条真出路，到达一番新境界。若我此下几许公开信，能在我此一想望之下获得千万分之一的效果，在我是何等地堪以自慰，堪以自足。

此一时代，让我坦白直说，乃是一艰危的时代。在此时代中诞生的青年们，也都遭受了可悲的命运。五十多年来，我眼见一批批青年，在他们的内心，无不抱有一颗爱国家爱民族的至诚赤心。退百步千步讲，至少每一青年们，无一不对自己有爱心，无一不为自己谋出路。而且每一青年们，无不具有一番活泼的新生力，一番发掘难尽的新智慧和新能耐。大家都在说，时代的新使命，和时代的新希望，将担负在青年们身上。而青年们也都能勇敢地来接受此使命，努力此希望。我也可说，在中国历史上已往各时代中，我们此一时代，比较上可算是青年最活跃的时代。在今天，我们已被视为老年人的，或是已成了历史古人，离此世而去的，在当时，都曾以一青年而跃现到社会上层，有过不少惊人的作为和活动。我们只稍一研究民国现代史，我们说此时代乃是一青年时代，当不为过。然而居今思昔，此一时代，固是一艰危的时代，也不能不说是一多变的时代。在此以前一批批的青年，他们在此时代中，固已各有表现，各有影响，然而总结一句，到头仍是一无所成，还要待我们继起努力。此一时代中前辈的青年们，只留下了一个未打开的局面，未解决的纠纷，没有给我们一个安定的基础，亦未给我们一条平坦的路向。古人云："前车之覆，后车之鉴。"此刻要待我们当前的一辈青年们，来重新踏上从前将近六十年来一批批青年们所走的艰危之路，而终于要开辟出一条康庄大道，渡过难关，重履平夷，此则成为当前一辈青年人的责任。"时代考验青年，青年创造时代"。证诸史实，丝毫不爽。今天我们若就人事论人事，一时代的艰危，而应该由此一时代人来负责渡过；所以我们绝不该舍却人事来责怪时代。然则我们当前一辈可爱的青年们，一面是责无旁贷，一面却该把此一时代中已往的一批批青年们作借镜，庶可勿蹈覆辙，另创新趋。

由我个人说来，我也是此时代中已往的几批青年中之一员。居今思之，一无成就，一无建树，上无以报国家与民族，内无以自慰我自己在青年时期一番志向与愿望，下亦愧对后起青年。岂敢以前辈自居，自负要作青年导师，来说空话，发高论。但痛定思痛，在我此五十多年来汗颜为人师之一番生命过程中，终不能说自己更无一些经验，可为后起青年们，即当前的青年们，坦率直告。我决不敢说我自己乃是一匹识途之老马，告诉青年们说:“来我导夫先路。”但我纵在迷途中，亦得向后来者报一声“此路不通”，或说“前途艰危”，好为后来继起青年有所警惕。这是我此下要和当前青年们连续通信一番真实诚恳之心情所在，当先求我可爱的青年们了解，则我此下说话，比较容易获得青年之相说而解，至少希望能避免许多应可避免之误会与反感。

我虽虚度一生，但我也是在教育岗位上牢牢履守五十多年。我至少自己认为常与青年们接近，能了解得一些青年们的真情实况。更要是在我前半段的教师生活中，在小学、中学任教，对未成熟的前期青年们，了解得更多。犹忆在那时，正是我们社会激起掀天揭地的大震荡之际；人人皆知的“五四运动”、“新文化运动”，接续而来，那时我正在小学教书。继之而起的，是国民革命军北伐，定都南京，完成统一，那时我是在中学教书。说来惭愧，那两时期，正是我们此一时代中青年跃起，在社会上发生大活动、呈现大作为之时期。但我只是在小学、中学教书，不曾参加进这些活跃。待我进到大学教书，那时正已是渝关事变，及九一八淞沪抗战，而下至于七七事变。在此以前，正为国家社会常在极度震撼中，一辈热心人士，似乎有感于社会上大多数的中年老年人，不够力量来应付此局面，遂大声疾呼，要刺激青年人起来共同负荷此大任。但我在小学、中学，深知在我四围的青年们，有此热忱，此是青年之可爱处，而实是无此能力，正该栽培。青年人有青年人的岗位，青年人有青年人的前途。青年们的责任，应在其将来，而不在其当前。不该舍弃目下求学好光阴，来从事种种与学校无关之活动，要他们负担起应由中年以上人该负担之巨大责任。在我亦只是爱护青年，希望他们来作后备队，莫要他们来作先锋队。国家民族前途遥远，青年们眼前的责任在研究学问，充实自己，以备将来蔚为国用。任重道远，应该在他们的将来，不该提前把大责任加在他们身上。在当时不知曾化了我多少唇舌，多少心血，来劝导青年们安心向学。然而外面的呼声，那么响亮，那么激动；青年们热血满腔，哪有不跃跃欲动之理！而且还有人看此形势，存心利用，不止一方面，乃有多方面，想望能拥有青年，利用青年。青年们涉世未深，又加上此种种复杂，误入歧途，从此失足。不仅于国家民族无补，抑且更加以大祸大害。最凶恶的，自然是当时的共党。直到我在一九四九年避难逃到香港，那时我亲身教过的中学生乃至小学生，他们并未进过大学，但很有在共党政权中担任重要职位、重要工作的，至此才暴露了他们的姓名和身份。他们在学校时，也曾对我尽了他们所应有的一份爱心和敬意。在出了校门以后，还有和我不断来往的。他们该明白知我一向反共的意态，但他们还是对我有悬悬不舍之意。在他们或许也希望我一天有转变，但我则对他们暗地里的活动，竟是懵然无知。这也是一种成年人和青年人中间的隔距，为造成此一时代悲剧之一因。

逮我进入大学，接触到的是已成熟的青年们。有些人的激情偏见，我虽知其是被利用，而非真实本心要如此；但欲加劝喻，较在中学更感困难。尤其在抗战时期为益甚。我的日常言说，纵或在大多数中立的游移不定的青年们心上，也曾发生些少影响，然而大势何补！我有心无力，只自苦痛。若说青年是时代的新血，时代的柱石，我辈服务教育界，正是肩此重任，应来领导青年走上正轨，使他们终成大器，将来为国家之栋梁，来善尽他们的责任。但我不敢不老实说，我们自民国以来此一时期四十年来的教育，实也未能尽责。而我始终在此岗位上，最轻的说，也是一员素餐者之自餬其口而止。良心谴责，焉得不自知愧负。到今天，却还要来对青年们说话，宁不觍颜。但有许多话，却终是如鲠在喉，不得不一吐为快。

至少，在我想来，时代牺牲了青年，那亦是现代之史实。在往时，凡我所接触到的那一批批的青年们，到底是热血满腔，勇往直前，不畏牺牲，本意是为着国家民族之前途，而存心要奋发有为者占其绝大多数。我直到今天，回念往昔，我仍对当时一辈青年们，抱同情，愿加体谅，不忍多有所责备。然而今天的青年们，所负责任，实较以往更重大，更艰巨。若说要来领导青年，我早已在上文坦白交代过，我自知非其选，不胜任。而《中央月刊》社编者，却出此题目来督责于我。我所以不曾一口拒绝，也已在前文有交代。我只愿趁此机会，说我心中所蕴蓄的一些老实话，来和我当前的可爱青年们，作几番家例程的闲谈，吐露我一番对自己、对青年、对国家社会之种种歉疚。在我将尽量力戒，不说门面话，不说空洞话，不发高论，不作过激之谈，不使偏锋，不尚意气。若使青年们对我此一番心情有谅解，或许我所欲言，对当前的青年们，终还有些少裨益。我将馨香祷祝，以期待我可爱的青年们之反应。

（一九七〇年三月《中央月刊》二卷五期）

一一　爱我中华

——与青年书之二

我对台湾青年们较为陌生，因我没有在台湾任何学校教过半年乃至几个月的书，没有和青年们有任何接触。犹忆在一九五〇年冬初来台湾，住在中正路励志社，每日清晨，去路旁小馆吃豆浆油条，遥见对面路上一群群青年，携着书包，结队上学。我便想：我们正为在大陆失败，播迁来此。若我们惩前毖后，在此生聚教训，则此辈青年，不远将来，皆将是社会柱石，国家栋梁，为我们反攻复国后担负重建中国之大任。每一念此，不禁神往。

后承教育厅邀赴中南部在各中学作巡回演讲。一次在火车上，黄昏时，凭窗外眺，见不少青年在轨道旁步行。伴者告我：台湾学生在家不见太阳，清晨日未出，即离家去学校；傍晚回家，则日已西落。此一情景，益增我之遐想。只要教育有办法，国家民族光明远景，岂不如在目前。

此等回忆，距今已逾二十年。台湾教育日益发达，学校数、学生数，不知较之往年增添了几许倍。当时道途所见，此刻都已脱离学校，在社会各方面服务，青年转成了中年。只要他们每一青年时期不曾浪费，社会应获几许进步。固然台湾此刻较之二十年前进步甚大，但理想亦岂仅止于此。我们总希望百尺竿头，更进一步，则今日的青年们，岂不应更自策励，更自奋进。

在今日的青年们，或许对当前社会，亦抱有许多不满。当知此等不满，正是今日青年们责任所在。正待他日投身社会，能再改进。孔子说："焉知来者之不如今。"正待一批批青年们不断有进步，社会亦将随之有进步。社会所望，正在青年。苟使青年无望，则此社会更复何望？

今当设问，台湾此二十年来，青年进步，究在何处？又当问，此刻台湾青年，较之以往大陆青年，进步究在何处？此一问题，恐难具体作答。但关心社会，关心国家民族前途者，此一问题，不能不常置心头。即青年本身，亦当存此问题在心。"见贤思齐，见不贤而内自省"，我们不该不时时有一个比较。

我愿将我直觉上所感到者，提出一些比较来，和当前我所心爱的青年们作一番闲谈。

以前青年种种心情，我已在上一书中约略道过。其时社会流传有一句话，值得我此刻提起。谓："读书不忘救国，救国不忘读书。"此似在五四运动时期由北京大学蔡孑民校长所提出。但此话由当时说来，实有许多为难处。缘当时，青年们救国心切；蔡先生意，只盼当时热心救国的青年们，不要忘了读书。读书求学，使他日各得成材，则救国自有途径，故勉青年们在救国运动中莫忘了读书。至于说“读书莫忘救国”，则勉青年应以读书为救国准备工夫，以救国为读书终极目标。此两语，可谓是双方兼顾，斟酌尽善。

但我说有为难处。因救国是一件急迫事，又是一件艰巨事。不是说大家一跃而起，国便得救；待救得国了，再回头来读书。而且真个跃起救国，心情必然紧张，精力又要集中，尚患力不从心，哪能在救国中还分心不忘读书。而且既是一件急迫而又艰巨之事，大家又得群策群力，急起直追。待成了群众心理，各人心情不免变质。在成年老年人，修养有素，亦难把握心情使恰到好处。以此来责望青年，救国不忘读书，实已落为一句空话。至于读书不忘救国，却易使青年们在读书时期舍弃读书，奋发救国。两句话终成为一句。由我私人想来，这两句话，现在不如改为“爱国不忘读书，读书不忘爱国”，则青年们在一念之顷便可做到。在学校读书，自可心存爱国。只要心存爱国，便知我此刻读书，意义深长，责任重大，自会更黾勉以赴。

犹忆我在北京大学教书，有一清华大学学生常来我家。我虽在清华兼课，此一学生并不上我课，只为其亲长介绍，时时前来。每来必在星期六彼离校回城之晚，一来必谈国家大事。其人诚恳敦笃，我劝其何不多谈学问，却专谈国事。彼云：“校中同学竞以国事相谈，我听先生一夕话，回校乃可安心读书。若一次不来，便感此心摇摇无主，读书不安。”我因随其所问，为之分析解答。久之，实不耐烦，嘱其以后切勿再谈此事，彼此浪费时间，又永无止境。我当时声色并厉，他亦悔悟，谓后当力戒，非关学问，将不来我处作无益闲话。时值隆冬严寒，彼深夜披一羊毛巾，辞我出门，我不禁深为感动。

翌晨清早，我盥漱未毕，彼忽又来，神色仓皇。我疑动问。彼谓："本约再不谈国事。但今晨忽又有大事，我心惊扰，不得不急来告知。"我谓："一夜间何遽有此。"彼告我："晨起见报，蒋委员长在西安蒙难。知先生只有天津《大公报》，此时未至，故急前来。"于是整一上午，彼又在我家纵谈此事。此后我亦不忍再对彼坚持拒谈国事之戒。

此一故事，正可说明当时国事及大学青年心情之一斑。此一青年后幸未入歧途，今仍在大陆，存亡不知。

另有一故事。在抗战中，北大、清华、南开三校文学院联合在湖南衡山开课。时有数学生决意赴延安，诸生集草地上欢送，慷慨陈辞，有声泪俱下者。我与清华冯芝生教授，同被邀往讲话。我最后发言，力劝诸生应安心读书，国家在此办流亡大学，正要培植诸君为将来国家大用。南京沦陷，非即是战事结束。武汉继陷，亦非即是战事结束。国家调用诸君，尚非其时。诸君在此，惟有安心读书，始为报国惟一正途。因力斥此数人决心赴延安之非。会散，冯芝生在房中与我力争，谓我劝诸生安心力学是正理，但不该申斥赴延安诸人之非。当时曾有某教授在座。顷某教授亦在，当亦可追忆及此。

此数人决意前往延安者，在当时是否已加入共党，我不知。

然彼辈去延安后，结果可想而知。此数人在当时，亦是感情激昂，有志救国。然在己无补，在国有害。而其为害之深且烈，则为当时向往延安者所未能逆料。在我此时，回念当时青年，终不能不抱一番同情之心。因是亲身接触，故觉青年终是可爱。时代牺牲了青年，青年亦耽误了时代。成此悲剧，言之痛心。

但回头来看我们当前可爱的青年们，单就上述一点言，似与往时青年不一样。救国狂热不可有，爱国真心则不可无。“生为中国人，死为中国鬼”，不仅我们每人如此；上有祖宗，下有子孙，从头到底，莫非是“生为中国人，死为中国鬼”。如此而不爱国家，不爱民族，至少是一不仁之人。人而不仁，其他更复何论！中国文化在此方面，最所注意。幼稚在家庭，则教以孝道。知孝父母，自知爱其家。少长进学校，则教以敬业乐群，敬学校所授之业，乐学校所处之群，则自知爱学校。培养其爱，即所以培养其仁。中国国家民族，绵延之久，扩展之大，以有今日，惟此是赖。岂是中国为父母者，仅能多育子女，子女生齿日繁，而不知爱国家，爱民族，则益将促使其国家民族沦于万劫不复之地。然幼稚知爱家庭，却不可使之群掌家务。少长知爱学校，亦不可使之群持校务。如此则爱家适以乱其家，爱校适以乱其校。往日大陆青年，其先莫不由一颗爱国真心出发，但其后则激而为一番救国狂热，乃使狂热漫失了真心。前车之覆，近在目睫，岂不当悬为炯戒。

就目前而论，台湾青年，此二十年来，往日大陆青年一番狂热，似已逐渐衰退，此是可喜之象。但为青年所不可一日或无之一颗爱国家爱民族之真心，则似亦不如往日大陆青年之显著。此实是一项大堪警惕之现象。若我此所分析，诚属事实，则不得不郑重提出，使我当前可爱之青年们，各自反省，各自检讨，以求纠正。

大陆青年因于救国狂热之激动，有一显著风气，即好为高论，批评国事。此风似乎初来台湾，亦尚有之。我在十年前曾一度在美国某地，与一辈自台出国者聚谈。座上有多人肆意批评国事。余谓:“诸君来此，固是留学生资格，但同时不啻乃是代表着国家与民族。如此言论，其所影响，将远胜过政府所派外交人员之努力。在国家民族所受打击，恐非十万大军压境可比。”实时座上有人明斥我言，谓我身份不同，故尔不得不如此为说。我谓:“诸君与我，同是国家民族一分子，身份不同何在？”此一番争论，乃在此刻仍旅居美国某一教授之家中。目下此风，似已渐归衰退。但狂热退而真心亦失。此层则不得不细为寻究。

如何能戒此狂热而保此真心，其间大需修养工夫。学识上、心情上，均需有修养。修养之目标，固须教者善为提撕；然修养之工夫，则贵学者各自潜修默养，非教者所能为力。此“修养”二字，乃是中国文化中一项可珍贵之传统。可爱的青年们！当知在学校求学，不仅是求知识。求知识，亦不专在口头上、纸片上，主要能贵有知识修养。而在知识修养之上，尤贵有人格修养，心地修养。同一日光水分肥料，加在不同之根本上，发出异样的枝干，异样的叶，异样的花，与结出异样的果。学问知识，亦如日光水分肥料；心地与人格，则是根本。同样的学问知识，施诸异心地、异人格，亦会开出不同的花，结出不同的果来。

若使一不仁之人，没有爱国家爱民族一颗真心，纵使获得甚高学问，甚深知识，亦将对国家民族无所补益，抑且有所伤害。而人格修养，心地修养，又贵在青年时培植根本，奠定基础。正为在青年时，各人心地纯洁，外面又少各种牵缠。若在此时，即知有心地修养，人格修养，则可事半功倍。待到中年以后，心地上横添许多污染，事业上横出许多牵缠。到那时，始知有心地修养，人格修养，终不免会事倍而功半。中国《易经》上说："蒙以养正，圣功也。"一人在童蒙时，却反易走上一条正路。天地生人，可贵在此。青年时期可贵，亦在此。当在青年时即可有作圣功夫。即知以正养，从此一条直路，即可作圣贤，参天地。此非随便空说，乃是千真万确的一项大真理。

如说爱国家，爱民族，即在童蒙时，一切不知，此事却易知。如在幼稚时期，便可知爱父母。当如何爱，容所不知，但此一颗爱心，则明明白白，自觉自知。千真万确，丝毫不假。爱民族，爱国家，亦如此。如何般去爱，当然须许多学问知识，从外求取。但此一颗真爱之心，则由内发出，不烦向学问知识外面去求。此一颗爱心，即孔子所说之仁。孔子曰："求仁得仁，仁远乎哉。"仁即在我自己心上。求取学问知识，有许多条件。如诸位不进学校，即在条件上有缺。但求此一颗真心之仁，则并无条件。可以反身自得，可以当下即是。诸位如纵观不入学校无学问无知识底人，在他们中间，却尽有许多真心爱国家爱民族，胜过我们的。此理即见，不烦多论。

据目下统计，在台湾，近有四千所学校，四百万学生。若能在此四千所学校四百万学生人人心中，各具一颗爱国家爱民族之真心，试问此项力量，此项影响，将如何般来计算？岂不是国家民族光明前途，即可在望？道在迩而求之远，事在易而求之难。我此所提出，人人各该有一颗爱国家爱民族之真心，此事可谓甚近甚易。舍此不求，尽从远处难处求，此是一种颠倒。亦如缘木求鱼，鱼非难得，缘木求之则难。攀缘愈高，得鱼愈不易。此层最须细辨。

此项真理，固亦赖有先知先觉者提倡。但亦不定要有先知先觉者提倡。孟子说："待文王而后兴者，凡民也。豪杰之士，虽无文王犹兴。"今天在台湾，投考学校，是青年们一件甚大甚难之事。从国民中学考入高级中学，已是一大难事。今天的高中学生们，已尽可称得上一豪杰。从高中考大学，其事更大更难。今天的大学生，真堪称是一豪杰而无愧。难道今天一高中学生、大学生，在他耳中，从来没有听过爱国家爱民族的呼声？在他眼中，又从没有见过爱国家爱民族的字样？莫要是听惯了，见惯了，亦如一日三餐，家常便饭般漠不关心。但家常便饭，一日三餐，缺了一日便会饿，缺了十日便会死。诸位可爱的青年呀！你若从不知在你该具有一颗爱国家爱民族之真心，而把国家民族，放弃在你求学问求知识之外，则你至少早已犯上了精神饥饿、精神空虚之重病。成为一行尸走肉之假人，则犹可；若你把不爱国家、不爱民族之心情，来从事知识学问之追求，果使你他日学问有成，知识具备，诸位试思，此等人物，将使国家民族对之作何处理，作何安插？岂不将成为国家民族一绝大的难题。

我要请诸位原谅，或许我所言太过严重，在诸位则早已具此一颗爱国家爱民族之真心，在我因与当前台湾可爱的青年们太过陌生，不甚深知。但我此一番话，亦是发于爱国家爱民族爱青年之一颗真心。我自问无他，或可用“言者无罪，闻者足戒”之成语，来请诸位原谅。或我实是说差了，但此是我知识有病，不是我心情有过。所说知识有病，因我实不知今天台湾青年们之真实情况。所以不认为我心情有过者，因我此一番话，实是为爱国家爱民族爱青年而发。此层若蒙原谅，我请继此为诸位作第三书。

（一九七〇年四月《中央月刊》二卷六期）

一二　自觉自强

——与青年书之三

可爱的青年们！我在第二书中曾劝诸位当善自保持各人真诚地爱国家爱民族的一颗心。这话似属多余，实非多余。人谁不知爱国家爱民族，所谓“人同此心，心同此理”，古今中外，无不皆然。所以说，把此等话来劝人，似乎是多余。但因种种关系，不免每一人对国家民族的爱心，或浓或淡，或深或浅，或存或亡，或隐或显。而且更有对自己国家民族意存轻蔑憎厌，迹近叛离违逆的。那亦是事实，可不举例作证。所以说，劝人善自保持各自对国家民族的那一颗诚爱的心，话似多余，而实非多余。

人当孩提之时，便知爱父母，爱家庭，中国古人称此为人之“良知良能”。但年事渐长，智识渐开，此种良知良能，却会渐淡渐忘，有而若无。孟子说：“大孝终身慕父母，五十而慕者，予于大舜见之。”孩童自知慕父母。待到五十还能慕父母，而且大舜那时，正是受了帝尧付托，代尧摄政，掌理着天下大权，而他还能像孩提时那般，保有一片童心，一派天真，真是了不得。所以孟子又说："大人者，不失其赤子之心者也。"试问，人是大了，年岁是长了，知识是开广了，不啻才能是增进了，但把原先自己那颗真诚的心却遗失了，又换来了另一个自己；那样的人生，从某一面讲，岂不会使我们感到太变幻太空虚。至少那样的人生，也会使人感到太脆弱太无把握。连自己的真我，也成为渺茫不可知。诸位！莫轻忽了上引孟子的那番话。当知，我们青年时，还能保持童心，不失本真，那事乃是莫大的可贵。若我们由此以往，年事更大，智识才能更增更长，事业功名日成月就，而依然还能保持我此原始一番本来面目，一片童心，活活泼泼，像孟子所谓"不失其赤子之心"那样的人，才算得是一真人，也算得是一强人，孟子则称之曰"大人"。诸位当知，此乃是一种真大与强大，却不是假大与虚大。

人心所同有，自然而生的，那才是人之真心。此真心也即是真我。饥渴便知要饮食，少壮便知慕异性，此亦都是本我之真。诸位当知，爱父母，爱家庭，爱国家，爱民族，亦复如是，但在父母、家庭、国家、民族的关系上，事态复杂了，牵涉既广，变化又多，不如饮食男女般，易知易晓，易守易执。

饮食男女，乃是情感为主，不烦插进许多理论。饥便要食，渴便想饮，男大则须婚，女大则须嫁，这些事，何须再用理论作支撑。人生忠孝大节，亦是以情感为主，但有时却会横添进许多理论来干扰。中国古人说："天下无不是底父母。"此乃情感话，不关理智事。人谁没有过错？但过错犯在父母身上，就孝子的内心真情感来说，究与犯在别人身上有不同。中国历史上，犯最多大过错的应莫如舜之父母。但父母总是父母，纵说舜母非亲生之母，但推父及母，也总是父母。人非父母何由生？舜虽是大圣，亦不例外。从别人看来，舜父顽而母嚚。从舜看来，则顽者是我父，嚚者是我母。舜是一大圣人，聪明正直，宁不知自己父之顽与母之嚚？但因亲昵而忘了父母之顽嚚，究还是小胡涂，情有可原；若为了父母顽嚚，而竟忘了他们是我之父母，则是大胡涂，罪不可恕。所以为罪不可恕者，因其人之无情。忘了父母，则是无情之极。没有情来专谈理，那是要不得。

有一学生问孟子，若使舜父瞽瞍杀了人，皋陶为法官，执法不阿，请问当如何办？孟子说："把瞽瞍拿下，判以应得之罪。"又问："当时舜为天子，又将如何办？"舜是一圣天子，宁有强迫其臣皋陶枉法不尽职之理。但瞽瞍是舜父，又岂有坐视其父之死而不营救之理？于是孟子代舜设想，说他将会私窃其父，远从中原逃向海滨偏僻无人处偷偷过活。天子之位，是坐不得了。若又问：那时舜的心境如何？孟子又设想说：若把天子之位来比他自己父亲一条命，正好一双破鞋来比一件宝。舜在当时，却如丢了脚下一双破鞋，换得了他心上一件宝，应是只有快乐，更无别情。其实当时舜的心情，也还是只如四五岁作小孩时般的一片天真纯爱。他只着急他父亲，但究是智识长进了，不像小孩般只懂嚷嚷哭哭，他会想出花样，窃负其父而逃去。

上述只是一假托。孟子前有孔子，教人应行直道。有人问：

在楚国，有人出面来作证他父亲偷了人家一头羊，那不是直道吗？孔子说：我说的直道不这样。“父为子隐，子为父隐”，那才是直道。杀人攘羊，事有大小，其为非则一。但孔子不主张为人子者来公开揭发其父之隐私，孟子则主张为子者应私下营救其父母。如此，岂不是为了父母而自身也犯了法？但法在外而情在内，正如中国人大家读孔孟书，便说“天下无不是底父母”。但今天的中国人，读孔孟书的太少了，听人说“天下无不是底父母”，有些会怫然于心，有些会勃然于色，说那是封建思想，要不得。此刻大陆共党，正要打倒中国文化，正要彻底肃清温情主义，要子女公开出面清算父母。这是中国现社会思想上一大问题。我在此特地提出，要求当前我可爱的青年们，把此一问题认真平心来再作一检讨。

中国古人又说：“移孝作忠。”孝是爱父母，爱家庭；忠是爱国家，爱民族；同是一爱，同是此心之仁。只因对象不同，或说忠，或说孝，其心则一。当我幼年，到前清时代，就听有人说：“中国不亡，是无天理。”在我幼小的心灵里，不禁起了一番反抗之心。我年事日长，仍想我们中国人纵不行，决非全不行。外国人兵强马壮，足财多金，纵算是行，也不是一切都行。若有天理，中国人贫了弱了，却不该不许他和其他民族并存于此天地间。我因此常想从中国社会、中国历史上，多寻求些中国人的长处好处，好凭来向天理作抗议，要为我国家民族仍该存在于此天地间发出些正义的呼声。我虽自认我知识贫薄，学问简陋，呼声微弱；但我幼小时便已坦白地直从内心认我便是一中国人，要为中国人抱不平，争生存；纵或于理有亏，究是于情无违。我此六七十年来，常珍贵我此一番幼小心灵，认为无愧无怍。仰天之高，俯地之厚，茫茫人海，我以一中国人身份，总该有以自豪。

其实上述“中国不亡，是无天理”这八个字，也出在中国人口里，也仍是一番感情话，其意本亦是深爱中国，只说得带一些愤激。正如一位慈爱的老婆婆，偶见其家孩子犯了些小差误，却大声呼斥，说你这样如何成得人？将来沿街乞讨，也会活不下。甚至说他该天诛地灭。那位慈爱的老婆婆，本心也只为是爱，骂得过分些，还是不打紧。我们此一代的智识分子，并不在当面骂孩子，却翻过脸来骂祖宗，说是祖宗造孽，才生下了你。这样一来，涵义大别，影响也就不同。此层不得不严加分辨。

《战国策》上也有一故事说：一人出外游学，离家三年，回来直呼父母姓名。父母问他，他说：尧舜大圣，也只呼名，为何父母要特称爸妈？他父母说：你游学三年，广见多闻，回来了，尽可逐事改变，能不能把称呼父母姓名一项，暂时移缓呢？这一时代的中国智识分子，足迹遍全球，游学历诸邦，新思想、新潮流、新智识、新技能，学得也真不少；但回国来，首先第一件事，便是不该骂中国。若是单骂当前中国种种不如人，还可以；却偏要连古带今，把中国人一口气骂尽。我在少年时，即常听人说：“中国人从来没有时间观念。”又说：“中国人从来不懂卫生习惯。”诸如此类，不胜枚举。其实在中国人中，也曾有过大圣大贤，有过正人君子，有过大思想家、大学问家、大文学家、大艺术家，也曾有过各项专门科学杰出人才。天文学、数学、历学、农田水利学、医学、药学、营造建筑学等等学问，各有发明。又曾有过大政治家、大军事家、大财政家、大法律家、大外交家；又曾有过大教育家、大宗教家、大航海家、大游历家；也曾有过大侠客、大商人、大慈善家。形形色色，如上所举，只有漏了，没有虚说。全部中国史，记载何限？我且不把此各项人物一一来和外国人比高下，但由我老实说，总该比现代留学回来专意骂古的一批新智识分子强了些。试问中国人为何不该存在于天地间？

《中庸》上说："道之不行也，知者过之，愚者不及。道之不明也，贤者过之，不肖者不及。"我们现一代的贤知们，要以骂古来兴今，此路则不通。固可说骂由爱起，但骂多则爱减，爱减则成轻蔑，或转憎厌。至今风气已成。纵观全世界知识分子，对其国家民族抱憎厌感、轻蔑感，不能说没有。但论其程度之深且广，则恐当以中国为首选。我可爱的青年们，我今若出一题，令诸君作答。我如要诸君列举古今中外，名人名著，嘉言懿行，可资仰慕，可资敬奉，不论门类，各以十条为限；我恐诸君所举，外国的必然会超过了中国的。而且其间比数，还可相距甚远。外国的最少当占七八分，中国的最多也只占三两分。以我厕身学术界三四十年来所目睹耳闻，大率早已如此。而且此一趋势，似乎愈演愈烈。所以我敢推想，今天当前我可爱的青年们，恐亦只是如此。循此而下，将来诸位知识愈广，学问愈博，我会怕诸位对自己国家民族那一颗真诚底爱心，更会日削日薄。到那时，自不免有人对自己国家民族感到轻蔑憎厌。此等心情，将会不招而自至，不约而自来。到那时，亦恐将认为理自应该，也就不须否认。我可爱的青年们，诸位在不远将来，正即是中国社会之贤知；贤知如此，愚不肖者更复何论？诸位试设想，到那时，中国国家民族前途将伊于何底？那岂不将使我们不寒而栗？我此刻将此一分心情直率相告，恐亦不当认我在作杞人之忧天，或说我只是无知而妄说。

在我断不自认我是在凭空武断，说我可爱的青年们，不爱国家，不爱民族；但只要诸位善保此一颗爱心，并求其益自发扬光大。诸位亦当自知警惕，至少要知爱国家、爱民族，开始第一步，便该懂得自爱。人不自爱，哪能爱父母、爱家庭？更哪能爱国家、爱民族？今问当如何般自爱？诸位当知，我们自顶至踵，生来便是一中国人。我们自生到死，毕世仍是一中国人。若果真心自爱，便该首先立志要像像样样地做一中国人。我们本是一中国人，要像样做一中国人，事并不难，若使每一中国人，都能像样做一中国人，则中国国家民族也自会像样。爱国家、爱民族，与我们各人之自爱，道本一贯，并不是两条路。

我在抗战前，尝听一朋友说：海上大船翻了，得尽先救起你自己。此乃一譬喻。我今试为此譬喻作正解。中国今天，若真如一大船翻了，你得尽先做一中国人，才是真救了你自己。在抗战时，我又和另一朋友在某一集会中辩论，我说：“各人该努力做一中国人。”他说：“时代变了，我们该做世界人。”我辩道：“此刻世界，尚无一无国籍的世界人；要做世界人，仍该先做中国人。”诸位可爱的青年们，是否你认为脱离中国籍，不做中国人，才是自救呢？还是认为做一像样的中国人，才是爱己爱国爱民族之正道呢？若我们真要做一像样的中国人，则惟有在中国传统、中国理论上做。如改从外国传统、外国理论，最多也只能做一像样的外国人，还恐不易做得像样。

诸位当知，要做一孝子，只有在家做；不能离家做。纵使此身离家，此心还该有家，如是始是其家一孝子。若待要转到其他家中始能作孝子，此是“谓他人父”。子既非子，更不论孝。中国人说，“在家作孝子，在国作忠臣”，今当换忠臣作忠民，字义可换，道理则一。《孝经》上说：“孝，始于事亲，中于事君，终于立身。”今亦当把事君改称爱国，但仍是一理。孩提便知爱父母，青年便知爱国家民族，待成年学成进入社会做事，便该知立身。所谓立身，便如我上文所说做一像样的中国人。字句换了，义理仍一。生为中国人，自该像样做一中国人。中国人人人像样，便是中国国家民族像样。立身立国，事无二致。要作孝子忠民，莫如自己像样。也没有一个像样人，在家不孝，在国不忠。甘让自己不像样，便是不自爱。在家作孝子，在国作忠民，也不过是自爱之一道。但自私自利则决不是自爱，或许是自作孽。此项道理，中国古人，我们的祖宗，讲究了几千年，我敢请我可爱的青年们，珍重记取。

话虽如此，但实际立身处世，便不免有许多事变。但事变尽复杂，总是小；道理虽简单，却是大。我们该执大以驭小，坚守此一番简单的道理，来应付遭遇到的种种复杂的事变。此处却要知识与学问，才气与聪明。可爱的青年们，我们不该只守得一番小忠小孝，更不该只成得一番愚忠愚孝。但我们总不该不忠不孝，却要完成我们的大忠大孝。一切学问，一切事业，一切智慧，一切奋斗，万变不离其宗。凭我此一颗真诚之爱心，来达成我此一番爱己爱国的愿望，此之谓立身，如此乃是一像样的中国人。到此境界，将见无所往而不像样。做一中国人，同时也便是做了一世界人。堂堂正正，像像样样，其实则只是还我做一人而已。其间自有许多曲折细微处，则待我们自奋自发，自觉自强。我将本此大纲大节，继续来和诸位再作研寻。

（一九七〇年五月《中央月刊》二卷七期）

一三　人生出路

——与青年书之四

自我和青年们接触，从民初以来，至今六十年。我常觉得，在我可爱的青年们心上，似有一共同问题，永远存在，始终不能有好解决。

此问题系何？我姑称之曰“人生出路”问题。我所接触之青年，自以中学生、大学生为主。其实在此六十年内的中国社会，中学、大学毕业，还是稀有可贵，不会没有职业。然而一般青年们，跑出学校，得一职业，极少满意，不能安心。于是此一出路问题，乃永远追随，抑且重重压迫在各人之心上。直至中年晚年，此一问题依然存在，成为一社会普遍的心理问题，影响到社会之各方面。此实值得我们来从头作一番深切之注意与研讨。

犹忆在民国六七年间，我从一高等小学教员，转入初等小学去当校长。其时有一高小旧学生，从上海某中学毕业，也回到他乡里当一初小校长。我很喜欢他，写信要他转来我校。信上说:“你能来，不仅有益我校，并亦于君有益，盼早作决定。”信去后久不得复。又续去一信，但仍无复到。时已近年假，我决意在假中亲去和他面谈。翌年元旦，清晨起身，盥洗用膳粗毕，即到他家去。从我镇到他镇，有五里左右的乡村路，历一小时始到。他尚未起床。稍待，乃神色仓皇出见。我问他见我信否？他答:“两信都已到。”我问：是否愿意去我校？他却直率答以不能去。我问：为何作此决定。他道:“先生此来，当已了然。先生在元旦亲来我家，路途不近，我尚卧床未起。我今生活如此，试问如何能和先生同事。不仅先生会对我不悦，我心也将极度不安，因此万不敢去。”

当时听他说，不禁深为感动。因说：此事且不论，你最近生活心情为何如此般剧变？催问再三，他说:“先生爱我如旧，我应直说。我自当小学校长后，初亦欣然。但不久却想，年年在一小学当校长，实感无味，我心情便开始转变。”我说:“你试想，数年前，你是一小学生，我是你先生。你今已中学毕业，和我地位平等，我还是安心满意当此一职业，你为何如此不安不满？”他久久无言。

我再问：此下你作何打算？他说:“我正想转业。两月前，从上海买了两架缝洋袜机，雇人缝洋袜出售，经济上小有补助。将来陆续添购，待有基础，我便辞去学校，专营此业。”我说:“如此便成年年卖洋袜，岂不仍是无味？你能决心转去我处，我会教你心意转变。否则你再自考虑，我仍盼你来我处。”我们便如此分别了。

几年后，我转去一师范学校教书。每年毕业学生，因我从小学转入中学，必来问我出路问题。我总说：你们早有了出路，师范毕业，便是去小学教书。他们总不满意我如此作答。我又说：你们的出路，该问自己，不该来问我。须先认识你自己，便有你的出路。若你是一鹰，我必劝你飞上高空。若你是一狮，我必劝你跑入深山。诸位当知，各人才性不同，完成你自己，便是你最理想最圆满的出路，谁也不用羡慕谁。

待我进入大学教书，许多大学生，仍还一样喜欢和我讨论出路问题。我每举一例告之：我有一中学同学，文学成绩很好，但为考虑出路，进大学，选读了理科，成绩也不差。后在中学作一理化教师，极受学生爱戴。但他说：我性所近，还是在文科。他课余每以吟诗填词作消遣。深悔自己若当年修读文科，一样可得如今般职业，心情当更愉快、生活当更美满。但当时只在职业上打算，此刻始知，为了职业而迷失了自己，或说是毁损了自己，那是一大错。

在对日抗战时，后方生活艰苦，一般大学生，更多关心到职业出路。我也曾对他们百方解说，但总感打不开他们心上那一结。有一次我愤慨地说：若专打算生活，不如离开大学，去学汽车驾驶，数月即可得一职业。那时公路汽车之司机，真是生活痛快，气势嚣张，为何定要在大学中叫苦闷？

如此般的经过，直到此刻，常在心头。实在此一时代之青年，所谓出路问题，只是一职业问题。换言之，乃是一生活问题。亦可说，乃是一经济生活、物质生活的问题。人人尽在此上打算，乃造成了时代之苦闷与无出路。

而且各人谋得了职业，经济物质生活所需可算解决了，但依然会不满意，不安心。因尚有一进步问题，或说是“上进”问题，在各人心上作祟。所谓进步与上进，仍指在各人之职业地位与其物质生活。人人在此上求进步、求上进，却使整个社会无进步、不上进。此决非我过甚其辞、唱高调。事实如此，稍一观察思量，便可了解。

我们当知，一切职业与经济物质生活，都只在人生之外部。人生尚有内部生活，此指人之心情言，指各人自有的一份天赋才性之获得其各自应有可能之发展言。每一人之天赋才性，能获得其应有可能之发展，此乃人生之真进步、真上进。在此进程中，心情自会感到愉快，感到满足。物质生活上进，只是一次要问题。至少在当前的中国社会，受过中上教育，应不至于无职业，乃至无生活。只要大家对其本身生活，也感到满意安心，社会自会进步；而各人之真人生，也更会前进无疆。惟此乃是人生一条共同大出路。所以要解决人生出路问题，主要应该懂得反身向内寻求。

如此说来，似乎近玄而又近迂。但实则不然。中国古人有一则以己养养鸟的寓言故事。说有一海鸟飞莅鲁国，鲁国人奉以为神，寝之以深宫广殿，饲之以三牲太牢，娱之以钟鼓管弦，以人主之尊之奉养来养此鸟。此鸟非仅不满不安而感到苦闷，乃至于活不下去。此虽浅譬，可资深喻。人之生活，各有其所习所好，岂能一律？尤其是民族与民族间，各有历史文化传统，既难强人如己，亦难强己如人。即在同一文化传统下，复有地域不同。强美国人过英国人生活，或强英国人过法国人生活，同样是苦痛，更何况强中国人来过英、美人生活。

每一中国人，久居英、美，早餐总是面包黄油牛奶橘子水，但会时时想到油条烧饼与豆浆。听说最近旅美家庭，已能学得自炸油条，相告色喜，认为是日常生活上一大进步。从小见大，以美国人之奉养来奉养中国人，究竟亦不是一理想。

在台湾，外国电影看腻了，忽有凌波、乐蒂唱黄梅调演出《梁山伯与祝英台》，一时如疯如迷；此一影片卖座之盛，空前无匹。梁兄哥凌波来台，飞机场欢迎，成为最近若干年以来国人返国惟一最轰动之人物。此事岂不尽人皆知？

早餐吃到豆浆油条是一事，电影看到凌波、乐蒂的《梁祝》又是一事。弱丧忘归，自古所悲。久离家园，一旦重返，那将是何等底快乐？这不仅是口腹之欲，耳目之娱；在其背后，有一项极深心理，虽难描述，但亦是人所共晓。但更深一层的又苦不易晓。晓与不晓是一事，而其在各人内心深处，同有一番不对劲、不满、不安、苦闷、无出路之无可言喻之情味，则又是另一事。

我敢大胆说一句：中国人此六十年来同所感到的“人生无出路”这一种苦闷心理，其最后症结所在，正为此六十年来之中国人，作意背弃自己文化传统而谋求各自生活之改进。当知异民族异文化中之一切生活方式，未必是我们的出路。向此迈进，到头会扑了一个空。到如今，我们一切生活，虽在尽量求新求进，尽力向西化路上跑；但不满、不安、苦闷、无出路的时代病，却更深更重，恐会到达一无可救药之阶段。此非危言耸听，其中真理，却可拿种种实事来作证。

今天的中国社会，有少数人为苦闷寻求出路，而去玩麻雀牌，作方城之战。但此并不是海外奇方，却是土药土制。固然，麻雀牌不能为近代中国社会人生苦闷觅得一出路；但玩麻雀牌，究竟比玩扑克、搞桥牌，更能适合中国人心情，更能供中国人生活作消遣。由我粗浅之见，其中亦复寓有一项文化传统潜在力量之影响存在。玩麻雀牌，老法新法不断在变，但万变不离其宗，自己手里的十三张牌和了便是胜，那即是求之在己。求之在己，正是中国文化传统中一最高精义。桥牌可以偷鸡，自己手里牌不好也可获胜。胜在向外取巧，不胜在向内求和。若就中国文化传统言，桥牌权谲，不如麻雀牌平正。固然内向亦当注意到外面，外向亦当注意到内部，内向外向，只在偏轻偏重之间，都不是可以专向一面而更不问另一面；但只此偏轻偏重，其间便见文化相异。从中国文化中演出有麻雀牌，从西方文化中演出有桥牌。文化积累影响人心，中国人普遍喜欢玩麻雀牌更胜过玩桥牌，其中正有甚深心理作用在主使。此项心理作用，固非人人共晓，但其事则真实有据。我举此例，不是说玩麻雀牌真好，而是为了说明一种事实。

又如中国之平剧，乃至各处地方戏，如越剧、豫剧之类，较之西方之话剧与歌剧，虽同是一种娱乐，而双方自有深微之相异。求其背里，也自有文化传统之重要因素。此待深于此道者来作深入之比较，此处不拟深论。但中国人自会喜欢中国戏，更胜过喜欢西方之话剧与歌剧，事亦易见。上述凌波演梁兄哥，便可为例作证。

然则在日常生活中之消遣，乃至娱乐，中国人自爱中国的一套。若论生活享受，即浅至于口腹之欲，如油条豆浆之为中国人所爱好，亦是其一例。若更由此推进，在心灵深处之享受上，亦更有异于西方人处。试举文学艺术之其他方面为例。

上自《诗经》三百首、屈原《楚辞》以下，传统相承，源远流长，中国人之心灵深处，人生享受，其极大部分，多寄托在文学上。文学自贵推陈出新，与时俱变。一部中国文学史，自《诗》、《骚》下迄清末，变化何限？但仍自有其心灵深处之一脉相承。此刻提倡新文学，亦不当割绝了旧传统。外貌上尽可新，但在心灵传统上仍有旧。正如上举平剧、越剧、豫剧等，亦是从明代昆剧乃及更上元代戏曲等递变而来。我们此刻，只读白话文，不识文言文，遂使《诗》、《骚》以下，中国古人心灵相传一套精微深密之处，我们全不能接受。中国现代之新文学，绝大部分，乃由模仿西方而来，亦正如中国之电影。若使没有配合中国人胃口的中国味电影，如凌波梁兄哥之类，又如何测验出中国人内心所喜好？若永远如此，则在我们中国人的内心情味上，终是一缺憾，而苦于不自知。正如一人自少离家，作一浪子在外，在彼并不自知有一家，并不自知其生命之来历，亦可谓并不自知在其生命中内心所蕴之一种期望与归宿；此必终成为其在生命上之一大损害。

中国文学，自《诗》、《骚》以下，如陶潜、杜甫、苏轼，其为中国历代人所欣赏、所崇拜之大诗人，乃至其他大文学家，在辞赋、散文、词、曲、小说，各类中之上乘作品，都代表着中国人共同心灵之所祈向，由此透露出中国人生中之大兴趣与大理想。稍知欣赏，亦是一安慰。能起共鸣，亦是一满足。今皆认为是死文学，被冷藏，被搁置。在电影上来一部模古翻新之剧本，其事易。在其他文学上，能从传统中翻新，来配合时代要求，其事难。今天的中国人，正如《庄子》书中所说："居空谷者，闻人足音，跫然而喜。"而无奈此跫然之足音，乃久盼不至，并亦不知其有所盼。于是只感到一片虚寂，一片苦闷。内心不得所养，不得享受，实为一最可悲之事。

今再论艺术。姑举书法言之。书法在中国，乃是一项最高艺术，为中国所独有。但迄今，青年们已绝少用毛笔，更不知书法之为可贵与可爱。然我东邻日本，在中国学习去的书道，仍极盛行。小学、中学，莫不有书道一课。使用毛笔，乃为社会一普通事。书法可以怡情悦性，可以养心养德。实亦代表着心灵深处一要求。若谓今日已是工商社会，不能仍迷恋古代农业社会此等旧玩艺；则日本当前工业之突飞猛进，已与美、德相鼎峙，而中国旧艺术，如书道、围棋、茶道等，仍在日本社会盛行，不闻于其工商业发展有所妨碍。

人生固应有工作，但亦应有消遣，有娱乐，有享受。而此诸项，乃亦都有其文化传统之背景。今天中国社会苦闷，普遍感到人生无出路，职业亦成为一种不得已。意不满，心不安。

见异则思迁，得陇则望蜀。常此忙劳，不得所宁息，而莫知其病所在；乃误认为物质不够条件，感官不够刺激。内心愈空乏，愈益向外寻求。此乃是一种文化病。乃益求破弃旧文化，创造新文化。但新文化仍需由内心创出。无内心，焉能有创造？而人之内心，亦有其传统，非可各凭己心自创自造。此一大病，今乃充分暴露在我们此一时代青年们之身上。

我敢竭诚奉告我当前可爱的青年们，人生出路，甚宽甚大。除却职业外，尚有许多消遣、娱乐，与享受，此皆同等重要。而人生之种种消遣、娱乐，与享受，主要则在自己内在之性情上，不在外面经济物质上。舍近求远，寻虚忘实，人生将永无一出路。

以上所述，牵涉太广，涵义未尽。倘吾可爱之青年们，于我此书所指陈，不认为其如河、汉之无当，则将继此更有所阐说。

（一九七〇年六月《中央月刊》二卷八期，十一月《中国文选》四十三期转载。）

一四　从认识自己到回归自己

——与青年书之五

我在第三书中曾说，我们要爱国家、爱民族，主要该懂得自爱。人孰不自爱，但要真懂得自爱，事却不易。首先是我们每一人，并不易真认识自己。连自己都不认识，又如何能懂得自爱。

何以说我们不易认识我们自己？此事一经点穿，即易明白。如我们易见他人的面貌，却不易见自己的面貌。只有揽镜自照，始见自己面貌如何。但镜中所照，总不亲切，实不如我们看他人面貌，较易得其真相。

人之面貌，又是时时在变。当我小孩时，尚在前清末年，乡间不大流行照像。十岁初进小学，在开学典礼中摄了一团体像。后来我进中学，又回到此小学当教师，重睹此一团体像片，我只知我应在前排最小的一群中，但我再三辨认，终找不出究竟谁是我自己。待别人指出，始依稀认识。此只短短十年内事，故我今我，已有面目全非之感。

面貌不易认，体段更不易认。犹忆我四十岁那年有一早晨，跑进一小学，在其长廊尽头，装一大长方镜，我从廊上远远走去，望见镜中体影，大自惊诧；原来我已肥胖了，远不如我自己所想象。

单据此等小节，便知认识自己之不易。连自己的面貌身段，尚属不易自知，更何论深入向里。自己的心，自己的性情，自己的好恶，这些，对我自己，可算是最亲切没有，但亦苦于不自知。诸位莫疑我话过了分，让我再举例说明。

我幼年时，能读罗贯中《三国演义》。有一晚，随先父到一处，宾客群集，他们问我：听说你能看《三国志》，能讲些给我们听吗？我即讲了“诸葛亮舌战群儒”一段，博得宾客们人人道好称赞。第二天傍晚，先父又带着我出外，街道上过一桥，先父问我：知得“桥”字吗？我答知。又问：木傍换了马旁，是何字？我答是“骄”字。先父问：你知得骄字意义吗？我答知。先父拉着我手，说：你昨夜讲话，正像是那字，你知道吗？我听先父言，噤不作声，心中大惭怍。“他人有心，予忖度之。”我那时又怎懂得我自己的心。我先父对我此一番教训，直到如今，已过了六十年，快近七十年，而当时情景，牢记在我心头，常忆不忘，恍如目前。

所以说，人苦不自知，可把别人当作一面镜来照见自己。诸位不妨旁观他人，苟非父母训斥，或亲尊劝导，谁能知自己有不孝。苟非师长督促，或同学戒勉，又谁能知自己有不勤。

这些只是外面行为，与人共见，是非得失，有一共同尺度；但虽经别人指点批评，我们有时仍不肯自认。每说：他人只见了我外面的事，不曾知道我内面的心。其实每一人之内心，不仅他人不易知，连自己也不易知。所谓“知人知面不知心”，那是从他人说。若从自己说，则不仅不自知心，就连面也不自知呀！

我试举一简单之例。诸位初进大学，遇到选科，便是一大不易事。究竟我之性情、心智、才能，更近哪一科；将来可在哪一科上更易发展，更可获得理想成绩；更可使我性情与学问，生活与事业，打成一片，使我更能得一理想美满之人生；此事所关不细。但各人的父母师长，每不易代为选择。连各人自己，实在也只是一迷惘不知。因此，大部分大学青年选修学科，只有多从外面条件上衡量，选此科或是易有出路，或是易于通过；诸如此类，只在外面，不去从内面自己性情、心智、才能上着想，正为此等连我们自己也实不自知！

也有人，仅凭一时决断，认为我心兴趣在此，爱好在此，不顾一切，选了此门；但稍久又复自悔，认为此门学科和我心性实不相近；此等也常易见。我此所言，只是说每一人之内心蕴藏，其性情、兴趣、智能、才能，各有一条不全相同的发展路向。循此路向，始可到达一条对自己最高可能的最圆满的前途。而在起步上路之前，我们却不易于认识此一路。

我在此方面，自以为尝得其中甘苦较亲切。因我没有机会进大学，从十八岁起，即已抗颜为人师，更无人来作我师，在我傍指点领导。正如驾一叶舟，浮沉茫茫学海中，四无边际，亦无方针。何处可以进港，何处可以到岸，何处是我归宿，我实茫然不知。但既无人为我作指导，亦无人对我有拘束。我只是一路摸黑，在摸黑中渐逢光明。所谓光明，只是我心自感到一点喜悦处。因有喜悦，自易迈进。因有迈进，更感喜悦。如此循循不已，我不敢认为我自己对学问上有成就，我只感得在此茫茫学海中，觅得了我自己，回归到我自己，而使我有一安身立命之处。

诸位又当知，人生大过于学业。我们只能说，在此人生中包括了学业；却不能说，在此学业中包括了人生。人生是一大圈，学业是一小圈。大圈可包小圈，小圈不能包大圈。我们只能说，我们的学业，乃为着我们的人生；却不可说，我们的人生，乃为着我们的学业。但说到人生，更是茫茫。我们如何能在此茫茫人生大海中来觅得我自己，那事更不易。

诸位将会说：我此时此处的此身此心，岂不便是我自己？我自己已明白现在，何须更觅。但诸位若真细读我上面所言，则知此时此处之此身此心，实在是不易认知。而且更要者，并不在此时此处，乃应在此时此处之外。我之此身此心，究由何而来，又当从何而往，那会感到更不易捉摸。我们此刻之所讨论，并不重在此人生之现实，乃重在此人生之前途，乃是要讨论每一人生前途所可能获有之发展。若要连带着此前途发展来认识现实，诸位便自知此事认识不易。

我们此刻，考虑到前途发展，因于自己当前现实之不易知，乃亦把一切衡量估计，全放到外在的条件上去。但人生前途，主要还在各人自己，尤其在各人自己之内面，即性情、心智、才能之种种蕲向与种种可能上。若抹杀于此，而专向外面条件寻讨，必将有种种病痛。此在我第四书中已曾提到。

如一人在深夜，彳亍街头，若尽向灯火辉煌处去，说不定是一大赌窟，一大游乐场，要之多是些恣情纵欲之所在。虽为人群所麇集，转瞬仍必乐散灯尽，各自回家去。人的家则都在灯火暗淡处。凡属灯火辉煌处，则必吸着灯火暗淡处之精血来培养。若没有许多暗淡处，何来此一处辉煌。学业如是，人生亦如是。必从暗淡处出发，必向暗淡处归宿。辉煌处只是一公共集合场所，暗淡处始是各人安身立命养精蓄锐之地。

人生所不易知者，正在此暗淡处。正为其不易知，故貌若暗淡，但却是人生根脚，人生主宰；人生出发在此，归宿在此，哪能不珍重爱惜此一暗淡。人生所不易知，而最所必欲求有知者正在此。不仅个人为然，即大群人生亦复如此。大群人生之背后，各有一民族人生作为其深厚渊源，日积月化以至于今，断非一朝一夕之事。即如吾中华民族肤色黄，欧西民族肤色白，非洲民族肤色黑，皆系造化长久功深；急切间，谁也创不出，谁也换不掉。

肤色如此，面貌体段，浑身样子，莫不皆然。进而论其内里，即上文所谓性情、心智、才能，亦复各有歧异。即如兴趣、嗜欲、爱好，依然一民族有一民族之特征，亦即是一民族有一民族之出路。此之谓民族生命。我们只是隶属于各民族中之一分子，每一人之短暂生命，则各有其所隶属之民族长久生命为渊源，作种子。

因此，我们每一人之生命，实只是代表着其所隶属之民族生命之一貌相。任何一植物、动物，知得它种类，便可知得对它栽培饲育的方法，而亦约略可以预见其发展之前途。动植物如此，人类何独不然。只是动植物生命较易了解，人类生命，难于骤晓。但其间则实有一共通之理。

上面我说过，要爱国家民族，该先懂得自爱。此刻我将反过来说，要懂自爱，先该懂得爱自己的国家民族。正因我们各自短暂的小生命，都自这个悠长的大生命中来。我之在民族生命中，正如山中千年老松干上茁了一嫩芽，萌了一新叶。它是一大我，我只是此大我生命中一小我。如彼始是独立成一我，我则只依附在它身上而像似有了一个我。若我一旦离去此大我，则会微小到不成一个我。

诸位莫嫌我语涉玄虚，我试再举些浅显实例。如言绘画，不论人物山水草木花鸟虫鱼，中国画自有中国画那一套，中国画也自有中国画之传统。在这里面，便表现出中国民族之艺术生命，或说是爱美生命之一面。在其背后，则有中国民族之性情、心智、才能、兴趣、嗜欲、爱好，种种特出点作根柢，由此而创造出此一套画风与画统。诸位或想，见了山水，自会画山水；见了人物，自会画人物；见了草木花鸟虫鱼，自会画草木花鸟虫鱼；这话也不错。但为何中国人画出的中国画，偏不像西洋画？此中却寓有更高更深的一番真理存在。

固然，中国人也可学会西洋画，西洋人也可学画中国画。但讲究文化，则皆知有中西之别。讲究艺术，也自有中西之别。

此层同样无可否认。零碎例子，破坏不了大整体的大分别。

所谓艺术，也不专是绘画一项。其他如书法，如陶瓷，如各种器用玩具之制造，如雕塑，如建筑，如园亭布置，如音乐，如舞蹈，如戏剧，推而言之，色色样样，却莫非一民族有一民族之特征。由此而形成而发见一民族之生命精神。即我所谓此民族之内在深处性情、心智、才能、兴趣、嗜欲、爱好，不期然而然的创造出各民族艺术之特有风格与特有气味。在内则相互间有其相通，在外则相互间有其相异。岂不可以证实了如我上述，我们每一人之艺术生命，其实只是代表着各自民族的大群生命中之一番艺术生命而演出。

艺术有创造，同时有欣赏。创造是此民族中少数特出人之事，而欣赏则虽亦有深有浅，要之是大众共有可能之事。以一中国人来欣赏中国艺术，较之以一西方人来欣赏中国艺术，特殊的例不论，论其普通的，则在此方面，一般中国人的欣赏能力，必然会超过西方人。但若以中国人来欣赏西方艺术，一般而论，其欣赏能力也必远逊于西方人。如中国人观平剧，必然会喜爱过看西方歌剧，而西方人则反是。何以故？因在其各自之背后，各有一番共同生命之来源；即是说，每一人之内在深处，其性情、心智、才能，其兴趣、嗜欲、爱好，必然会沉浸在其所隶属之各自民族之大生命中而无可勉强。

今从艺术人生转而讨论文学人生，亦复如此。更由此推衍到人生之各方面，即如说政治人生，各民族自有各民族之一套。虽说应该有其大同，但亦不能抹杀应该有其小异。在其小异处，或许更重要过大同处。此处乃有一民族生命作背景。如国父孙中山先生断不会一一依仿华盛顿；若一一依仿华盛顿，则决不能成为一孙中山，而且亦决不能成为一华盛顿。邯郸学步，东施效颦，非驴非马，此非民族生命之更新，乃是民族生命之转衰。其势将会使隶属于此大生命中之各个小生命，各丧失其内在活力、内在精神，而人生乃日陷于苦闷堕退中。

试再进而论及信仰人生。人生应有所娱乐，于是乎有艺术人生；人生亦必有所干济，于是乎有政治人生；人生又必有所安顿与寄放，于是乎有信仰人生。世界各民族间种种宗教信仰，亦可谓是大同小异。其大同处，则必把人生安顿寄放在他世灵界，决不安顿放在现世俗界；但其中小节相异，却甚难融和，甚难混一。中国人自有中国人的一套信仰。异民族宗教传入，最著者如佛教，中国古人却把它来和自己的一套融和混一了，所以仍能不损害到中国民族生命之大传统。

上述艺术、政治、宗教等，只是此一大生命中之一枝节。我们则各自从此大生命中孕育而来。我们若能回头认识此一大生命，自能认识到自己，回归到自己，而使自己生命有不断向前之一条大出路。若把此生命大源壅塞了，迷惘了，会使我们各自生命，前不知其所由来，后不知其所将往，那实是生命上一大苦事。

上面说过，人苦不自知，贵能以人作镜；别人知道我，有时或许会比我自己知道得更清楚，更准确。但以人作镜之外，更须能以史作镜，以古作镜。中国历史上许多古人，他们之间，都已融成了一条大生命，这是我们此刻各自小生命之一个真泉源。此一泉源，极深邃，但亦极真确。只要真能了解到中国古人，自能了解中国今人之内在深处。使人认识自己，而能回归自己，使自己这一小生命，亦能汇入此大生命中而得到其满足。

每一民族，文化愈深厚，认识愈不易。但我们且莫急剧要求了解，我们该先懂得珍重宝惜此一大生命。在我之珍重宝惜中，自易有认识。所以我上面说，我们若要自爱，便须懂得爱国家、爱民族。我此一番见解，却并不从功利观点上出发，亦不是从道德立场上出发，我乃是从人类生命之内在真实处出发。此一分辨，切盼我可敬爱的青年们深切参究，深切体会。

（一九七〇年七月《中央月刊》二卷九期）

图书在版编目（CIP）数据

历史与文化论丛 / 钱穆著. --北京: 九州出版社,
2012.2（2020.4重印）
ISBN 978-7-5108-1248-4

Ⅰ. ①历… Ⅱ. ①钱… Ⅲ. ①文史—文集 Ⅳ.
①C52

中国版本图书馆CIP数据核字(2011)第243155号

历史与文化论丛

作　　者	钱穆　著
出版发行	九州出版社
地　　址	北京市西城区阜外大街甲 35 号 (100037)
发行电话	(010)68992190/3/5/6
网　　址	www.jiuzhoupress.com
电子信箱	jiuzhou@jiuzhoupress.com
印　　刷	三河市九洲财鑫印刷有限公司
开　　本	880 毫米 ×1230 毫米　32 开
印　　张	13.375
字　　数	265 千字
版　　次	2012 年 4 月第 1 版
印　　次	2020 年 4 月第 2 次印刷
书　　号	ISBN 978-7-5108-1248-4
定　　价	46.00 元